畿内の縁故遺蹟

金正柱 著

韓国資料研究所 発行

序文

本書の著者金正柱君は好学の人、特に日韓両国の文化関係に関心を寄せ、既に日本における韓来文化に関する論文集を編纂続刊して斯界の啓蒙に尽力するところ多かつたが、今また本書を世に送つて、大陸文化の荷担者である帰化人の業績をたずね、地域的にその遺跡と伝承を調査して、日本文化史上における帰化人の貢献するところを明らかにした。

日本古代史研究者にとつて帰化人の問題は看過するを許さない重要課題であり、従来も多くの史学徒の論究するところであつた。特にこの方面の研究を専らにされつつある今井啓一博士の指導をうけて著者自らの成果をここに上梓したものである。博士と著者は長年の師弟関係にあり、その師弟愛はまことに麗わしいものがある。

私事ながら私も史学科の学生の頃から、帰化人の問題に関心をつなぎ今日なお注意を忘れない課題であるだけに、本書の刊行を心から待望していたのである。本書は勿論専門の研究書ではなく、従つて史料批判などの点において問題を残しているが、実地についてこれだけの調査を遂げ、その成果をまとめている点で、これまでにない好著である。学界人にとつても便利な史蹟案内書の役割を果すと同時に、一般読者にはこの方面の知識を得る恰好の啓蒙書ともなろう。地域的には大阪・奈良・京都の府県に限られているが、中でも大阪方面は帰化人文化の焦点地区であり、私も河内方面の史蹟を採訪すること屢々であり、興味の尽きざるところである。

日韓の関係は過去においてしかく深いものがあつたばかりでなく、実に今日においても同じく重要である。著者は往古を語つているが、その企図するところには将来を望む心が秘められている。両民族は互いに理解を深め交隣の好みを結ぶべき歴史的宿命を荷つて居り、本書がその導きの一端となることを念じつつ、片言を序して読書界に之を推す所以である。

一九六四年十一月

市立大阪博物館長

文学博士　三品彰英

序　文

日本列島と朝鮮半島との交渉は甚だ古い。神代と云われる頃から既にあつたと云う。それはそうであろう。一葦帯水の朝鮮海峡は、快晴の日には互いの山影が肉眼で見える程の距離であるので、丸木舟に乗つても渡つて見たいのは人情である。殊に季節風の吹く秋から冬にかけては、釜山の辺を舟出すれば風に乗つて艪櫂を用いずとも山陰の海岸に漂着するとさへ云われる間柄である。

日本書紀や古事記を繙くと、幾多の人々が集団的に移住帰化した記事が目につく。須恵器の製法を教えたのも朝鮮土器と云う位だから彼地の人に相違ない。仏教を最初我国に伝えたのは南朝鮮百済国の聖明王である。聖徳太子の師であつた慧慈法師は北朝鮮高勾麗の人である。寺大工・鑪盤博士・瓦博士の来朝も皆朝鮮からである。そうすると法隆寺のような立派な建築技術も、鋳造技術も、製瓦の技術も朝鮮からの指導によるものである。日本文化、少くとも飛鳥・奈良時代の日本文化は、朝鮮の人々の指導と協力に依つて出来たものである。朝鮮は吾が国文化の恩人である。

大正の終り頃高橋健自博士に随行して朝鮮各地を遍歴した事があるが、風俗習慣等我国の古代社会を思わせるものが多く非常になつかしく思つた。其の後朝鮮百済の旧都扶余の寺院址を発掘して、出土の古瓦が日本の飛鳥時代の古瓦と瓜二つであるのに先づ驚いた。そして其の伽藍配置も地割法にも、我が飛鳥時代寺院と共通する点の甚だ多いのを知つた。この事は日本寺院の建築に彼地の人が非常に多く参劃している事を物語つている。

仏像でも彼地から贈られた記事が屢々あるところから見ると、相当多数の朝鮮製仏像が日本寺院に安置された事が想像される。先年指が折られて問題になつた京都太秦広隆寺の弥勒菩薩半跏像はその代表的な遺品である。

いつぞや日本全土における古瓦を調査した事があるが、文様の上から見て朝鮮の瓦と酷似しているものが余りにも多いのに驚いた。近畿地方は勿論だが関東・奥羽・九州・山陰のものにもそれがあつた。殊に関東・奥羽のものに特にその傾向がつよく、それは彼地方へ朝鮮からの帰化人を移住せしめた事に起因するであろうと結論した。又滋賀県石塔寺には日本最古の石塔と考えられる三重塔がある。而もその形が朝鮮扶余の平済塔に似ている。よつて調べると其の附近には天智天皇四年に、滅亡した百済国の帰化人を住せしめている事が判つた。そう云うわけで、日本全土に亘り朝鮮との関係遺蹟は甚だ多い。

本書の著者金正柱君は篤学の士で、そうした遺蹟を一々踏査されてそれを地方別に纏められたのである。その努力は大したものと敬服する。終戦後日本と韓国との関係は必らずしも円滑とは云い難い。又韓国内部も南北に二分された現状で情に於いて忍び難いものがある。金君の此の貴重な努力は日韓親善・南北和合への大きな敷石となるであろうと確信する。

一九六四年十一月

国立奈良博物館長

文学博士　石田茂作

序文

古代において帰化韓人が、政治・学問・技術・芸術・宗教等あらゆる部門において顕著な貢献をなしていることは、古文献を繙くものは、誰しも容易に気付くことであるが、さて本書に見られるように、韓人由縁の遺蹟所伝の地をあまねく踏査し、これを古文献に比照しつつ懇切に集成記述されたのを一読すると、今更の如く帰化韓人の日本史上に占める地位の大きいことに驚かされる。彼等はむしろ日本人を構成し、日本文化を形成せしめた重要な要素であつたことが理解される。

近年京都市の北部《宝が池》の附近の幡枝において窯址の発掘が行われ、いくつかの飛鳥時代に属する単辨の瓦が出土した。これらの瓦は百済の都の扶余から出土するものと全く類似しており、百済系統のものであることは明かである。恐らくはこの地方に分布した百済よりの帰化人の瓦工の製作したものであろうし、若しそうでなければ百済系技術の指導影響をうけた瓦工の焼いたものであろう。このような出土品を対象として、韓土との関係を直接に明かにすることも将来ますます多くなるであろう。

以下は、本書の序文としては蛇足に属することであるが、中世における半島との交渉は、高麗銅鐘や高麗版大蔵経等を随所に見出すことによつても想起することが出来る。近世において着目される韓人帰化の一問題は、庶民社会の事象である。十六世紀末の文禄・慶長の役に際して多数の韓人が日本へ連れて来られたことは覆われぬ事実であるが、またその前後には韓人の渡来するものが少くなかつた。彼等の中にはすぐれた陶工があり、九州はじめ各地の陶業を創始するに至つたことは有名である。自分は三十年前、西日本諸地方で十六、七世紀において日本に帰住した外人の事蹟を、いささか採訪したことがある。それは必らずしも陶工の如き文化や技術上顕著な役割を持つたわけではないが、韓人帰化の事実も少くないことに気付いた。土佐の「高知風土記」によると、高知の唐人町は、もと長曽我部元親が文禄・慶長の役で、帯同し来た韓人三十余人を住わせた、本町の一部である。本町の一部には、別に林好仁にかなり広大な屋敷地を与え、諸役を免除してこれを扶持し、その子孫は秋月氏を称した。三十余人は豆腐商売に従事し、高知城下では他の豆腐営業を禁じて彼等の独占を許したという。「稲場民談記」に次のような記事がある。文禄二年冬、因幡巨濃郡荒川村の近辺に三月山銀山が開かれて、やがて繁昌を極めた。これも文禄・慶長の後で宮部兵部少輔の帯同し来た韓人は、貧しい生活を送つたが、その内数人が銀山町に出入し米商売を許されて富有となつた。鳥取城下で聞えた富商の海老原、綿屋、対馬屋、炭屋等その子孫であると。これらは一、二の例に過ぎないが、韓人庶民の渡来者の生活は、そのはじめは貧窮で気の毒な情況のものが多かつたが、或いは職場を与えられ、或いは自ら渡世の途を切り開いて、中には富を積み、また世の信用を博するものも出て、日本近世社会の構成者となつたのである。

本書に述べるところは、まことに光彩陸離たる遺跡事蹟が多いが、出来ればさらにこれを広く中近世にも及ぼして、韓土・韓人が日本史上に持つ宏大なる意味を闡明されんことを期待する。恐らく著者の意図もそれを指向していることと推察する。

一九六四年一一月

国立京都大学教授
文学博士　小葉田淳

はしがき

本書は題名が示すように、畿内五ケ国つまり摂津・河内・和泉・大和・山城における帰化人に縁故のある遺物・遺跡を集録して、簡略ではあるがその史的解説を試みた一般書である。今日でいえば、大阪市の全部に淀川以北と神戸市東部・大阪府の東部・大阪府の西南部・奈良県全部・京都市と京都府南部の諸地域がこれに包含されている。これらの地域を実際に踏査してみて、帰化人の縁故遺蹟が予想外に多かったことに驚いた。そしてそれら遺蹟の多くが、殆んど荒廃のまま放置されていることにさらに驚いた。

本書を編み出すについて、私たちの立場で再検討を要する幾つかの問題のうち、先ず「帰化人」という用語の適否を考えてみた。帰化とは、中国流に考えると「教化に帰服する」「王化に帰付する」ことを意味し、日本史では「マイク――化来・投化」「マイオモムク――来帰・来化」などの文字を用いている。要するに他国の国風を欣慕し王（皇）化に帰服することを意味している。

しかし韓土から流入して日本に定着するようになった彼らは、いわば移住民的性格のものであり、文化面からすれば移植者の役割を、また産業面からすれば開拓者の任務を果している。彼らの渡来原因が、たとえ亡命であろうと招聘であろうと、あるいは派遣・貢献・捕虜・漂着であろうと、要するに当時の世情が然らしめた民族移動という一種の歴史現象であったことは間違いない。日本史の側からすれば寧ろ「来化人」であり、韓地を基準にしていえば「往化人」といった方が実際的かも知れない。

以上のように多少の疑問がなかったわけではないが、結局字義的に考えて、帰化人の帰は「帰る」といった一般的概念の外に「赴く」「往く」という本来の意味もあることを念頭におき、さらに出発・受容の両当事国を離れた第三者的な立場に立って両者に共通させるといった意味においても、敢えて従来通り「帰化人」という術語をそのまま使うことにした。

次には帰化人の範囲である。言うまでもなく本書で扱う帰化人は、或る外国人が自らの希望によって居住国の国籍を取得するといった法律的に申請と許可を伴う現代のそれではなく、古代——といっても四世紀末から九世紀ごろにかけて、専ら韓地から渡来した高句麗・百済・新羅人をはじめ一部の漢人系およびその後裔たちを主たる対象にしている。実際のところ、これら韓・漢人を明確に区別することは、ある面においては困難なことである。そのころは漢人と雖もすべて韓地を経由して日本に渡来したのであるから、数年ないし数十年、中には数百年の間韓地に滞留・居住していたいわば旧漢人系を区分けすることは、さほど的確なやり方ではないであろうし、またさほど意義のあることのようにも思えない。とにかく韓・漢双方に縁故のある遺物・遺跡は、すべて網羅して取扱うといった方針で臨んだ。

その次に問題になるのは、日本史と韓・漢史籍との相関関係である。周知の通り、古代における漢韓日の三国に関連ある史籍としてはまことに寥々たるものがあり、また諸種の実情によってその記事に対する信憑性も甚だ薄弱を免れない。しかし魏志の東夷伝・東国通鑑・日本書紀などは、何といっても不滅の史書であろう。これらの史籍について、粗雑な記事に対する修正・考証あるいは相互関係の対照・調整などは、何れ他日の重要課題として譲らざるを得ない。本書では、一応日本史の記録をそのまま認めながらそれを土台にして解説していくといった方法をとつている。

終りに特に書き添えたいことがある。本年の三月と八月の二回に亘る遺蹟踏査にあたって終始ご案内下され、貴重な資料を供与され、原稿の内容についても懇切にご校閲下さった恩師文学博士今井啓一先生の温情溢れるご指導に対して、また拙ない本書のためご繁忙を顧みず、序文をご執筆下さつた石田先生・三品先生・小葉田先生のお三方に対して、読者と共に厚くお礼を申上げたい。そして陰に陽に協力を惜しまなかった多くの諸賢に対しても、心から感謝を捧げる。

思うに、北東亜における漢・韓・日三国は、如何なる形態にせよ緊密関係にあらねばならないし、現在も将来も韓・漢両民族の相当数が、日本地域に居住することも否定できない。私たちは、古代三国における文化交流の実態を把んで、祖先の偉大な功績をわれわれの責任ある行動で受継がねばならないと信ずる。繰り返していう。遺蹟の現状は、おしなべて荒廃の状況にある。それらの保存と重修については、新しい配慮が必要であろう。未熟な本書の公開が以上の諸点に対して何か役に立てば、それこそ望外の幸である。

一九六四年十月　東京・神田にて

著者　金正柱

【挿絵と地図】

目次

Ⅱ　河州地方

Ⅳ　奈良およびその周辺

V 中部大和地方

VI　飛鳥地方

鶴満寺の朝鮮鐘(大阪)

これは高麗王朝　顕宗21年（西暦1030年）の作である。美術史に現われた朝鮮鐘は76口あつたが、13口はすでに消滅し、残りのうち40口が日本に搬入され、その18口が国宝に指定されていた。朝鮮鐘は本場の唐鐘よりも遙かに優秀だとされている。

〔本文　23ページ〕

大阪およびその周辺

〔概　説〕

海の玄関　難波津――

このあたりは、古くから「浪速の国」あるいは「津の国」と呼ばれてきた。日本を建国したといわれる神武天皇が、即位される前にいわゆる東征の途上、「難波の碕《ミサキ》」に到り潮の流れが速かったというので、浪速《ナミハヤ》の国と名づけたのが訛って難波《ナニワ》となり（日本書紀　巻三）、応神天皇のころ〔二四一〕になると、「津《ツ》の国」（のちに摂津・河内・和泉の三国に分れる）と呼ぶようになった。（日本書紀　巻一〇）

清寧紀三年〔四八二〕に始めて「摂津《セッツ》の国」という名称が出てくるがこれは追記である。天武天皇六年〔六七八〕一〇月、難波の要地に「摂津職」を置いて津の国を摂せしめた。摂とは「総」あるいは「兼」という意味で、即ちこの地には難波大宮がありその宮監でありながら国務を兼ねたのであった。桓武延暦一二年〔七九三〕、摂津職を停めて国司とし、摂津の号はそのまま国名となった。

この地は早くから大和朝廷が、海外と通ずる唯一の門津として発達し、海外からの来化人たちは先ずここに上陸して、それから大和の国その他の地方に定着した形跡がみえる。新羅の国主の子と称する天之《アメノ》日《ヒ》槍《ホコ》、その妻阿《ア》加《カ》流《ル》比《ヒ》売《メ》の物語りを始め、韓地からの来航船は殆んどこの難波津に到着したと思われる。

人間の到来は文化の移植を意味するわけで、その吸収を円滑にするため、応神天皇は「大隅《オオスミ》の宮」

（いまの大阪市東淀川区大隅通の辺）を営まれ、ついで仁徳天皇は「難波高津の宮」（大阪市の上町丘陵上）に奠都されたのである。当時における韓地・大陸からの主な交渉関係を紀・記について一覧してみよう。

1　応神三一年〔二三一〕

武庫《ムコ》の水門《ミナト》に宿泊していた新羅の調使《みつき》の失火によって、五百艘の船が焚かれた。（日本書紀　巻一〇）

2　応神四一年〔二四一〕

阿知使主《アチのオミ》父子が呉から（高句麗の地を経て）つれて帰った三工女と共に、津の国に到り武庫に上陸した。（日本書紀　巻一〇）

3　仁徳一一年〔三二三〕

高津宮の北の郊原を掘って堀江を造り、南水を引いて西海に入れ、また北河の澇《コミ》（水の多く漲るところ）を防ぐため、茨田《マムタ》の堤を築いた。この役に新羅人を労《ツカ》った。（日本書紀　巻一一）

4　仁徳時代

秦人《ハタビト》を役して、茨田の堤・茨田の三宅《ミヤケ》を作り（これは前項と重複する）、また小椅《オバシ》の江《エ》を掘り、墨江《スミエ》の津を定めた。（古事記　仁徳の段）

5　雄略一四年〔四七〇〕

身狭村主《ムサのスグリ》青《アオ》ら、呉の国使と共に呉王の献った手末《タナスエ》の才伎《テヒト》（手先の技芸の人）を率いて、住吉の津に帰泊したので、呉客道を作って、磯歯津《シハツ》の路を通し呉坂《クレサカ》と名づけた。（日本書紀　巻一四）

このように、難波津は昔から韓土三国や中国大陸と交通の要地であったので、外客を接待宿泊させるための「難波館」（継体六年〔五一二〕始めて見える）・「難波祝津《ハフリツ》の宮」（欽明元年〔五四〇〕）・難波大郡《オオコオリ》（欽明二二年〔五六一〕）などが設立され、また「三韓館」（舒明二年〔六三〇〕）即ち新羅館・百済館・高麗館および後には「新館」即ち「唐館」も設営され、のちにはこの摂津の国に百済郡という百済帰化人のための特別行政区域まで開置されるに至った。

日本上代における対外要津の第一であった難波に定着した韓・漢帰化人は、姓氏録に摂津国諸蕃として二九氏をのせ、その外に未定雑姓のうち諸蕃と考えられるものおよびもともと摂津の国を本居としあるいは所縁ありと思われるもの数氏がみられる。

水と煙の都　大阪市――

今日の大阪市は、瀬戸内海の東端にあたり、大阪湾に注ぐ淀川と旧大和川によって造られた一大デルタ地帯の上で発達した都市である。多くの古文書によると、昔はいまの生田・長田・広田――多田・池田・原田―園田・吹田・茨田の線で、不思議と田のつく地名の連続によって海岸線がなりたっていたことが分る。

江戸の八百八丁に対して、大阪は八百八橋といっている。橋の数が一、七〇〇もあるというが、橋の多いことは川の多いことを指している。この川はどれもが淀《ヨド》川の分流である。淀川は源を琵琶湖に発し、途中で神崎《カンザキ》川、新淀川を分かち、本流は南に曲って天満橋附近で寝屋《ネヤ》川を合し、さらに堂島《ドウジマ》川に土《ト》佐堀《サボリ》川に分かれて中の島をつくり、下流はそれぞれ安治《アジ》川・木津《キツ》川・尻無《シリナシ》川となっている。これらの川を結んで、東横堀・西横堀・道頓堀など大小五三の運河や堀江が縦横にひらかれている。これが《水の都》と呼ばれる実相である。今日のように自動車やトラックの出現しない以前はこれら河川運河が交通上如何に重要な役割を果したか想像されよう。

大阪はまた《煙の都》でもある。この都市は、過ぐる第一次・第二次の世界大戦を通じて、急激に膨張した工業能力を抱え、隣接の衛星都市と共に日本の四大工業地帯を形成している。街に林立する煙突から噴き出る煙は、年中空をどんよりと曇らせている。背後に拡がる農業は充分な食糧を供給し、稠密な人口はまた豊富な労働力を提供してくれるが、工業原料の大部分を他から移入・確保しているところから、海陸の活発な商業活動を呼んでいる。

大阪府は、日本で一ばん市《シ》の多い府県で、その数は二七もあり、それでいて面積は小さいほうから二番目である。在日韓人の総数六〇万のうち、その二割を上廻る一四万近くがここに集中している。堀江と煙突、上陸第一歩の地点などの特徴は、昔も今も何ら変るところがない。

比売許曽神社

大阪市東成区東小橋南之町

比売許曽神社全景

天日矛は帰化第一号——

むかし新羅の国に、≪天日矛《アメのヒホコ》≫（天日槍とも書く）という王子がいた。この王子は日本に渡ってきたが、その理由はこうである。

新羅の国にある阿具沼《アグヌマ》という沼のほとりに、ある日のこと一人の賤しい女が昼寝をしていた。そしたら太陽の光が虹のように輝いて、ちょうど女の陰部のところに指していた。そのとき一人の賤しい男がその有様を奇異に思って、絶えず女の行状を見守るようになった。

女は昼寝をした時から妊娠して、やがて赤玉を生んだ。（太陽托胎卵生説話の一つである）くだんの男は、女に迫ってその玉を取り、何時も包んで腰につけていた。この男はまた山谷の間に田を営んでいた。

ある日、耕人《たびと》たちの食べものを牛に負わせて、山谷の中に入ろ

うとすると、王子の天日矛にぱったり出逢った。王子は男に向って、

〃何のため汝は食べものを牛に負わせて、山谷に入るのか。きっとこの牛を殺して食うためであろう。〃

と問いかけて、その男を捕えて牢屋に入れようとした。男は答えて、

〃自分は決して牛を殺そうとしたのではありません。ただ耕人たちに食べものを届けるだけであります。〃

と弁解したけれども、なお赦してくれなかった。そこで男はやむなく、腰につけていた玉を解いて王子に差上げた。

王子は賤しい男を赦して、玉をわが家に持ち帰って床の辺に置いたら、麗わしい娘に孵った。そこで婚姻して正妻とした。娘さんは毎日いろいろの珍味を設けて、夫に食べさせた。王子はそのうちに心が奢ってきて、妻を罵るまでになった。その女人は、

〃わたしは始めからあなたの妻になるべき女ではなかった。わが祖先の国に帰りたい。〃

といって、私かに小船に乗って（日本に）逃げてきて、難波《ナニワ》に留っていた。これは難波の比売碁曽《ヒメコソ》の社に坐す≪阿加流比売神《アカルヒメノカミ》≫という。

そこで天日矛も妻を追って、日本に渡ってきて難波に入ろうとしたけれども、渡《わたし》の神《かん》に塞ぎられて入ることができなかったため、更に還って多遅摩《タジマ》の国に留まり、多遅摩の俣尾《マタオ》の女、前津見《マエツミ》を娶ったと。

この説話は、「古事記」応神天皇の段に昔話として出てくる話のあらましである。女神の後を追う男神のことはよくある説話である。この話の主人公は、異域での再会が実現できなくて、何だか後味の悪い結末に終ってい

るが、しかし天日矛は多遅摩前津見《ダジマのマエツミ》と結ばれて、子孫大いに繁栄し、数代の後には日本史上有名な女傑である神《ジン》功《グ》皇后の母葛城《カツラギ》の高額比売命《タカヌカヒメのミコト》も生まれている。神功皇后の外戚が、新羅の王子天日矛から出たといわれる所以はこうした関係からである。

二千年前の式内社——

右の説話からすると、この神社は二〇〇〇年も昔に創建された、由緒の古い神社ということになる。境内の構えも社殿の造りも、やはり伝統ある社格を漂わせているようにみえる。

なお大阪市内には、この阿加流比売（阿迦留姫とも書いている）に関連をもつ神社が、外にも二～三ある。旧府社である杭全《クマタ》神社（式内社、東住吉区平野三十歩町）の境外末社赤留比売命神社、旧村社であった楯原《タテハラ》神社（式内社、東住吉区喜連町）、旧郷社の姫島神社（西淀川区姫島町）などが、即ちそれである。

鵲社森之宮

大阪市東区森之宮町

鵲社森之宮（拝殿）

（標石）

新羅鵲の飼育場――

国鉄「おおさか」駅を出て、環状線の国電が大阪城の東辺を通り過ぎると、「もりのみや」「たまつくり」の二駅がある。「もりのみや」駅のすぐ西側に、道路に面して「旧名鵲社森之宮」という石碑が立ったいる。平素この社を見馴れている人も、あるいは全然見知らぬ人も、この土地が一三〇〇年も昔に、新羅の鵲を飼っていた場所であることはあまり知っていないと思う。

日本書紀によると、

「推古天皇六年〔五九五〕前年の一一月新羅に派遣した難波吉士《ナニワキシ》盤金《イワガネ》が、四月に新羅から帰ってきて、鵲二隻（ふたつがえのこと）を献上した。そこで難波《ナニワ》の杜《モリ》に養わしめたところ、木の枝に巣を作り子を産んだ。八月にはまた新羅から孔雀一隻が貢られた。」

と、その来歴を明記している。

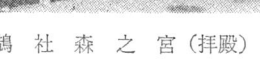

今でも拝殿には、鵲の剥製が置いてある由、まさかそのころの新羅の鵲ではあるまいが、それでも鵲との因縁をよく今日まで伝えている。

鵲は韓国の吉鳥――

日本は不思議と昔から鵲のいない土地である。有名な「魏志　倭人伝」の中でも、倭の地には牛馬も虎豹も羊・鵲もいないことを指摘して、このことを裏付けている。昔、平安京（京都）にどこから紛れこんだか、鵲が一羽とんできたので、朝廷の役人たちが≪白い烏《からす》≫という言葉で、この鳥を呼んだそうである。このような次第なので、新羅からの鵲はよほど珍鳥であったに違いない。

森之宮　鵲の剥製

専門書の解説にも、「鵲は韓国・中国・シベリア等を主とし、九州の一部及び千島に産す」といっているので、何れ日本とはやや縁の遠い鳥である。日本では昔からこの鳥を、≪高麗烏《コウライガラス》≫≪朝鮮烏≫≪韓国烏≫あるいは≪唐国烏《カラクニガラス》≫ともいっていた。つまり

「大和本草」では、

鵲、畿内東北州に無之、筑紫に多し。

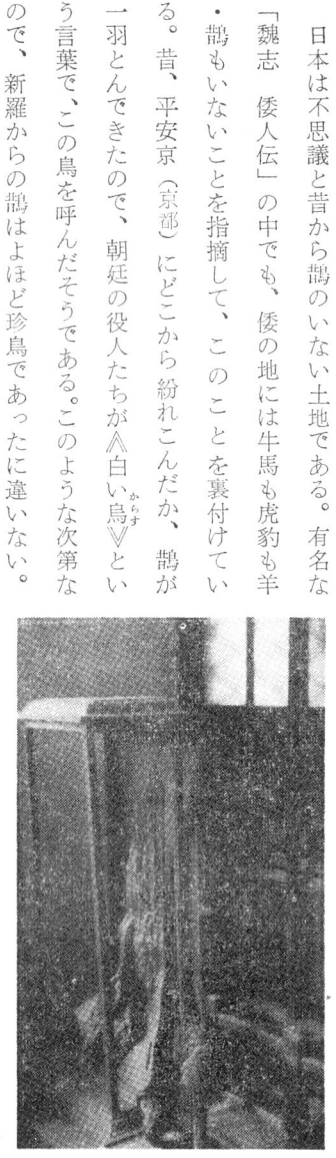

朝鮮より来りにや高麗烏と云う。

「播磨風土記」には、

この山（船引山のこと）鵲住む、一に韓国烏と云う。枯木の穴に栖む、春時見え夏は見えず。

「物類呼称」は、

鵲、西国に在り、唐がらすと云い、まま高麗がらすと云う。五畿内及び東国にはなし。鳩より小、羽に黒白あり。

などといろいろ尤もらしい学説を立てているのは、実に面白い。

韓国では昔から、鵲を吉鳥として扱っており、朝《あした》に鵲の鳴き声を聞いたら、夕《ゆうべ》には待人がくるか吉報が届くものだとされている。殊に《七夕》の前夜には、地上のすべての鵲は天上に飛び上り、天の河に橋を架けて、牽牛と織女を逢わせるといった故事から、この鳥を神聖視して危害を加えないことになっている。新羅がわざわざこの鳥を選んで、日本朝廷に贈呈しているのは、何か政治的な深慮が含まれていたかも知れない。

南岳山舎利寺

大阪市生野区舎利寺町

舎　利　寺　正　門

舎利寺の名称――

「用明天皇のとき、生野《イクノ》長者という者がこの地に住んでいた。いまの寺地の南辺に濠をめぐらした豪勢な邸宅を構えていたが、不幸にもその一子は生れつき唖であった。両親の悲しみは深く、毎日神仏に縋って祈願を捧げるばかりであった。たまたま聖徳太子がこれを聞いて、その唖の子供を呼んで、

〝是れ過去の因縁にして凡夫の知る所にあらず、我、前世において汝に舎利三顆を預けおり、今之を予に返せ。〟

と告げると、子供は口の中から三顆の舎利を吐き出して太子に奉り、それ以後はものを言うことができた。

そこで太子は、舎利三顆のうち二顆は天王寺と法隆寺に蔵め、残り一顆は自筆の影像を添えて長者に附与されたので、長者は深く仏徳に感じ、一刹を邸内に草創した。

これがいまの《舎利寺《シャリン》》であると、寺伝が伝えている。

境内は荒廃のまま――

舎利寺の表構えは、実に立派である。古式に則って建てられた瓦葺の門殿が、鉄柵を廻らして厳重に保護され、旧態のままよく保存されている。ところが一歩境内に足を入れると、打って変った荒廃振りである。長い星霜を経るうちに、幾度か天災と戦災に逢っていることを物語っている。

正門を入るとその真正面に善光堂址が残っており、恐らく近世になってこれに因んで作ったと思われる《善光寺石碑》も建てられている。碑面には

〃身はここに　こころは　信濃の
　　善光寺　みちびき給え　みだの浄土へ〃

との御詠歌を彫っている。

その隣りには、《西国三十三ケ所》の石碑が、ひと塊りずつ立ち並んでいる。平安朝のころ、花山天皇が藤原氏の圧迫に耐えかねて、遂

舎利寺境内（善光寺石碑・礎石）

に退位されて後、出家して西国における三十三ケ所の観音様を巡回された、いわゆる西国三十三ケ所巡りをここにも縮景しているわけである。

舎利寺と百済寺――

百済郡の地に百済寺があったことは、多くの書物に出ている。即ち、

「摂津志」東生郡　古蹟の条に、

廃百済寺。在㆓天王寺東、旧百済郡㆒。

「摂津名所図絵」

百済寺。百済野の中にあり。今、字を堂が芝という。

「日本霊異記」　巻上

尺義覚者　本百済人也。其国破時　当㆓後岡本宮《(斉明)》御宇天皇之代㆒　入㆓我聖朝㆒、住㆓難波百済寺㆒。

「日本書紀」　孝徳天皇大化元年〔六四五〕の条に、

以㆓……恵妙㆒而為㆓十師㆒、別以㆓恵妙法師㆒、然㆓百済寺々主㆒。

以上の記載から按ずると、摂津国に百済郡があり、百済人が多数居住していたことは明らかであり、これらの百済人が百済王氏を本願として、彼らの聖地として百済寺を創建したことになるが、さてその百済寺となると何れがそれであるか、未だに判然していない。

大方の見方として、ここの舎利寺が摂津の百済寺であろうと推測する、幾つかの根拠は次の通りである。

① 舎利寺の所在地は、百済王氏の百済郡における本居として適わしく、またこの小台地が百済寺の敷地として恰好な場所である。

② 舎利寺の境内には戦災前まで《善光堂》があって、百済王善光と何らかの因縁を想像せしめる。あるいは善光の霊廟の遺名であるかも知れない。

③ 「聖徳太子伝暦」の最末に、その著作の理由を記す条に、

〃難波百済寺の老僧に逢い……〃云々とあり、

「太子伝古今目録抄」の最初、天王寺別院事の条に、

「百済寺云々 王《コニキシ》住二百済郡地一。」という文字は、老僧と王《コニキシ》――百済寺と百済郡の間に、何か関連を思わせる。

要するに、百済王氏がこの舎利寺のある小丘の景勝の地を本拠にして、百済郡というこの辺一帯に居住しており、その百済人たちが百済寺を建てたと、推定してよかろう。

摂津国百済郡

大阪市生野区を中心に一円地域

百済郡の故地
（百済の電車停留所がみえる）

百済郡の面影――

関西本線にもと「百済《クダラ》」という駅が、天王寺・平野駅の中間にあったが、今は廃駅となり、その近所に市電「百済」停留所がある。附近には平野川の下流である百済川や巨麻川（いまは駒川の文字を使っている）が流れており、この辺一帯が住時百済郡の故地であることを裏付けている。

百済郡の地域は、百済人系諸蕃をはじめ移住韓人の最も繁衍した特別な行政区で（ちょうど武蔵国における高麗郡・新羅郡と同じように）、いまの大阪市生野区の西半と東住吉区の大半に亘るが、現在もこの地には多くの韓人たちが居住しており、全国屈指の集団居住地になっている。（一九六三年九月末の統計によると、在日韓人総数五七一、六二七名に対し、その二六％に相当する一四九、八四五名が大阪に在住し、そのまた二六％に相当する三七、五九六名が生野区に住んでいる。）千年の昔もそうであったように、今日もまた、韓人の一大聚落がこの地にできていることは、何としても奇しき因縁といわざるを得ない。

百済郡の起原と終末──

日本書紀の記事によると、百済が羅・唐の連合軍によって敗滅する〔六六三〕以前から、すでに百済国義慈《ギジ》王（第三〇代）の王子豊璋《ホウシヨウ》（のち第三一代王）は、日本に来て人質になっていたことになっている。即ち

舒明紀　三年〔六三一〕三月の条に、

「百済の王義慈、王子豊章を入れて質と為す」

とあり、その後三三年を経て、いよいよ百済国滅亡の翌年にあたる、

天智紀　三年〔六六四〕三月の条には、

「百済王善光《ゼンコウ》王等を難波に居らしむ」

とあるので、恐らくこれが後年百済郡設置の発祥であろう。

書紀の右のような記事のみからすると、百済敗滅前には兄王子豊章のみ来日し、弟王子善光は敗滅後来日しているかに見受けられるが、その実この二王子は舒明天皇のとき一緒に日本に来ていた。そのことは続日本紀、称徳天平神護二年六月の条に、刑部卿従三位百済王敬福（善光の曽孫）の薨去を記している箇所に、

「義慈王、遣二其子豊璋王及禅広王一」

と明記しているとこから知り得る。ただ豊章は祖国の危急を聞いて帰国し、結局高句麗に敗走したため百済王統は廃絶するわけであるが、善光のみは兄王子の帰国に同行せず、引続いて滞日し、のち持統天皇五年〔六九一〕百済王の姓を賜うことになる。

《摂津国百済郡》という郡名は、日本正史の上では、「続日本紀」桓武延暦一〇年〔七九一〕に始めて見られるが、これよりも遡って「正倉院文書」には称徳天平神護元年〔七六五〕すでに記録されている。しかし実際の設置は、もっと遡って大化二年〔六四六〕の国郡制置のとき百済王氏を中心に百済郡は設置されたと思われる。この百済郡には、百済王氏と賜姓した善光からその曽孫敬福《キョウフク》の天平勝宝二年〔七五〇〕ごろまで、この地に居住していたが、敬福が陸奥守として赴任中、東大寺大仏の塗料として黄金九百両を奉献した殊功によって俄かに顕現するようになり、かねて百済郡の地が南河内に発する諸川による洪水の害を被むる平坦地であったので、彼とその党与は河内国交野《カタノ》郡中宮へ転出したと考えられる。しかし残余の諸蕃は依然として、百済郡の地を本拠に繁衍していたことであろう。百済郡の名称は淳和天長一〇年〔八三三〕までは迹づけられるが、その後は記録上みることができない。のちこの地を「欠郡《カケ》」と称した。

酒　君　塚

酒君塚

大阪市東住吉区鷹合町二丁目

鷹飼いの頭領——

百済の酒君《サケノキミ》の墓がある場所を、現在でも鷹合町といっているから、酒君が鷹と大いに関連がありそうだということは連想される。鷹合《たかあい》とは鷹飼いの職ということであるが、この地一帯は旧百済郡南百済村の地である。

酒君は、一六〇〇年もむかし、百済から渡来した人であるが、彼は当時の仁徳天皇の命によって、倶知《ぐち》という鳥を飼い馴らして、狩猟用の鷹に仕立て、百済特有の《鷹狩の法》を日本に伝えた、いわば鷹飼いの頭領である。この鷹狩は、それ以後日本皇室の恒例行事にまで発展し、歴代天皇が好んで実施しており、ずっと後になっても中世における武家たちが、盛んに行った狩猟法になった。

鷹甘部の創始――

ところで、酒君が鷹を飼い馴らすようになった動機と、鷹を飼うことを専門職とする部民即ち≪鷹甘部《タカカイベ》≫を創始する経緯については、日本書紀に委しく出ている。話の筋道はこうである。

「仁徳天皇四三年〔三五五〕の秋九月、捕鳥を業とする依網《ヨサミ》（大阪市住吉区の地名）の屯倉《みやけ》の阿弭古《アビコ》なる者が、名も知らぬ奇異な鳥を捕えて天皇に献じた。折から日本に来ていた百済王族の酒君《サケノキミ》がこれをみて、百済では倶知《ぐち》といって飼い馴らして諸の鳥をとるのに用いますと教えた。そこで天皇は酒君に命じて、この鳥を飼育させた。酒君はやがて訓練をほどこして、皮の紐をその足につけ、小鈴をその尾につけ、腕の上に据えて天皇に献じた。そこで天皇は百舌鳥野《モズノ》（大阪府泉南郡）に行幸して狩猟し、数十の雉を獲た。この月に始めて鷹甘部（鷹を飼うことを職とする部民）を定めた。」と。

杭全神社

大阪市東住吉区平野宮町

杭全神社　拝殿

坂上家の氏神——

関西本線の「ひらの」駅一帯は、むかし「平野郷」であり、また≪杭全《クマタ》の庄《ショウ》≫と称して、難波《ナニワ》より大和《ヤマト》へ通ずる交通の要路であった。

駅の東南約三～四百メートルのところにある杭全神社は、平安朝の初め坂上田村麻呂(帰化族東漢氏の頂点)蝦夷地平定の功によって、その子広野麻呂《ヒロノマロ》にこの平野郷を荘園として賜わり、さらにその子従五位陸奥守左近将当通《マサミチ》のとき、祖神を祀って創建したものである。以来いわゆる坂上七名家の長が交代して、当社を掌ってきた。その後、平野郷の産土神《うぶすながみ》として土地の人に親しまれ、今でも婚礼の式場に使われているが、大安の日などは朝の一〇時から三〇分おきに、たっぷりと日に一〇組以上も結ばれる盛況である。

坂上家の遺跡――

杭全神社境内　田村堂

境内には田村神社として、坂上田麻呂を祀る≪田村堂≫があり、京都の清水寺境内の田村堂と同じ趣旨である。ここには もと長宝寺（平野西脇町）境内の田村堂にあった田村麻呂の木像を移して奉安している。

なお附近の平野市《イチ》町には≪末吉孫左衛門屋敷址≫（坂上七名家の一）また田村公園内には≪広野麻呂の墓≫があり、平野泥堂町には≪坂上春子の墓≫（田村麻呂の娘）平野新町には≪坂上家邸≫などがあって、往時この平野郷に繁衍した坂上家の隆盛の跡をとどめている。

坂上広野麻呂墳墓

鶴満寺の朝鮮鐘

大阪市大淀区長柄東通二丁目

孤独な朝鮮鐘――

天台真盛宗の大阪別院、鶴満寺には境内に鐘楼があって、かって国宝（いまは重要文化財）にまで指定された梵鐘が吊られている。この鐘は、高麗王朝顕宗二一年〔一〇三〇〕作の朝鮮鐘で、単頭の竜頭に飛天の浮彫、上帯・下帯の揃った朝鮮鐘固有の形式を備えているが、珍らしく乳廓が全然ついていない。この鐘が、どんな経路でこの寺まで落着いたのか、いまその来歴を詳かにしない。

鶴満寺　朝鮮鐘楼

ひところ日本に搬入された朝鮮鐘は、四〇口《ふり》を数え（水野清一　小林行雄共著　考古学辞典）大部分の朝鮮鐘が日本に移動した感じであったが、それも今は戦時供出やら戦争災害などで、多くは消失・行方不明になっているので、鶴満寺鐘楼の朝鮮鐘も何だか孤独感を訴えているように見える。因みに大正一〇年〔一九二一〕、国宝に指定された朝鮮鐘だけでも、日本全国に一八口もあった（木崎愛吉編　大日本金石史）ことからすると、他の朝鮮鐘の散逸は惜しい限りである。

正祐寺の朝鮮鐘――

なお天王寺区の大阪外国語大学の正門向いにある正祐寺にも、同じ国宝であった朝鮮鐘（高麗顕宗一〇年作）があったが、この寺は過ぐる戦争で爆撃にあって全焼したため、鐘も戦災の憂き目にあい、裾の方がすっかり熔けてしまったとのことである。

寺人の話によると、現在残っている鐘の上半身だけは納屋の奥にしまい込んでいるという。最近重要文化財のリストから外された。

楯原神社

大阪市東住吉区喜連町大字喜連

祭神は新羅の女神――

式内楯原《タテハラ》神社は旧村社で、東成区にある式内比売許曽《ヒメコソ》神社、東住吉区にある杭全《クマタ》神社の境外末社赤留《アカル》比《ヒ》売命《メノミコト》神社、西淀川区姫島町の姫島神社とともに、今から約二〇〇〇年前に新羅から夫のそばを逃げて日本にきた≪赤《アカ》留《ル》比《ヒ》売《メ》≫を祀っている。赤留比売命というのは比売許曽神の別名という。

阿加流比売のことは「古事記」中巻にのせている。

楯原神社 全景

呉坂の地

大阪市東住吉区喜連町

呉《クレ》坂が喜連《キレ》町——

大阪市東住吉区にある≪喜連《キレ》町≫あたりは、今から一五〇〇年も前に、呉の国から高句麗を経てはるばる日本にやってきた、織機工や裁縫師たちが経由した≪呉坂≫の跡であると伝えている。

この経緯《いきさつ》を知るために、日本の古典から古い記録を引用してみることにしよう。

雄略紀　一四年〔四七〇〕春正月の条に、

「身狭村主青《ムサノスグリアオ》等、呉の国使と共に、呉の献れる手末《タナスエ》の手伎漢織《テヒトアヤハトリ》・呉《クレ》織《ハトリ》また衣縫《キヌヌイ》の兄媛《エヒメ》・弟媛《オトヒメ》等を将《ひき》いて、住吉の津に泊りぬ。この月呉客の道を為《つく》りて、磯歯津《シハツ》の路を通し、≪呉坂≫と名づけり」

右のことからすると、そのときの≪クレ坂≫がいまの≪キレ町≫に訛ったのであるから、言葉というものは一五〇〇年もかかって「ク」から「キ」へとやっと一字遡った計算になろうか。

呉坂の名残り　喜連町

瓜破の地

大阪市東住吉区瓜破　旧中河内郡瓜破村

道照の生地――

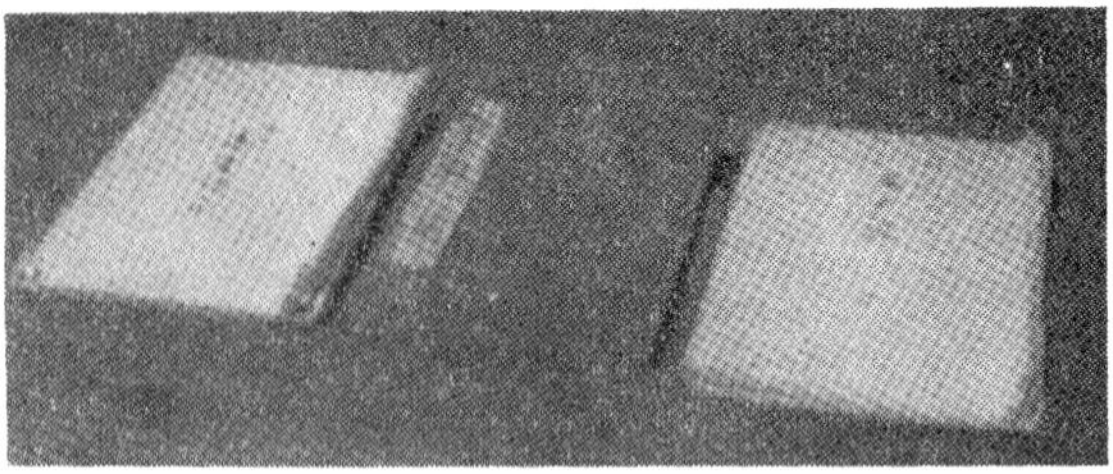

舟戸録　（瓜破　全田氏蔵）

喜連町のさらに南の方、東住吉区の東南隅に、「瓜破《ウリワリ》」という妙な地名がある。ここは有名な《道照《ドウショウ》和尚》の生誕地で、いまも瓜破には「船戸録」といって船戸講のことをしるす文書を伝えている。和尚は百済からの帰化族、船《フナ》氏（王辰爾の後）から出た偉い坊さんで、唐の国に渡って禅を学び、帰ってきてからは多くの門弟を教育し、また港湾や橋梁などにも多くの業蹟を残している。名僧行基菩薩も彼の一門から出ており、京都の宇治大橋も彼の創建によるものといわれている。

道照の生涯――

彼の伝記は、「続日本紀」文武天皇四年〔七〇〇〕三月の条に詳しく出ているので、次にその大意を紹介してみよう。

「三月己未(十日)、道照和尚が亡くなったので、天皇は大そう哀悼され、使を遣わして弔わしめた。和尚は河内の国丹比《タジヒ》郡の人、俗姓を船連《フネのムラジ》といった。

父は恵釈といい、少錦下であった。和尚は戒行することを欠かさなかった。（中略）
孝徳天皇白雉四年〔六五三〕、遣唐使に随って入唐し、たまたま玄奘《ゲンソウ》三蔵に遇い、師として業を受けた。三蔵は（彼を）特に愛して同房に住むことをいいつけた。（中略）
和尚は教を受け、始めて禅定を習った。悟るところ甚だ多かった。後日また使とともに帰朝した。別れに際して、三蔵はもっていた舎利・経論をことごとく和尚に与えた。帰朝後は南都（奈良のこと）の元興寺の一隅に禅院を建てて住んだが、天下の行業の徒が和尚に就いて禅を学んだ。
後に全国を周遊し、路傍に井戸を掘り、諸津に船を設け、河川に橋を造った。山背の国宇治橋も和尚の創造するところである。和尚は凡そ十年余りを周遊してから、再び禅院に還り、もとのように坐禅をくんだ。次第に三日に一度あるいは七日に一度起きるようになり、香気が忽ち部屋から出てしまったので、弟子たちが驚き且つ怪しんだ。和尚は縄床に端坐して、息をひきとった。時に七十二歳。
もろもろの弟子は師の遺教を奉じて、栗原《クリハラ》で火葬にした。これが天下始めての火葬である。また弟子たちは新京（奈良のこと）に禅寺を建てた。平城右京の禅院がこれである。この禅院には経論が多くあるが、みな和尚が持ち帰ったものである。
老僧最期の寂然たる光景が浮かんでくる。続日本紀の中で、僧侶のくわしい伝記を書いているのは六人（道照・道慈・玄昉・行基・鑑真・道鏡）であるが、うち三人が帰化系、一人は唐僧である。

穴織社伊居太神社　大阪府池田市綾羽町

呉織・穴織を迎える話――

日本書紀に、応神天皇が阿知使主《アチのオミ》父子を呉《クレ》の国に派遣して、工女四人を連れてくる有名な話をのせている。その筋は大体次のようである。

「応神天皇三七年〔三〇六〕二月に、

先年（二〇年九月）自分の党類十七県の人民を引き連れて日本に来ていた阿知《アチ》使主・都加《ツカ》使主父子を、呉の国に遣わして縫工女《キヌヌイメ》を求めさせた。阿知使主らは高(句)麗の国を経て目的の呉の国に入ろうと思い、先ず高句麗に行ったが呉へ通ずる道を知らなかった。そこで道をよく知っている者を乞うたところ、高(句)麗の王は久礼《クレ》波《ハ》・久礼志《クレシ》という二人を道案内として付けてくれたので、漸やく呉に着くことができた。呉の王さまは、兄媛《エヒメ》・弟媛《オトヒメ》・呉織《クレハトリ》・穴織《アナハトリ》の四人の婦女を与えた。

四年後の応神天皇四一年二月に、

天皇は軽島の明《アキラ》の宮（奈良県高市郡の地）で亡くなられたが、この月に呉の国に行っていた阿知使主らが、筑紫《ツクシ》の国に帰りついた。そのとき土地の胸形《ムナカタ》の大神はしきりに工女を欲しがったので、四人のうち兄媛を差上げ、残りの三人を伴って津《ツ》の国（摂津の国）武庫の浦（往古この辺一帯は深い海の入江であった）に着いて、始めて応神天皇の崩御を聞き、皇子の大鷦鷯尊《オオサザキ》（仁徳天皇）に献げた」と。

穴　織　社　全　景

呉織・穴織を祀る話——

呉服社・穴織社の神社縁起にはまたあらまし次のような話を骨子にしている。

仁徳天皇は、阿知使主父子の功を賞して、猪名湊《イナのミナト》（いまの唐船ケ淵）の地を授けたので、彼ら父子はここに社殿を建てて、呉織・穴織の二女を入らしめた。二人の工女は昼夜を分たず機織を勤め裁縫に励んだので、このときから機織裁縫の技術が日本に伝わり、男女貴賤の服装の差別が定まった。二女は終生機織に従事していたが、仁徳天皇の七六年〔三八八〕九月十七・八の両日に相次いで長逝した。ときに呉織姫は一三九歳、穴織姫は一三六歳で、呉織の屍を梅室《クレムロ》に穴織の屍を姫室《アヤムロ》に収めて、手厚く葬った。その翌年、天皇はちの功を賞して、社殿を建ててその霊を祀られた」と。

両姫の寿齢が一三九歳・一三六歳とか、また奇しくも同年同月の連日に死去したとかは別として、女工女た性の身でよくも呉の国からはるばる日本にやってきて、呉服の道を開いた功績は高く評価さるべきである。現在の社司河村氏の祖は、当時両姫を唐土から案内した阿知使主で、その子孫代々社を護ることすでに八〇代に及び、古くは秦《ハタ》姓を名乗ったときもあり、今から二〇代前までは漢《アヤ》氏であつたという。

穴織社　伊居太神社――

池田市にある五月《サツキ》山の中腹に坐している伊居太神社は、みぎの説話にでてくる穴織姫をはじめ応神・仁徳の両天皇を祀っている。この社は式内旧郷社で、もと兵庫県河辺郡小阪前《コサカデン》村（この地はいま伊丹の飛行場になっている）にあったのを、中世に入って文和三年〔一三五四〕現在の五月山腹に移したと伝えている。

昔から≪秦上社《ハタカミのヤシロ》≫または≪穴織大明神≫と称してきたが、明治維新になっていまの≪伊居太《イケダ》神社≫に改め、俗に≪上の宮≫と呼んでいる。

社殿もなかなか立派で、大門《おおもん》を過ぎ拝殿が中央にあり、さらに唐門《からもん》を通して本殿という通常の構えではあるが、本殿は「唐破風寄造《からはふうよせづくり》」という変った形式で、全国唯一のものとされている。慶長九年〔一六〇四〕豊臣秀頼《ヒデヨリ》が片桐且元を奉行として造営されたと伝えている。

境内に≪猪名津比古《イナツヒコ》神社≫があって、阿知使主・都加使主父子を祀っている。その前面右方には≪使主室《オミムロ》≫と題する碑石を建てて、碑文に「応神朝、阿知使主その子都加使主が呉国に至って呉織・穴織らの縫工女をここ豊嶋《テシマ》郡為那野へ伴い帰り、羅綾織紝の業を創めた云々」と、その由来を記している。

姫室

猪名津比古神社

境内にはまた穴織姫を葬ったという≪姫室《アヤムロ》≫を移している。

遺品の数々――

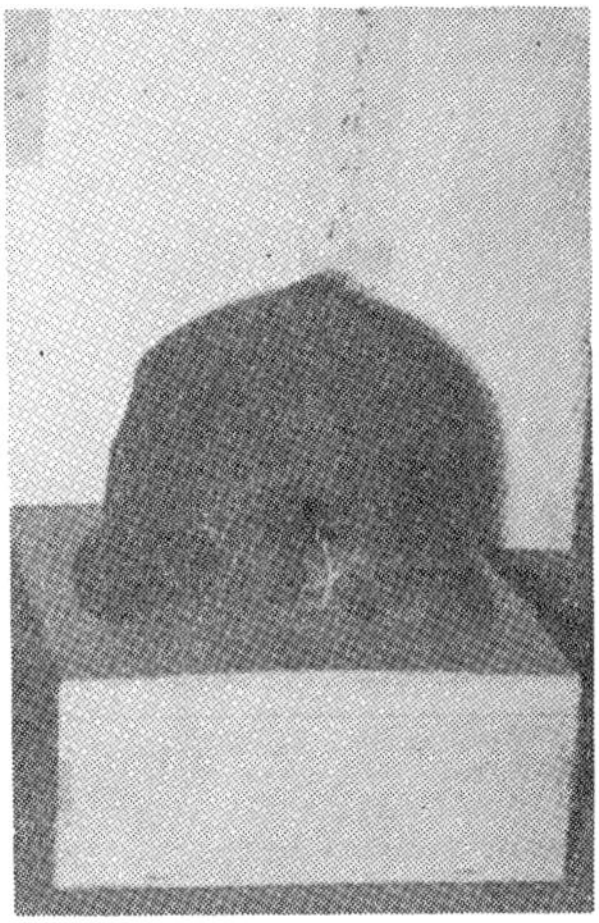
朝　鮮　兜

漢　織　像

1　朝鮮兜

これは同社に保管している阿知使主が、三韓の地から日本に渡来するとき被っていた≪朝鮮兜≫であるという。いわゆる朝鮮製のものであるかそれとも中国製であるか、俄かに判断はできないが、とにかく朝鮮半島を経てもたらされたことだけは事実であり、また他の地域で出土された朝鮮冑と称するもの（例えば群馬県鶴山古墳から出土した眉庇附朝鮮冑）と実によく似ている。

2　漢織像

これは阿知使主四代目の孫、漢以留間直《アヤイルマノアタイ》の作による木造の≪漢織像《アヤハトリ》≫であるが、もと三体あったのが消失して、現在この一体だけが残っており、神社側が保管している。

3　宝鏡

この宝鏡も、いつのころだれが使っていたか、またどこの製品であるかを詳らかにすることはできない。ただ漢織らが上陸して、機織りに専念していたころの遺品であろうと伝えられているだけである。ちよつとみたところ、古墳からの出土鏡よりはその構造が簡潔なように見受けられる。あるいは古墳時代以後の進化した伝来のものかも知れない。

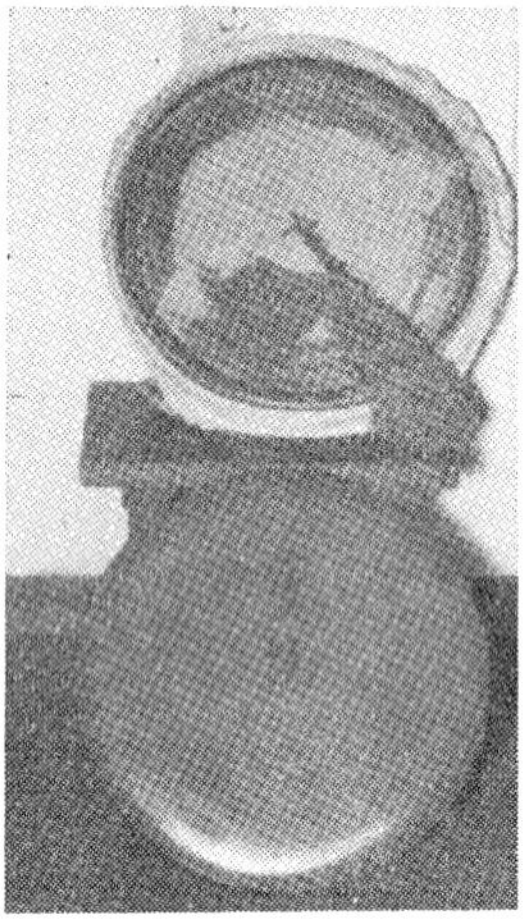

宝　鏡

4　古文書類

この社は以前、相当多数の古文書類を蔵していたが、たびたびの兵火と水害のため大部分消失してしまい、いまはその一部分を残している。主として往古における浪速の都・伊那の津附近の地勢に関するもの、河内平野における河川氾濫の状況、各港津における舟運・通関に関するもの、松尾大社（京都）・末吉大社（大阪）・国常立《クニトコタチ》命《ミコト》（土地の神さま）との関連を記録しているものなどである。

呉服神社

大阪府池田市室町

呉服神社 全景

祭神は呉織《クレハトリ》の姫──

同じ池田市の室町にある≪呉服《クレハ》神社≫（阪急宝塚線「いけだ」駅の西）は、式外旧郷社で、呉織《クレハトリ》姫および仁徳天皇を祀っている。もと≪秦下社《ハタシモノヤシロ》≫ともいい、≪呉織社≫あるいは≪呉服大明神≫と称してきたが、明治維新ののちいまの社号に改められ、俗に≪下の宮≫とも呼んでいる。

現在殿は上の宮である穴織社と同様、慶長年間片桐且元の造営による春日《カスガ》造《ヅクリ》である。境内に、阿知使主を祀る猪名津比古神社・呉織姫を葬ったという≪梅室《クレムロ》≫を移していることも同様である。

社伝によると、呉服《クレハ》大明神の名は、後醍醐天皇の御宸翰より起り、またこれによって日本で絹布の類をすべて≪呉服《ごふく》≫と称することになったとしている。池田市の辺が、和名抄に豊島郡秦上郷《ハタノカミ》・秦下郷《ハタノシモ》とのせる地域で、帰化人繁衍地であったことはあきらかである。土俗池田町の旧名を「呉服里」といい、江戸時代の有名な画家松村呉春はこの地にいたので「呉春」の名をつけている。

敬福墓の大塚神社

高槻市（旧三島郡大冠村）大塚町大字大塚

果して敬福の墓か――

高槻市の南端《枚方大橋》を渡って暫らく北走すると、淀川土手の下のたんぼの中に、小じんまりしたひとかたまりの森が右の方にみえる。この森の中に封土があり、その上に建っている小祠を《大塚神社》と称している。

社殿は二堂に分かれていて、前の方にやや規模の大きい本殿があって、土地の人は《大塚殿《オオツカドン》》と呼んで、高皇産霊神《タカスメウブタマのカミ》・神皇産霊神《カミスメウブタマのカミ》の二柱を祀っているという。氏子たちは、この神社が相当古い時代の由緒ある調度品を蔵していることを誇りにしている。

大塚神社全景

その後方に、小さい祠が一つ建っている。この社については地元の人も、その古事来歴のことはよく知っていない。ただ「流れ者」を祀っていて、社地には大きな「長《なが》もの」（蛇のことらしい）がいるために、昔から草伐りのさいは半分ずつ分けて行なうしきたりになっているとのことである。一説にこの封土を百済王敬福の墓といい、《王塚》と称していたのがのちに大塚と転訛したという。聖武天皇のころ、大仏造立に協賛し一族悉く顕現した従三位敬福の墓としては、まことに荒廃しきった、淋しい墓である。

神社を管理している土地の素封家吉田氏を訪れると、三代目の管理職と称する四郎老は、低目の声で淋しく語っていた。

〃大塚殿は、大塚町と大塚村それに番田村の三つの大字にいる僅か一七〇戸ばかりの氏子たちによって護られているので、何一つ思うようなことはできない。神主さんも年に三回、他部落から来てもらっている始末です。祭神も二方の神さま以外に、ただ流れ者を祀っているということだけで、その正体もはっきりしていない。今でも毎年の草伐りだけは半分ずつ分けてやっているが、これは長ものに傷を付けないように、その逃げ場を与えるためです。〃と。

大塚神社境内　敬福墓

博 士 王 仁 墳（枚方市）

王仁博士といえば田舎の小学生でも知つている百済から千字文と論語を日本に伝えた偉い学者である。いま王仁の墓が大阪府放方市郊外の藤阪丘陵の上に静かに眠つている。

〔本文　67ページ〕

河州地方

〔概　説〕

帰化族の溜り場　河内の国――

河内《カワチ》の国は、大阪府の東部を占める、南北の長さ三に対して東西の長さ一にもならない縦に細長い地区である。東は生駒《イコマ》山・信貴《シギ》山を頂点とする山脈、南は金剛《コンゴウ》山・葛城《カツラギ》山を頂点とする山脈がこれを囲み、西北は淀川が流れて区切り、西は摂津・和泉の国に続いている。地域の北半部は、往昔、概して湿地帯になっていたため久しく聚落の発達がなかったところである。明治二九年〔一八九六〕になって、従来の十六郡を北・中・南河内の三郡に編制して今日に至っている。

河内の国は、諸蕃の氏族が断然多く、姓氏録にのっているもの五六氏（実際は五五氏である）その他、未定雑姓のうち諸蕃と思われるもの一六氏を加えると、実に七二氏にのぼり、ちょうど帰化系氏族の溜り場の観がある。中でも百済王室の直系である百済王《クダラのコニキシ》氏は、旧交野郡山田郷中宮字百済野の地一帯（いまは枚方市）に繁衍して、天平〔七二九～〕から承和〔～八四七〕年間の約一〇〇年間は隆盛を極め、日本皇室の恩寵を受けていた。氏人の日本正史にみえるものだけでも七〇余名に達し、なかんづく同門の女性一〇余名が宮中に内侍して、皇統の血縁にも関連を結んだことは特記すべきである。

許麻神社

大阪府八尾市久宝寺町

祭神は大狛連の祖神——

許麻《コマ》神社は、近鉄線「阿倍野橋《アベノバシ》」駅前から出る八尾《ヤオ》行バスに乗って約二〇分、「久宝寺《キユウホウジ》」停留所近辺にある。久宝寺町というのは、許麻神社の旧宮寺久宝寺観音院の名残りであるが、聚落は真宗顕証寺の寺内町として発達してきた。大通りから少し脇道を入ると、大きい鳥居がみえる。社殿は鳥居の大きさに比べると、貧弱そのもので、何だか世間から見捨てられたという寂しい感じである。それでも千年以上の歴史と帰化豪族の由緒をもっている神社（式内社である）として、社殿の周囲には昔の環濠の跡が今もちゃんと残っている。戦前までは郷社であって、今の社殿は四〇年前に再建されたものである。

許　麻　神　社

祭神は許麻《コマ》大神、つまり姓氏録に河内国諸蕃高麗の部に二流も載っている≪大狛連《オオコマのムラジ》≫の祖神で、恐らく大狛連が多くの部族を率いて、この地に集団居住しながら産業開発に寄与した功を讃えて、その祖神を祀ったのであろう。彼らは河内平野を中心として、産業・土木に従事し、特に織物と染色の技術

に長けていたようである。姓氏録には、

「大狛連。出レ自高麗国溢士福貴王一也」

と二流を載せており、同系統の神社として、渋川郡許麻神社のほか大県郡に大狛神社（いまは柏原市に編入された旧堅上村大字本堂に座している）を延喜式に載せている。

観音も名鐘も姿を消す——

もと宮寺であった久宝寺観音院は、聖徳太子の建立で、太子自作であると伝えられる《十一面観音》を本尊とし、推古天皇二年〔五九四〕勅願所になってから、仏法の一中心地として繁栄を続けてきたが、松永久秀の兵火後は衰えはじめ、この観音は一時伊賀《イガ》国（三重県）上野《ウエノ》市に移動したこともあったけれども、転々としていまはこの町の念仏寺に安置されている。

旧観音院の鐘楼には、十里の外である奈良県高田あたりまで聞こえていたという名鐘が吊られてあったのが、明治初年廃寺したころ行方不明になったまま消息を絶っていたのであるが、日露戦争当時ロシア軍に捕虜になった日本兵某が、偶然にもモスコーのニコライ堂に保管されているのを見たと知らせてきたので、町民はその奇縁に驚いたという。

今はこの国宝級の観音像も芸術的な名鐘も、共にこの社から姿を見せないのは、さびれゆく社格とともに一層の淋しさを加えている。

大聖勝軍寺

大阪府八尾市太子堂町(旧中河内郡竜華町)

仏教の伝来——

紀元前六世紀ごろ印度のヒマラヤ山麓で、部族の王子釈迦牟尼《シャカムニ》によって開かれた仏教は、中国大陸を経て四世紀後半期になって、始めて韓半島に入ってきた。先ず北方の高句麗に、それから一〇年ばかり後れて南方の百済に、それぞれ中国から直接伝わったが、新羅へは一五〇年も後れて高句麗から伝わったことになっている。

この仏教が日本に公式に伝来されたのは、日本書紀によると、欽明天皇一三年〔五五二〕に、百済の聖明王が仏像・幡蓋・経論などを僧侶と共に献上したことに始まる。日本は建国以来、それこそ百八十《やおよろず》の無形の神々のみを祀り、かかる天神地祇以外の神《かみ》には仕えることを知らなかった。当時の日本人にとっては、仏《ほとけ》という偶像や幡蓋に積み上げられた経典などは、全く奇異なものに映じたに違いない。忽ち朝野の与論は、仏に対する排斥と受容の両派に二分されてしまった。朝廷の顕官でも、神に仕え武を尚ぶ物部《モノノベ》・中臣《ナカトミ》などの氏族は、日本在来の国教のみに執着して新来の異教である仏教に対しては強硬な反対を唱え、遣外使節や外来帰化人たちに接触して比較的国外の風情に通じている蘇我《ソガ》・膳部《カシワベ》などの氏族は、寧ろ受入れの態度に出た。

天皇もよっぽど採決に困ったとみえ、崇仏派の蘇我稲目《イナメ》に伝来の仏像を与えて、試みに礼拝することを許された。稲目は小墾田《オハリダ》の家にそれを安置し、家を改めて≪向原《ムクハラ》寺≫とし、礼拝を開始した。そのころたまたま悪疫が流行し、多くの死者が出るようになり、排仏派の物部尾輿《オコシ》と中臣鎌子《カマコ》らは、これは蕃神《ばんしん》を拝んだ罰であるとして、仏像を難波《ナニワ》の堀江《ホリエ》に棄て塔堂を焼き払ってしまった。

仏教文物はその後も、百済は勿論のこと高句麗からも新羅からも引続き流入してきた。敏達天皇の一四年〔五八五〕に、また疫病が流行し、いよいよ猛威をふるったので、物部守屋《モリヤ》（尾輿の子）と中臣勝海《カツウミ》（鎌子の子）は、天皇より「仏法禁断」の詔勅をえて、一族郎党を引き連れて大野丘に乗りこみ、父親たちがしたと同じように仏像・仏殿を焼き、焼け残った金銅仏は悉く難波の堀江に投じた。さらに飛鳥《アスカ》の京に蘇我馬子《ウマコ》（稲目の子）が建立中であった塔寺を毀し、尼僧たちに手荒な振舞を敢えてした。この年、天皇もついに疱瘡にかかり、いくばくも立たぬうちに崩御されたので、弟君である用明天皇（聖徳太子の父君）が即位された。

守屋と勝海の暴挙があって間もないころ、またしても疱瘡が各地に流行して、今度は守屋自身も疱瘡を病んだので、これはきっと仏殿を焼き、仏像を打ち、塔を毀した仏罰の祟《たた》りであると、馬子らは巧みに世論を利用してこんどは「仏法帰依」の勅許をえて、仏教の再興を計ろうとした。こうして排仏派の守屋と崇仏派の馬子との両巨頭は、反目の頂天に達していた。

渋川の決戦――

崇仏を主張する蘇我氏と排仏を主張する物部氏の対立は、ついに皇位継承をめぐる政治闘争にまで発展していった。

蘇我氏は大臣《オオオミ》の地位にあって、代々三蔵（斎蔵《ミイクラ》・内蔵《ウチクラ》・大蔵《オオクラ》）の総管として多数の帰化人を配下にもち、国家財政の実権を握っていた。一方、物部氏は大連《オオムラジ》の地位にあって、代々軍事を掌り祭祀を司る中臣氏と通じて、その勢力は八尾一帯（河内の国）に拡っていた。崇仏派の旗頭である蘇我馬子は、常に朝廷側に立って、三宝（仏・法・僧）に帰依することによって聖寿の長久を祈り国家の安泰を築こうとしていたのに反し、排仏派の旗頭である物部守屋は、朝廷の意思に反して、寺塔を焼き仏像を投じ尼僧に迫害を加えるなど、異教排斥のあらん限りを尽した。

このとき悪疫の悲運はまた訪れて、王都一帯に疱瘡が流行して、朝臣の中にも斃れるものが多く、用明天皇も突然発病されてしまった。天皇は三宝によって、自らの病を治し寿を延ばそうとの信念を表明されると、厩戸《ウマヤド》皇子の意中も、かりそめにも天皇の御意に背く者は如何なる功臣・大官と雖も、容赦なく亡ぼさねばならないとの決意を固くして、公然と天誅の実施を大臣の馬子に托した。こうした険悪な状況を察知した守屋は、河内の渋川にある別邸に立てこもって、あらわに叛旗をひるがえすようになった。

このような物騒な空気の中で、天皇は信仏の甲斐もなく、この年の四月に崩御された。当時僅か一四才であった聖徳太子の心中の悲願は、いよいよ鉄のように凝固していった。

守屋は渋川の別宅から槻曲《ツキクマ》（奈良県高市郡）の自宅にいる馬子に対して、使者に托して挑戦状を送り、また密かに穴穂王《アナホ》（用明天皇の皇弟）にも使者を飛ばして、天皇擁立の密計を伝達した。そこで馬子は、これ以上の躊躇はもはや許されないと判断し、ひたすら諒闇に服喪している太子を避けて、皇太后の聴許を奉じて物部討伐の義挙に出たのである。

六月のある夜、配下に命じて、突然穴穂王の寝所を急襲せしめ、先ず問題の主人公を亡き者にしてしまった。七月に入ると、守屋もいよいよ決戦の構えをとり、渋川の別宅と難波の本宅に、それぞれ一族と私兵をもって警護の陣を固め、叛乱の態勢に出てきた。穏忍と自重を重ねてきた太子らも、事ここに至っては最早や激怒にたぎる血気を抑える術もなく、直ちに討伐の進軍を命令された。

用明二年〔五八七〕七月三日、いよいよ合戦のときがきた。太子を中心とする主力部隊は、泊瀬部《ハセベ》皇子、竹田皇子、難波皇子、春日皇子などの各皇族と蘇我馬子、膳部加多夫古、紀男麻呂《キのオマロ》、葛城烏那羅《オナラ》、秦河勝《ハタのカワカツ》らの群臣と共に、いまの奈良街道から河内の国に入り、大伴嚙《クイ》、阿部臣人、平群神手《ヘグリのカミテ》らの別動隊は、当麻から竹内峠を越えて河内に入り、それぞれ渋川の守屋別宅に迫っていった。

攻撃側の崇仏勢と守備側の排仏勢との間には、雨のように流れる箭の中で、数回の激戦を繰り返しているうちに、双方の死者も多く、戦線は一進一退を続けていたが、ついに守屋を斬ることができたので、戦況は忽ち一変して物部勢は総崩れになって四方へ退散してしまった。

こうして排仏・崇仏をめぐって、欽明、敏達、用明の三代、四〇余年にわたる物部・蘇我両氏の対立が、守屋の討死によって解消され、以後の崇峻から推古に至る平和な仏教興隆期を迎えるのである。正に渋川の決戦は、上代日本史の分岐点といって差支なかろう。

秦河勝の武勲――

渋川の決戦で第一級の武勲を立てた秦河勝について、その事跡を辿ってみよう。

秦河勝《ハタのカワカツ》が京都太秦にある名刹、広隆寺の造立本願者であることは、別のところで委しく述べるが、彼は聖徳太子の寵愛を受けて、このたびの守屋討伐にも側近の一人として、抜群の武勲を立てている。渋川の決戦を伝える古記録の中で、河勝に関する記事をみると、

「軍政秦川勝は軍を率いて太子を護り奉り……川勝進んで大連《オオムラジ》（守屋のこと）の頭を斬り……川勝ら大仁に叙す」（補闕記、その他の太子伝記物）

などの箇所がみえ、河勝は兵を率いて常に太子の身辺を警護し、自らは物部守屋の首を斬って、その殊勲により後に大仁（推古一一年制定の一二階位の第三、因みに一二階位は、徳・仁・礼・信・義・智の六階級に各々大小がついている）に叙せられたことを記している。

さて河勝が守屋の首を斬ったとき使った太刀は、もと太子が百済国の鉄細工を召して作らしめ、蘇我馬子とその子蝦夷《エミシ》に各々一鞆《ふり》ずつ授けたのであるが、さらに守屋討伐に際し馬子は迹見赤檮《トミのイチヒ》に与え蝦夷は河勝に与えたので、河勝はその太刀で守屋の首を切ったと伝えている。（太子伝古今目録抄）

勝軍寺の遺跡――

八尾市太子堂町にある勝軍寺の《太子堂》には、本尊である太子立像の前面に、討伐戦のときの護衛四大臣―

太子堂　正門

勝軍寺四大臣
（右秦河勝，左蘇我馬子）

蘇我馬子・小野妹子・迹見赤檮・秦河勝の木像が四天王のように並列している。またこの地一帯は守屋合戦の古戦場として、いまも竜華中学の脇に、≪鏑矢塚《カブラヤヅカ》≫が残っていて、赤檮《イチヒ》が守屋を射落した鏑矢（矢の先に蕪の球根に似た中空の球をつけ、その先に雁股をつけた矢、射ると音を発する）を埋めた地であると伝えている。また、守屋の首を洗ったと称する≪守屋池≫も今なお残っており、如何にも古戦場の跡に適わしい景を添えている。

賊名を浴びて斃れた守屋は、≪物部守屋墳≫に手厚く葬られている。墳前には写真にみるような碑石が立っていて、その碑文に、

「何背国神　　如何にぞ背き国《くに》つ神《かみ》
　敬他神也」　敬いたまわむ他《あだ》し神《がみ》を

と刻している。これはかつて守屋自身が、用明天皇に申し上げた言葉の一句であるが、その経緯はこうである。

用明天皇二年〔五八七〕の夏四月、新嘗祭《にいなめさい》（前年の一一月に行わるべきを延期されていた）の日に、天皇は病を得て宮殿に還られ、待っていた群臣たちに

〃朕、三宝（仏法のこと）に帰《よ》らむと欲す、卿ら議《はか》れ〃

鏑　矢　塚

守屋墳碑文

と仰せられたので、群臣たちは協議した。物部守屋大連《おおむらじ》と中臣勝海連《むらじ》は詔《みことのり》に違《たが》い、

〃何《いかに》ぞ国つ神に背きて、他《あだ》し神《がみ》を敬いたまわむ。もとより斯の如き事を識らず〃

と申した。蘇我馬子の宿禰大臣《すくねのおおおみ》はすかさず、

〃詔に随って助け奉るべし。誰か異なる計を生《な》さめや〃

と申した。（日本書紀）

この碑文は、みぎの場面のひとこまである。これで馬子と守屋の対立はついに頂天に達し、いよいよ馬子側は武力によって守屋側を排除することを決心するのである。渋川決戦の直接動機はこうして造成された。

守　屋　池

物部守屋大連墳

茨田の堤と池

大阪府（旧北河内郡）守口市・門真市・寝屋川市の辺

茨田の堤　現景

堤も池も帰化人の手で——

大阪の河内平野を截って流れる淀川は、幅の広い大きな川である。幾千年も流れているうちに、今日の河内平野を形成したであろうが、その間、河川の氾濫もまた大変な難事であったろうと思われる。

昔は淀川を山代河《ヤマシロ》といって、治水にはいろいろと頭を悩ましたとみえる。ところがこの川の治水には、帰化人たちが決定的な役割を演じている。茨田《マムダ》の築堤と造池に、帰化人たちが貢献した形跡は、次の通りである。

日本書紀　仁徳天皇一一年〔三二三〕一〇月の条に、

「高津の宮の北の原を堀って、宮の南に集っている入江の水を西海に通じ、これを《難波の堀江》といった。

また北の河（淀川のこと）の澇《こみ》（水の多く漲るところ）を防ごうと

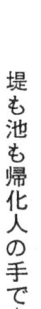

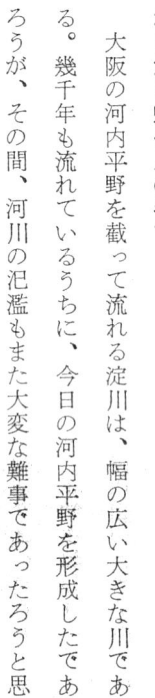

して、茨田《マムダ》（大阪府北河内郡の地名）の堤を築いた。……この年、新羅人が朝貢をしてきたので、この堤を築く労役に使用した。」

とあり、また古事記、仁徳天皇の段では、

「秦人（弓月君が連れてきた帰化人たち）を使役して、茨田の堤および茨田の三宅《ミヤケ》を作り、また丸邇《ワニ》の池や依綱《ヨサミ》の池を作り、また難波の堀江を掘って海に通し、小椅《オバシ》の江《エ》（大阪市東成区）を掘り墨江《スミエ》の津《ツ》（大阪市住吉区）を定めた。」

と書いている。この時の秦人が定着したのが、いま寝屋川市に入っている太秦・秦の地であろう。

堤は舟運を　池は蓮根を――

今でもこの辺一帯は、到るところ沼だらけである。見渡す限り沼沢地帯の連続で、どの沼にも蓮の葉が浮いている。その昔、帰化人たちが多くの池を作ったお蔭であるかどうかは知らないが、兎に角ここの蓮は良質の根を出している。これが有名な《河内の蓮根》である。

また堤が築かれた結果、名物の氾濫も防がれ、淀川を中心として舟運の便が良くなってきたことも事実である。現在《文禄堤》といっているのは豊臣秀吉が文禄年間（一五九二～一五九五）、淀川の左岸に築いたほぼ現在の淀川堤防である。

秦川勝墓

大阪府寝屋川市（旧北河内郡）大字秦小字観音山

大人《たいじん》の墓は簡素である――

北河内平野の北端に蟠る丘陵地帯を、片町線と京阪線を東西に横切って流れる寝屋《ネヤ》川のほとりに一段と茂っている竹藪の中に共同墓地のある丘がある。この丘の上に秦《ハタ》氏の大人《たいじん》、川勝《カワカツ》（河勝も同一人）の墓がある。墓は四角の墓石の上に、丸・角・平・尖といった独特な形状に造った数個の石を積み重ねて、一種の五重石塔に仕立てている。川勝大人の生前における起伏の多かった派手な業績に比べれば、どう見てもお粗末過ぎる簡素な墓である。

今からやっと五年前の昭和三四年一一月、寝屋川市教育委員会が墓前に建てた立看板の記事には、もとの墓石は文禄年間〔一五九二～五〕淀川築堤に用いられ、現在のものは慶安三年〔一六五〇〕の再建であると説明している。

川勝の墓がこの地にこんな恰好であることは、如何なる因縁か判らない。恐らく附近に定着していた彼の子孫たちが、高名な祖先のために供養塚でも建てたのが、その前身ではなかろうか。川を隔てて太秦《ウツマサ》・秦《ハタ》などの地名が残っており、川勝の裔と称する西嶋・平田・茨木の三氏が今も居住している。

西嶋家文書によると、

秦川勝の墓

〃もと五輪石塔が高冢の上にあり、その下に四方石階あり、塔銘を刻していたが、豊公の淀川堤（いわゆる文禄堤）修築に際して取去られたので、慶安三年〔一六五〇〕同家祖先の人が之を歎じて再建したもの、即ち現在の高さ約八尺の五輪石塔なり〃

と墓の由来を詳細に述べている。

河勝の事蹟――

秦河勝（川勝も同じ）が日本文化形成の黎明期である聖徳太子の時代に、大連物部守屋《オオムラジモノのベモリヤ》を討伐した際、太子と蘇我氏の側近にいて殊勲を立てて以来、太子の寵愛を得て京都太秦《ウツマサ》に峰岡寺（広隆寺の前身）を造立したことは、それぞれの項で説明した。河勝は守屋討伐のときの勲功によって大仁《ダイニン》に叙せられ、のちに小徳《ショウトク》（推古天皇一一年〔六〇三〕制定の一二階位の第二）にまで昇進している。彼の創建にかかる峰岡寺は、山城国葛野秦寺《カドノハタデラ》とも呼ばれのちに広隆寺となるのであるが、推古

（女帝）三一年〔六二三〕新羅使が貢上した仏像・仏具などのうち、仏像は特に朝廷の許しを得て彼の寺に安置し、仏教興隆に意を用いた。

河勝はまた、外国使臣の接伴役にも任ぜられ、推古一八年〔六一〇〕の新羅使来朝以来、その接伴に任じていた。逸話としては、皇極（女帝）三年〔六四四〕東国不尽河《フジカワ》（富士川のこと）の畔の大生部多《オオフベのオオシ》という者が、蚕に似た虫を常世神《トコヨのカミ》（永久世界の神という意）と称し、これを祭れば致富長寿がなされると勧め世人を妖妄していたので、彼は断乎として多《オオシ》を打ち懲らしその誑惑をとどめてしまった。時人は歌を作って彼の勇を賞めた（日本書紀）と伝えられている。

彼はまた今日行なわれている謡曲の祖として知られている。伝によれば、河勝は欽明二三年〔五六二〕以来、欽明・敏達・用明・崇峻・推古の五代並びに聖徳太子に奉仕して、勝れた業績と勲功を残しており、太子は河勝と共に神代の故事などを思い起こし、六十六番の物真似および貌面を作って河勝に賜わったので、河勝はそれ以後この伎の元祖となったとしている。このことは世阿弥《ゼアミ》の「花伝書」にも詳記されている。

以上が河勝の主な事蹟であるが、その後における消息は杳として消え、史上に何の記録も出てこない。彼の子孫のことについても、何一つ記録が残っていない。

河勝の終焉地――

河勝は晩年になって、中央の難を避けて、播磨国坂越《サコシ》（いまの兵庫県赤穂市坂越町）に、余生を送ったという伝承がある。このことは、秦河勝を祭神とする坂越町宝珠山麓にある大避《オオサケ》神社の所伝、「坂越浦大避大明神縁起」にその由来が記されている。即ち、

「秦河勝は聖徳太子の寵臣であっただけに、太子の薨後、頓に専権を極めた蘇我氏のために慊悪せられ、殊に皇極二年〔六四三〕一一月、大臣蘇我入鹿《イルカ》が太子の遺子山背大兄王《ヤマシロのオヒネのミコ》たちを滅してからは、京畿には快々として楽しまず、難の及ばんことを恐れ、扁舟に棹して西海に浮かび、同三年秋、播州坂越浦に到り着き、後にこの辺千種《チグサ》川流域一帯を開拓して民生を利し、ついに坂越に歿したので、いまも坂越浦上に浮ぶ生島《イクシマ》に葬られ、河勝を神として奉祀したのが即ち大避神社である。」

というのである。先に述べた河勝が謡曲の祖であることは、この神社にも社宝として河勝自作と称する猿田彦《サルタヒコ》の面が、今なお伝えられている。とにかく当時の情勢として、河勝が晩年、播磨に逃避したという伝承は、全くの造りごとではなさそうである。

姫塚

大阪府枚方市大字伊加賀

姫　塚

姫塚は一塊の築山――

枚方《ヒラカタ》市の南郊枚方《ヒラカタ》公園の西側に、小じんまりした森に囲まれた塚が京阪電鉄の線路越しに見える。これが≪姫塚≫で、百済王直系である百済王俊哲《シュンテツ》の娘貴命《キミョウ》の墓である。帰化人の娘とだけ聞いたら、大した余韻も感じないが、彼女は嵯峨天皇の女御《にょうご》（側室のこと）となって、忠良親王・基良親王および基子内親王を生んだ方である。

これが若し皇妃の墓であったられっきとした陵として、その規模の点においてあるいはその保護の点において如何ばかりかと思われるが、不幸にして彼女は帰化族の娘であったため正室に迎えられず、亡きあとの墓もこの通り小さな築山になり果てて、世人からも全く見捨てられている。まことに悲しい旅情を催す佗びしい光景である。

大和女性と百済女性の競艶──

嵯峨天皇に内侍した数ある女性の中で、特に異彩を放っているのは、正室である橘嘉智子《タチバナカチコ》と側室の一人である百済王貴命《クダラのコニキシキミョウ》の御両人とされている。

一方の嘉智子さんは、弘仁六年〔八一五〕皇妃になられて檀林《ダンリン》皇后と称し、「文徳実録」嘉祥三年〔八五〇〕五月壬午の条に、〃后は為人寛和、風容絶異〃と謳われており、他方の貴命さんはまた、同じく仁寿元年〔八五一〕九月辛未の条に、〃資質姝麗〃と讃えられている位で、お二人ともまことに才色兼備、群を抜く美貌の持主であったようである。この大和女性と百済女性との競艶ぶりは、譬えていうならば国産型と舶来型の特色があったろうと想像される。女性としての艶を競ったばかりでなく、家門の閥においても何れ劣らぬ名門の出身である。

嘉智子の曽祖父、橘諸兄《モロエ》は敏達天皇から岐れた皇族系の後裔で、例の藤原四子の相次ぐ急死により藤原氏に代って台閣に列しており、母の三千代《ミチヨ》は神別出自の女傑的な存在で、事情あって先夫と別れ、藤原不比等《フビト》（太政大臣、正一位）と結ばれ、光明皇后を生んでいる。

貴命の先祖も、百済王室の直系であり、父の百済王《コニキシ》俊哲は陸奥守・鎮守将軍として偉功を立てた大立物であり、さらにその曽祖父である敬福は、聖武天皇の蝦夷経略草創期にあって、再度陸奥守として大功を立てたのみならず、東大寺大仏造立の際に黄金を奉献して、天皇の恩寵を一身に受けていた、帰化人としては代表的な人物である。

このようにお二人の背景をなしている家門からくる対抗意識も、感じないわけには行かなかったと思える。嘉智子皇妃の墓は、嵯峨深谷山陵として、いま洛西の嵯峨天皇北山陵の奥にあり、彼女が亡くなって葬送の途中、帷子《かたびら》（麻糸で織った夏の着物）が棺から抜け出て、風に吹かれたというので、今でも太秦《ウツマサ》地方に「カタビラの辻」の地名が残っている。嘉智子皇妃陵の豪壮と尊貴に比べて、いまは路傍に忘れられた貴命女御の墓は、何としても侘びしい限りである、

なお百済王敬福《キョウフク》の孫娘明信女は桓武天皇時代の右大臣贈従一位藤原継縄《ツグナワ》の室となったが、彼女の墓もいま枚方公園入口に《官女塚》といって、僅かに残っている。

その他、桓武天皇の椒房には、百済王氏の孝法・教仁・恵信・明本・教法・真善・貞香・真徳が、また嵯峨天皇には慶命、仁明天皇には恵信・永慶などがそれぞれ入侍し、中には天皇との間に親王・内親王を生み奉った女性もいたのである。

百済王神社と百済寺址

枚方市中宮（河内国旧交野郡）

百済野という地名——

枚方《ヒラカタ》市中宮《ナカミヤ》の地は、河内《カワチ》の国交野《カタノ》郡のうちで、いまもなお「百済野《クダラノ》」と俗称されている。その名が示す通り、この地一帯は千年あまりの昔に、百済王直系の名族である百済王氏《コニキシ》一族が繁衍したところである。

この百済野には、百済王氏の縁故遺跡として、《百済王神社》《百済寺阯》などが残っている。「百済野」あるいは「百済之原」という地名は、万葉集を始め他の歌集にもよく出てくる地名で、この河内《カワチ》の百済村以外にも、摂津《セッツ》の百済村、大和《ヤマト》の百済村などがあり、何れも百済帰化族たちがその圏内において、文化と生業を共にしていた縁故地である。

百済王神社——

交野私市線の「なかみや」駅から国鉄片町線の「ながお」駅の方向に走っているバス道路の左側に小高い丘陵地が続いている。この丘の上に侘びしく鎮っているのが百済王神社である。道路脇の参道入口から暫らくは坂道になっており、それに続く石段を昇りきったところに、小さな拝殿が建っている。拝殿の中央正面に「百済国王、牛須天王」と並書している板額が懸っているのは、この神社が百済王氏の祖神と午頭天王つまり素戔鳴尊《スサのオのミコト》を

拝殿の懸額

祭神にしていることの表示であろう。

百済王神社は、百済王敬福のとき一族の功労を稿う意味で、聖武天皇の天平年間（七三〇年から以後約二〇年間）に勅旨によって建てられたもので、その後、桓武・嵯峨・仁明天皇のころ、同氏一門から数多くの天子後宮を送り出していた、いわゆる「皇室の外戚時代」には、歴代天皇の《交野行幸》も度繁く行なわれ、従って手厚い庇護も加えられていたが、その後時代の変遷と共に、皇室の恩寵も次第に薄れ、祖神を祀る神社も一族の住む居宅も全く顧られない荒廃の姿に帰していた。

祖廟に奉仕していた百済王氏の後裔、三松氏も、文禄年間〔一五九二〜五〕には禁野大垣内《オオガイト》に移住している。神社は村人たちの社殿改造によってとにかく形だけは残るようになり、明治五年〔一八七二〕には村社として指定され今日に至っている。

百済王神社 全景

百済寺阯――

百済王神社の東側一帯の地は百済寺阯で、松林と笹竹で蔽われている。そのところどころに、今も数多くの礎石が数百坪に亘って散見され、その直径が二尺から四尺もあることから推して、往時における寺院の規模と構造がほぼ窺われる。

百済寺の伽藍配置の形式は、四天王寺形式（法隆寺形式に対し）といって、南門・中門・金堂・講堂を一直線にして左右に塔婆（供養のため築いた塔）を配している。これは百済の故地、扶余《フヨ》の都近くにある軍守里廃寺と同一形式であるといわれる。

なお百済寺の全貌を詳しく知るために、立看板に書いてある、大阪府史跡指定の由来文を引用しておく。

史跡　百済寺阯

百済寺の主要伽藍は村社百済王神社の略々東部に位し、南面し現存せる礎石は七十個に達し、その中、原位置にあるもの五十六個にして何れも明らかに土壇上に存す。南大門阯、中門阯、金堂阯、講堂阯は一直線上に位し、中門と金堂との中間に二基の塔婆が東西に

百済寺阯　礎石

百　済　寺　阯

相対し、廻廊は其等の周囲を環らせり。

斯くの如く遺阯の整備して残存せるは、全国稀なりと見る所なるのみならず、調査に伴うと豊富なる瓦類を始めとし、古銭飾仏具等の諸金具を土中より採掘せり。伽藍阯並に遺物等より考察して、本寺の創建は奈良時代後期乃至平安時代初期にかかるものなるべし。

此の地方は元交野《カタノ》郡に属し王朝時代京師南部の名勝として著われ、列聖の御遊幸二十数回に及ばせ給う。又此の地方は古く百済王族の蕃衍したる所なれば、本寺も亦其等氏族の造立にかかり、其の盛時には巍々として偉観を呈せるなるべし。

昭和十年十二月　日　　大阪府

大垣内の百済王神社阯――

交野線中宮駅の南一帯が大垣内《オオガイト》であるが、そこの小高い丘の上に神社阯が残っている。鳥居も社殿もなく、形ばかりの石塔や燈篭によって、僅かに昔の面影を偲ぶ程度である。

この社は、前述した通り文禄年間に、中宮より当地へ移住してきた三松俊治《トシハル》の邸址の一部で、俊治の曽孫俊元《トシモト》の代になって、慶安三年〔一六五〇〕百済王神社の分霊を邸内に奉斎したのがその起源である。祭神はやはり百済王一族と素戔嗚尊で、三松家が代々奉祀し、大垣内の氏神として崇敬されていた。

禁野という地名——

大阪府北河内郡の北端に位する旧交野《カタノ》地域で、《禁野《キンヤ》》という地名がある。この地は、皇室専用の遊猟地であったため、今日でいう禁猟区の意味で付けられた名前である。

百済寺の由来記にもあった通り、桓武・嵯峨の両天皇は、この地に繁衍していた百済王氏との縁によって、しばしば行幸され鷹狩を楽しまれている。これがつまり《交野行幸》で、当時如何に鷹狩が盛行されたかは、光仁天皇宝亀二年〔七七一〕から仁明天皇承和一一年〔八四四〕に至る七五年間に、実に二〇数回も行なわれたことからしても、充分推察できる。

この行幸のとき、百済王氏の居宅を行宮にしていたので、そこで侍っていた多くの若い百済女性から、天子の目に見初められて抜擢され、一躍後宮に仕立てられたであろう。今でも交野駅の東方に、「私部《キサイベ》」という地名があるが、これなども「キサキ（妃）べ」からの転訛ではなかろうかと思われる。

百済王氏の出自——

姓氏録　右京諸蕃下　百済の部で

「百済王　百済国義慈王之後也」

としているのは、百済第三〇代義慈王の直系の子孫たちであることを説明している。

百済の国王、義慈王は国運が既に傾き始めたころ、その子豊璋（余豊のこと）と禅広（善光ともかく）を、舒明天皇在位のとき日本皇室に派遣していた。（日本書紀）その後百済が滅亡〔六六三〕してからも、禅広は帰国せず、摂津の国旧百済郡に在住していたが、持統天皇五年〔六九一〕正月に食封通じて二百戸を優賜され百済王《コニキシ》と賜姓された。

以来、百済王氏は皇室と権臣に近付き、日月とともに隆盛の一途を辿り、一門の中から従三位に叙せられた南典、同じく従三位に昇った敬福、陸奥鎮守将軍従四位に至った俊哲など、史上幾多の顕臣を輩出して、奈良後期から平安初期にかけて時運の進展に大いに活躍している。

三松氏の末路——

百済王氏の祖廟に奉祀していた三松氏は、前述のように百済王氏の後裔で、敬福の四世孫豊俊《ホウシュン》のとき（桓武天皇の延暦年間）住居の庭前に古松三株があったことから、この姓を名乗るようになった。恐らく生活様式も思考方式もすべて日本社会・日本民族に同化されて、最早や出自の尊貴など不必要になってきたためであろう。

後期帰化族として人臣最高の栄誉をほしいままにしていた百済王氏も、三松氏に改姓した平安初期より近世に至るまでの千有余年間は、史上名のある人物が出ていない。さすがの名族も世の栄枯盛衰と共に流され、大正初期、禅広四四世の三松俊雄なる人は、地元の枚方町長を勤めた。

因みに百済王氏と三松氏の系譜を抜抄し、また当主三松俊雄氏の附記をのせて参考に供する。

　謹みて往古を惟るに、神功皇后摂政四十七年、我が祖百済国肖古王皇国を慕ひて、年々の朝貢を約しまつりしより、爾来四百余年の間、文学宗教より工芸牧畜の事に至るまで、皇国中古の文明に資する所少からざりしが、天智天皇の御世となりて遂に百済の国名は絶へぬ。其時の国王を義慈王といふ。第二子禅広皇国に帰化して難波に居を賜り、高き官位と百済王の姓とを授けられ、又禅広の四世陸奥守従三位敬福に河内国交野原を賜りて、氏族の多くは爰に居を定め、後四世豊俊始めて三松氏を称し、累代顕要の官に任ぜられたれど明応文亀の頃家勢振はず、天正年間石山合戦の時、河内守三松俊近　弟俊次等顕如上人に属し、石山城大手の守将として克く戦ひしかど衆寡敵せず遂に陣歿し、又文禄年間豊臣氏の為に拝領地を没収せられて、益々零落せしも漸くに祖先の由緒によりて、領主船越家の客分扱を受け、無役浪人にて小禄を授けられ、今日に至るまで本居を去らず、皇恩に浴する事実に一千数百年なり。かくて明治の初め栗原信充翁故ありて此地に遊び、我が家系を一見して打驚き、斯くばかり由緒正しき家は海内に数多からじといたく歎賞し、自ら筆を執りて考証の事に従ひ、年月をつみて一部の書はなりぬ、即ちこれなり。是れ啻に我が一家の光栄のみならず、亦史学上の資料たらずんばあらず、因りて爰に之を印刷に附して有識の一閲を請ひ、併せて翁の好意に酬いんと欲するなり。

百済王氏並三松氏系譜

（三松家保蔵のものより抜抄）

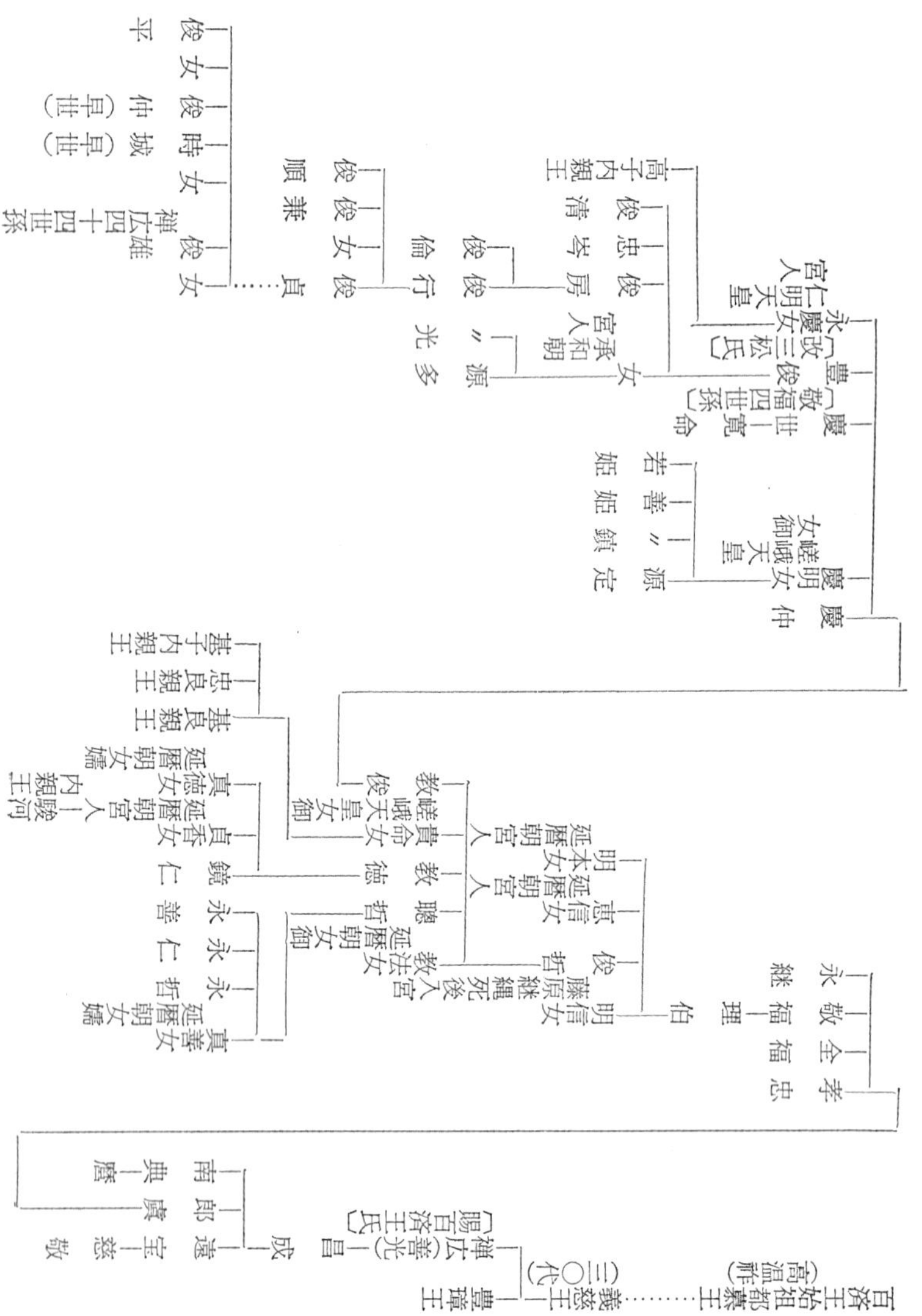

大正戊午（七年）秋

（傍点および読点著者）

百済王禅広四十四世　三松俊雄　記

百済滅亡の前後――

西暦一世紀ごろから、韓半島には先ず北方に高句麗起り、次いで西南方に百済、東南方に新羅が起こって、いわゆる三国が鼎立していた。

百済の人民は韓族であるにも拘らず、王室は高句麗と同じ扶余族であった。百済は北方の高句麗と衝突して仇讐の間柄となり、その南下勢力に抑えられて遂に国都を漢城（今の京畿道広州）から熊津（忠清南道公州）に遷してからは、国力が急に衰え、その後六三年を経て西暦五三八年聖明王（日本に仏教を播めた王）のとき、さらに国都を泗沘（忠清南道扶余）に移し、自ら新羅の国境を攻めたが戦い利あらずして敗死し、それから約五〇年間は三国は休戦状態に入った。

六六〇年、百済は唐の高宗派遣軍の来攻に逢い、新都の泗沘も旧都の熊津も相次いで陥落したため、義慈王は太子の隆と共に城外に出て降服した。

戦勝を誇った唐は、熊津に都督府を置いて、百済の故地を治めさせたが、留鎮していた唐軍は残虐を恣にしたので、百済の王族鬼室福信は兵を挙げて、当時日本に人質となっていた王子豊璋《ホウショウ》を迎えて、百済の復興を謀ったが、これまた唐・新羅の連合軍のために敗れ、このとき日本の水軍もまた百済を授けて唐軍と戦ったが、白村江（錦江）の戦で敗れて失敗に帰した。時に六六三年、ここに建国以来三一王六七八年の百済は亡んでしまった。この戦で、福信は豊璋に殺され、豊璋はまた高句麗に逃げた。このとき数千を数える百済人が妻子を携えて、日本に亡命してきた。（日本書紀　天智天皇四年五年の条）これら亡命集団の中には、百済朝の王族・貴族を始め僧侶や高官が七〇名もいたとされ、彼らの学識や技能は天智・天武・持統の各天皇に重用され、日本の奈良朝文化形成に主要な役割を演ずるのである。

王仁墓

大阪府枚方市（旧北河内郡）津田町藤坂

博士の墓は二基もある——

片町線「ながを」駅の東南方数百メートルのところに、≪藤坂の御墓山≫といって長い丘陵地がある。丘の上は松林で蔽われた景勝の地で、近年になって修治が加えられ一段と瀟洒の美を増し、この地に日本へ初めて文字と儒学を伝えた王仁の墓が眠っている。

王仁の墓は二基あって、その一基は円墳の形をした土塊の上に、自然石に彫った「博士王仁墳」と題する墓標が建っている。この円墳は、土地の人たちが≪おにばか≫と称していた古い以前からこの地にあったもので、享保年間〔一七二〇年前後〕に、京都の儒家並河五一郎氏の勧めによって、領主久貝《クガヒ》某が建てたものである。

博士王仁之墓

博士王仁墳

他の一基は、文政年間〔一八二〇年前後〕に有栖川《アリスガワ》宮によって平坦地に建てられた「博士王仁之墓」で墓石を中心に石垣をもって囲っている。

時折り、清風は松の梢を通り抜けて地上の静寂をゆさぶれば、地面を這っている笹竹がこれに応じて軽く頷いているだけで、王仁の偉業に対して物語ってくれるものは何一つない。ただ二基の墓に跨って往来しなければならない王仁博士の遺霊も、今なおせわしいものだと考えると気の毒でならない。

文字の伝来――

王仁といえば、日本へ文字を伝えたことで有名である。この文字（儒学）の伝来は後の仏教（経典）の伝来と共に、みな百済国から将来されたもので、日本文化の発端を説明するときは、必ず引合いに出される重要な記事である。

応神紀　一五年〔二八四〕七月の条に、

「百済の王が阿直岐《アチキ》という者を遣わして良馬二匹を献ったので、阿直岐にその馬を飼わせた。彼はまたよく経典を読んだので、太子の菟道稚郎子《ウジのワキイラツコ》がこれを師とした。天皇が阿直岐に、汝に勝る博士があるかと問うたところ、王仁という者が秀れていると答えたので　荒田《アラタ》別《ワケ》と巫別《カムナギワケ》とを百済に遣わして王仁を召した」

と記しており、翌一六年〔二八五〕二月の条には、

「王仁が来たので太子はこれに諸々の典籍を学び、通達せざるところがなかった。この王仁は書首《フミのオビト》らの始祖である」（日本書紀）

と続けている。また同じ事柄について 「古事記」ではやはり応神天皇の段に、

「百済国主の照古王（百済国第六代近肖古王のこと）が、牡馬壱疋・牝馬壱疋を阿知吉師《アチキシ》に付けて貢上し、また横刀と大鏡を貢上した。また百済国に、もし賢人があれば貢上せよと命じたので、貢上したのが和邇吉師《ワニキシ》であって、論語十巻・千字文一巻併せて十一巻をこの人に付けて貢進した。和邇吉師は文首等の祖である」

と書いている。この和邇吉師が王仁と同一人であることは言うまでもない。

これがいわゆる日本における文字の初伝であって、当時の日本社会にとっては何といっても一大革命的な出来ごとである。当初のうちは一般にまで普及されることは勿論困難なことで、専ら一部上層階級にのみ伝わっていたけれども、とにかく日本文化の基礎はこの時に築かれたことは事実である。それまでに固有の文字をもっていなかった日本は、漢字を得て始めて言語思想の記文表現がなされ、大陸の文献を読むことが可能になったので、大陸の事情に通ずることも可能になってきた。国内においても記録・文献の作成がなされ、政治上・社会上その他道徳の面にあって急激な進展がもたらされ、あらゆる分野において儒学の感化と影響を受けるようになった。王仁博士の偉大な功績は、幾ら褒め讃えても足りるものではない。

史実としての疑問点――

しかし前の記事に現われた個々の具体的な事柄になると、史実に符合しない幾つかの疑問点がないわけではない。第一、王仁は百済の地から渡来しているが、一体どの国の人間であるか。彼が持ってきたという《論語》と

《千字文》は、巻数も合わないし年代にも合わない。王仁を迎えに行ったという荒田別・巫別なる人物についても怪しいところがある――などと詮索すれば、ちょっと複雑になってくる。

王仁の後裔である西文《カワチのフミ》氏から分岐した文、武生《タケオ》氏が朝廷に奉った延暦一〇年〔七九一〕の上表文によると、「漢の高帝の後を鸞という。鸞の後の王狗、転じて百済に至る。百済の久素王の時、聖朝、使を遣わして文人を徴召す。久素王すなわち狗の孫の王仁を以て貢す。これ文・武生らの祖なり。」として、王仁が漢の高祖の裔であると言いきっているけれども、この上表文は出発点が文・武生の両氏が宿禰《スクネ》姓を貰うための作文であるため、高格な門閥に仕立てた形跡が多分に見受けられる。一説にはまた、漢の直轄領であった楽浪（韓国の平安南北・黄海・京畿道の地）太守であつた王景の一族とも言われているが、これとても信頼すべき根拠は何一つない。してみると王仁の遠祖が果して漢族であるかあるいは韓族であるかも全く判らないと言うのが事実であろう。

次に、論語一〇巻というのは巻数が多すぎるし、千字文というけれども当時は未だに千字文が出ておらず、これは梁の武帝〔五〇二〜五四九在位〕の時、周興嗣が作った「天地玄黄　宇宙洪荒……」の千字文以外には在りえないという疑問に対しては、論語の巻数が多すぎるのは註釈をつけた本ならば差支えない。また千字文というのは恐らく「小学」の書を間違えて伝えたのであろうと、やや苦しい弁解ではあるが、これで納得させている。

三番目の王仁を迎えに行った人物のことであるが、荒田別は応神天皇のとき派遣される三五年も前の神功皇后四九年〔二四九〕三月に、既に新羅遠征に行って百済王に逢っていると同じ書紀に書いているから、王仁はきっとこの遠征軍の帰国の際連れて来られたのだろうという推測や、そうではなく荒田別は少くも二〜三度は韓土に行っている、遠征から帰ってきてまた派遣されたのだという断定やらが行なわれている。

このような区々たる詮議に対しては、明確な考証を下すことは勿論困難である。これらの疑問は、学問上の課題として大いに研究の余地はあろうが、何ら決定的な意義をもつものではない。要は当時における時代的背景の下で、かかる文物が韓地から日本に渡来したという文化史的な意義を見出すことが、より重要なことであろう。

王仁の縁故地——

王仁の縁故地は、摂津・河内を中心に数個所残っている。大阪市大淀区《大仁町《オオニン》》（大阪駅の西、十三大橋の南）があるが、大仁とは王仁の転訛であるらしく、大仁元町二丁目の旧村社八坂神社の北側に戦災前までは俗に一本松大明神といって一本の枯木株が残っていた王仁の旧地が伝えられていた。明治年間までに《和邇《ワニ》社》がこの地にあつたのを今は旧祠を八坂神社の境内に移している。

また堺市三国丘の旧府社方違《ホウチガイ》神社には、古くから同社の附近にあった王仁を祀るという東原天王社を合祀している。河内松原市に入る旧中河内郡松原村大字岡（近鉄南大阪線「河内松原」駅の南東約一キロ余り）小字出岡の弁天池畔にも、《王仁聖堂址》というところを伝えている。

羽曳野市（旧古市町）には、王仁の子孫である西文《カワチノフミ》氏の氏寺《西琳寺《サイリンジ》址》が残っているが、これは項を改めて記述する。

西琳寺址

大阪府曳野羽市古市町北町

西　琳　寺　址

蓑ケ辻に立つ――

≪蓑《ミノ》ケ辻《ツヂ》≫は古市《フルイチ》町の中央部にあって、東西に走る竹内《タケウチ》街道と南北に走る東高野《ヒガシコウヤ》街道の交叉するところである。竹内街道は、今の堺《サカイ》市を起点として、東古市を経て竹内峠を越え飛鳥《アスカ》古京に通じている。

この竹内街道こそ、古代のいわゆる官道であり、政治が動き文化が運ばれた大動脈であった。いま蓑ケ辻に立って、狭い道路を往き来している人たちを昔の人たちに置き代えて、いろいろ考えてみると、言い知れぬ興が湧いてくる。

西琳寺の面影は礎石一個――

≪西琳寺《サイリンジ》≫はもともと西文《カワチのフミ》氏の氏寺として、欽明天皇のとき造立された寺といっている。西文氏は、日本に文字を伝えたことで有名な王仁《ワニ》の直系子孫たちで、阿知使主《アチのオミ》の子孫である東文《ヤマトのフミ》氏に対照される名族である。古縁起によれば、「欽明天皇二〇年〔五五九〕河内文氏である大山上文首阿志高なるものが、諸親属らを率いてこの寺を建て、阿弥陀丈六仏像を仕え奉ったとしている。その所在地によって≪古市《フルイチ》寺≫と称し、また向原山西琳寺とも呼んでいる。

明治初年に入って廃寺となり、近年復興したが、今は往昔の壮大な面影は何一つ見ることはできず、ただ一つ五重の塔の中心礎石が残っているだけである。十数トンもあろうかと思われる。この巨大な礎石から推しても、往時の寺院の規模が想像され、西文氏一族が如何に隆盛を極めていたかが偲ばれる。この礎石も、明治一八年〔一八八五〕石川改修のとき、川畔へ移して治水記念碑の台石に利用されていたものを最近になって、再び西琳寺境内に戻したものである。

西琳寺礎石

誉田の八幡宮

大阪府羽曳野市（旧古市町）誉田

誉田《コンダ》と巴《トモエ》の因縁――

誉田八幡宮は応神天皇の宗廟として、一四〇〇年の歴史をもつ神域にふさわしく、社殿の結構・社域の宏壮と

誉田八幡宮　全景

もに素晴らしいものがある。旧府社として往時の高い社格をそのまま維持し、数々の伝統と宝物を受けついでいる。

誉田《コンダ》とは応神天皇の御諱《いなみ》であって、ホムダがホンダ——コンダと転訛されている。「こんだ」はもともと鞆《トモエ》の名称で、「誉田宗廟縁起」の中では次のように説明している。

「昔、神功《ジング》皇后が三韓に出兵されたとき、弓箭《ゆみや》を帯しておられたので、そのとき胎内にあった皇子（即ち応神天皇）がお生れになったとき、そのお腕に鞆《トモエ》の跡形があった」と。当宮の社紋がいまも巴を使っており、その因縁は以上のようであるが、何か巴そのものがもつ三韓との関係が別にあるような気がする。

日本最古の八幡宮である当宮の祭神は、宮の名が示す通り、応神天皇とその父君仲哀天皇（日本武尊の皇子）母君 神功皇后（皇后の母は新羅の天日槍系）の 三方であるが、日本史上幾多の巨大な事蹟を残した応神天皇が崩御されたと伝え聞いた

境内末社　当宗神社

近隣の人たちが、手に手に鋤や鍬をもって、それこそ雲霞のごとく蝟集して御陵を築き上げたという。これが当八幡宮の隣接地域にある応神天皇恵我藻伏岡陵で、宮と陵との緊密な関係を物語っている。境内より陵に通ずる参道には、太鼓形をしている石橋がかかっていて、毎年の祭礼には神輿がこの橋を通る由。

なお境内の一隅に、末社として式内の大社《当宗《マサムネ》神社》が坐しているが、この社は明治年間に誉田の当宗垣内《マサムネカイト》から当地へ遷座したものであり、宇多天皇の外祖母である当宗忌寸（東漢《ヤマトノアヤ》氏族阿岐使主の党与）を祀っている。

誉田八幡宮は由緒の深い神社なので、所蔵されている文化財も多く、数年前に竣工された「誉田宝殿」の中に保存されている。古代における馬具、金具をはじめ、刀剣・絵画・筆蹟その他の古美術品など、その種類は広範囲にわたり、社宝として宝物帳に登載されているものの総数は百四〇点以上だといわれ、そのうち国宝に指定されたもの二点、重要文化財二一点、重要美術品三点を数えている。

朝鮮国王寄進燈籠

朝鮮燈籠――

この八幡宮に祀られている方たちが、三韓とは切り離せない関係者ばかりなので、半島伝来の何かがあっても不思議なことではない。拝殿の右脇に、《朝鮮国王献納燈篭》が陣どって、ただ空しく立っている。普通は御影石で造られているが、この燈篭は凝灰岩で出来ているのでちょっと珍らしい。

燈篭の手前に置いてある台石は、≪菅公祈座石≫といって、菅原道真公がかってこの宮に参篭《サンロウ》したとき、祈願をこめた座石で、菅公は祈願の甲斐あって、夢中に一童子の捧げる宝剱を得て、程なく讃岐の国司に任ぜられたという。菅原氏は旧土師氏であり、「和名抄」には河内国志紀郡土師郷・丹比郡土師郷をのせ、志紀郡には道明寺（一名土師寺）もあり、従ってその縁でここへ来たものと思われる。

当八幡宮のご利益《りやく》は、顕著なものであるらしく、これに類似した話がこの外にも多い。聖徳太子の参篭は、夢中に八幡大菩薩が現われて国家鎮護のため守屋《モリヤ》を打つべきことを示現されたので、蘇我氏と組んで守屋を斬り物《モノ》部《のべ》氏を滅ぼしたことは、既に述べた通りであるが、弘法大師は古市《フルイチ》の西琳《サイリン》寺（王仁の子孫たちの氏寺）から来て一夏も参篭し、ついに三密の秘奥を授けられたとか、行基菩《ギョウキボ》薩《サツ》（百済系帰化人の裔）も当宮に参篭して、夢現によって大いに力を得、大和《ヤマト》国菅原寺をはじめ勅命による四十九院建立の大願を成就したとか――こういった夢のような夢物語りが幾らも残っている。

馬も馬術も帰化人の伝来――

馬の話にちなんで、日本の古典に伝える興味深い話を一つ紹介しよう。

「河内《カワチ》国の飛鳥《アスカ》戸《ベ》の郡（安宿郡――大阪府南河内郡の一部）に、田辺史伯孫《タナベのフヒトハクソン》という人がいて、古市《フルイチ》（同じ南河内郡の一部）の人　書首加竜《フミのオビトカリヨウ》（書首は代々文筆をもって朝廷に仕える人で王仁系の帰化人）に嫁いだ娘に、孫が生まれたと聞いてお祝いに行った。月夜の帰り道に、蓬蔂《イチヒコ》の丘にある誉田の陵（応神天皇陵）のほとりで、赤馬に乗っている者に逢った。その馬はまるで竜《リュウ》のように飛びあがり、鴻《カリ》のように飛び抜けるので、全く驚いた。伯孫はその馬が欲しくなったので、自分の乗っている葦毛（青と白の交り毛）の馬に鞭うって暫らく並んで走ってみた。ところが赤馬は、塵が起るよりも早く走るので、とてもついて行かれるものではなかった。赤馬の主は、伯孫の意中を察してか、ふと馬を停め、伯孫の馬と取り代えて、別れを告げて去って行った。

喜んだ伯孫は、その赤馬に乗って帰宅し、鞍を解いて厩舎《ウマヤ》につないで、その夜は寝たが、翌くる朝厩舎にいってみたら、例の馬は埴輪の土馬に変っていた。怪しく思って、応神陵にいってみると、自分の葦毛の馬は陵の土馬のあいだに佇んでいたので、埴輪の馬と取り代えて連れて帰った。」（日本書紀、雄略天皇九年六月条）

真偽の程は兎も角として、この簡単な話の中で、いろいろの暗示が得られる。第一に「埴輪の馬」が王陵に使われていたことが浮ぶ。それでは馬そのものは一体何時ごろから日本にいたのだろうか。第三は伯孫も加竜もともに帰化人のように思われるが、赤馬に跨がって風を切った無名の騎手はまた何者であろうか。そういえば日本人は、それまで騎馬の風習はなかったのであろうかなど。

この応神陵は、埴輪を使用した日本最古の例として、すでに学界の定説になっている。また応神陵の陪冢《バイチョウ》（貴人の墓にお供する従者たちの墓）の一つである古墳から出土した馬具類も、古墳の副葬品に使われた最古の実例だとされている。（小林行雄著「古墳の話」）現在、誉田八幡宮にはこの貴重な鞍金具類がそっくり保存され、参詣者の供覧に付している。

中国の古典である「魏志」倭人伝には、「倭の地には牛・馬・虎・豹・羊・鵲なし」と、三世紀ごろの日本には牛馬がいなかったことを明記している。しかしこの倭人伝で指摘している馬は、いわゆる乗る馬乗れる馬のことであって、馬という動物が一頭もいないということではなかろう。これは馬の蹠骨に彫刻をほどこした弥生《ヤヨイ》式時代の骨製品が発掘されている事実からも、当時すでに野性の馬が住んでいたことを立証している。

乗れる馬は、やっぱり百済の国から入ってきた。それは四世紀の終りごろとすべきか。即ち応神天皇の一五年に、阿直岐《アチキ》に経典を持たすと同時に、良馬二匹を献上したとあり、なお天皇は阿直岐に太子の師になること及び馬の飼育を司ることを頼んだ（日本書紀）と記録している。してみると当時の日本は、馬の飼い方も経験がなかったことを想像せしめる。況してや馬の乗り方は、言わずもがなである。

先程の説話の中にでてくる人物伯孫も加竜も、その名前からしてすでにそうであるが、彼らの居住地である安宿郡も古市郡も、この辺一帯は帰化人の本場であることからしても、帰化人であることに間違いない。従って無名の騎手も当然帰化人であろう。こうした乗馬術は、騎馬の戦争で強大を保ち得た北方の高句麗はいうに及ばず、前掲の「魏志」東夷伝で、韓（恐らく半島南部を指したと思われる）の風習を記録して「馬はあるけれども乗ることを知らず」と嘲笑された百済の国でも、次第に乗馬の術を覚えて日本にも伝えていたと推測される。

誉田八幡宮は安産の神――

古伝の縁起によると、

「むかし神功皇后が、宇美で誉田《ホムダ》別《ワケ》皇子（応神天皇）を出産されるとき、槐《エンジュ》の木をもって産殿の柱とした故事がある。時代は流れてその後、後冷泉天皇の永承六年〔一〇五一〕のこと、皇后が懐妊されたときある夜の夢に、南殿へ出ると木の下に老翁が立っていて、その姿はさながら鬼の如くである。翁は皇后に向って、

〃安産を願うならば、われを祭るべし〃

と告げると夢は醒めた。そこで皇后はこの旨を天皇に話すと、天皇の申されるには、

〃木に鬼か……それは槐（えんじゅ）の木である。神功皇后の安産もきっと槐木をもって産室を営むべしとの夢現であったに違いない。早く槐木の所在を尋ねよ〃

と勅命を出したところ、誉田八幡宮に槐木があることが判ったので、勅使を遣わされ、境内の枝を伐りとりこれを産室の上に吊して安産を祈った。やがて皇子が誕生された。」

こういった逸話によって、古くから誉田八幡宮は安産の神と知られ、また当社の槐木は《安産木》として世人の信仰を得ているといわれる。

神功皇后の里帰り説——

さて冒頭に神功皇后の三韓出兵が出ており、いままた同皇后の安産の秘話が披露されたので、ここら辺で神功皇后の出自について、いささか解説を試みる必要を感ずる。

日本史では「神功皇后の新羅征伐」という一項を挙げて、始めての外国遠征とあって殊更にはなばなしく扱っている。ここの誉田八幡宮にも「神功皇后縁起」という絵巻物（重要文化財指定）を保蔵しているが、数多くの軍

船が兵員を満載して波涛をけって航海している場面がみえる。これはしかし飽くまで口授の説話であって、伝承通り額面のまま信頼すべきでないことは言うまでもない。第一、当時国である新羅の史記に、かかる史実が一行半句も記録されていないことが不可解である。次には神功皇后が、日本の多くの古典が伝えている通り新羅国王子天日槍《アメのヒホコ》の後裔であるとしていることは、如何なることか。また当時の日本の国情が、果してかかる大規模の外征が可能であったかどうか。などと、いろいろ問題が提起されてくる。

韓国側の史料によれば、高句麗一九代目の好太王時代に、日本の大規模な侵略を被ったいわゆる《辛卯倭寇》の記事が碑文に残っている。即ち西紀三九一年から四〇四年に至る一四年の間に、前後四回も倭兵の侵略に逢うわけであるが、この攻撃によって倭兵は、百済も加羅も新羅も打ち破って臣民となすとまで、はっきり書いている位だから、皇后が仮りに日本側の記録通りの遠征があったとしたら、当然新羅史にも残っている筈である。年代的に約二〇〇年のズレがあるが、あるいは辛卯倭寇と関連があるのではなかろうか。

次に新羅王と称する天日槍《アメのヒホコ》は、垂仁天皇のころ〔二七〕、「日本に聖皇《ヒジリのキミ》有ますと聞き、即ち己が国を弟知古《チコ》に授けて化帰《マイケ》り」（日本書紀　垂仁天皇三年条）として、いわゆる慕化の常例にならっており、また古事記では、「遁れ去った妻女のあとを追い、渡ってきた」（古事記応神段）として、女神のあとを追う男神の説話をとっている。その渡来理由は兎も角として、彼は日本海岸に沿って来航し、海潮の流れに従ってその辺の沿岸地に（いまの敦賀港あたりであろう）上陸したことを、播磨風土記などが示している。そのころ新羅の国では、これに似た妻の行方を追って夫が倭国に至る漁師夫妻の話や、脱解尼師（新羅開国の第一代王）は天日槍の子であると三国史記新羅本紀の記事があるのをみても、あながち無根拠の話ではない。

王子であったか漁師であったかは別として、彼は上陸後但馬《タジマ》国に定着することになり、地方の豪族である物部前津耳《サキツミ》の娘麻多烏《マタヲ》を嫁に迎え、同地で子孫を繁衍するのであるが、その五代目の孫女高額比売命《タカヌカヒメのミコト》が開化皇子彦坐《ヒコイマス》王系の息長宿禰王に聘せられ、息長帯比売命《オキナガタラシヒメのミコト》即ち神功皇后を産んでいる。つまり皇后の外祖家が天日槍に当るのである。これら古典の記事が正しいとすれば、神功皇后の新羅親征なるものは、正に里帰りの遠征ということになって、いわゆる里帰り説は成立するわけである。それにしては外祖家の郷国に矛を向けるとは、物騒な里帰りである。

大津神社

大阪府羽曳野市（旧南河内郡）高鷲町字丹下

大津神社

津氏は難波の港務官——

この神社は、津氏（葛井氏と船氏とともに王辰爾の一族）がその祖神を祀ったのであろう。

この津氏は同族の船氏とともに、難波の港や大和川（いまは大阪市と堺市との境界を流れているがそれは宝永改疏以後の流路で旧くは中河内一帯に分流し城東で大淀川に入っていた）の交通の要衝にあって水運行政を掌っており、いわば今日の大阪港務官みたいなものであった。

王辰爾の後裔――

上に出てきた葛井氏・船氏・津氏はみな、王辰爾の後裔である。

王辰爾は王仁《ワニ》よりずっと後れて百済から渡来したかと思われる。記録に現われる最初の記事として、

「大臣《オオオミ》の蘇我稲目《イナメ》は勅を奉じて、王辰爾をして船賦《フネのミツキ》を教え録《シル》さしめた。すなわち王辰爾を船の長《ツカサ》とし、よって姓を賜い船史《フネのフビト》とした。今の船連《フネのムラジ》の先《オヤ》である」（日本書紀、欽明一四年七月条）

ここにいう船賦とは、船に関する税あるいは交易に対する関税のようなものであり、船氏は最初から国家の徴税事務を扱っていた。その後十数年たって辰爾は高句麗の国書（《烏羽の表》と称している）を解読して、ときの敏達天皇の信任を得て、以後は殿中に近侍するようになった。

彼の甥にあたる、胆津《イツ》は、白猪史《シライのフビト》（のちに葛井と改めるが）の姓を有し、白猪の屯倉《ミヤケ》の徴税で功を立て、田部《タベ》の名籍（いまの戸籍）の支配を授けられた。この直後、辰爾の弟である牛《ウシ》は、津史《ツのフビト》の姓を賜わっている。（日本書紀敏達天皇三年一〇月条）この津氏は、さきにふれた通り、難波における港津の関税あるいは 河川の交通税の事務を担当していた。

以上のように王辰爾の一族は、六世紀の後半に入って三氏に分れるのであるが、三氏とも河内国古市郡・丹比郡（のち殆んどは南河内郡に入る）内に 集団生活を営みながら、何れも朝廷の財源を確保するための業務を管掌し

ていたことは、注目すべきことである。そしてこの三氏は、船史《フビト》が先ず天武一二年〔六八三〕に船連《ムラジ》に、白猪史は養老四年〔七二〇〕葛井連に、津氏は後れて天平宝字二年〔七五八〕に津連に、それぞれ史から連に姓が引上げられるのであるが、その後六〇年ばかりたった延暦年間にはみな宿禰《スクネ》に上進し、さらに約八〇年後の貞観年間には菅野朝臣《アソン》という一氏に統一されている。

このように王辰爾一族は、撓まぬ発展を続け、史上に名を残す程の人物は、八世紀ごろまで見えている。因みに、当時の姓として朝廷に属していた氏上《ウジのカミ》（集団の長）には、臣《オミ》・連《ムラジ》・公《キミ》・別《ワケ》・造《ミヤツコ》・直《アタイ》・首《オビト》・史《フビト》などがあったことを書添えておく。

烏羽の表文――

王辰爾の機転を讃えるこの物語りは、日本書紀に出てくる一齣である。欽明天皇の三一年〔五七〇〕の夏に、高句麗の国使の船が、越《コシ》の国（いまの石川県あたりであろうか）に漂着したとの報告が空中に届いた。今まで一度も親交を結んでいない、寧ろ敵国視されていた高句麗から、正式の使者が来訪したというので、天皇は殊のほか喜び、さっそく山背《ヤマシロ》の相楽《サガラ》の地に客館を建てて手厚く接待するように命じた。（あるいは高句麗と結んで、新羅の暴威をうまく抑えようとしたのかも知れない）とにかく使者の一行は秋になると、近江《オオミ》を通り相楽の客館に入って待機していたが、天皇は待望の使者に会わないまま、翌年の四月に亡くなられた。

そこで後を継いだ敏達《ビタツ》天皇は、即位するとすぐに高句麗使者の接見にとりかかった。五月に入り、天皇は先ず群臣を相楽の客館に遣わし、調物《ミツギモノ》を検査して京師に運《ハコ》ばせた。ついで高句麗の表疏（上表文の意）を受けとり、大臣（蘇我馬子）に授けて、多くの史《フビト》たちを呼んでこれを読み解かせた。しかし史たちは三日間たっても読み取れなかったが、ひとり船史の祖である王辰爾がこれを読み解くことができた。

そこで天皇も大臣も、辰爾の才能をたいそう褒めたたえて以後殿中に近侍するように命じ、並みいる東西の史たちに対しては、その学習が及ばないことをきつく責めた。この時の高句麗の上表文は、烏《カラス》の羽《ハネ》に書いてあって誰にも読めなかったが、辰爾はその羽をご飯の湯気で蒸し、絹の布に押しつけて文字を悉く写しとったので、皆の者が感嘆した――というのである。

話は以上のように、いとおもしろおかしなことであるが、さて書紀の原文によって二〜三考えてみよう。原文には「高麗《コマ》の表疏《フミ》」とあるけれども、表文とか疏文とかはもともと中国で臣下が皇帝に奉る文のことで、当時高句麗が日本に対して臣下の礼をとる筈はないから、これは日本政府の一方的な断定であって、まあ「正式の国書」ということに解釈したらよかろう。

次に「諸《モロモロ》の史《フビト》」というのは、ふみひと（書人）のつまった呼称で、代々文筆の業を世襲の職務として朝廷に仕えていた氏《ウジ》の人たちで、殆んど全部が帰化人で占められていた。固有の文字をもっていなかった日本に（三韓も勿論そうであるが）文字（といっても漢字）を伝えたのも帰化人であり、この漢文は構造的に日本語とは根本的に違うので、かかる難問題を解決するのに努力したのも帰化人である。従って初期のうちは、記録の作成・財物の出納・租税の徴収あるいは外交文書の接受などは、みな帰化人のなかの史部あるいは蔵部と称する氏族の独占業務であった。

東・西史は遂に読解し得ず、王辰爾独り機智をもって読解し、おほめに与ったというのは、その来化の前者は古く、後者は新らしいのを示すことであろう。また高句麗が、国書を特に烏の羽に書いて、暗諜めいた書状にして送ったのは、当時半島内の三国鼎立からくる複雑な情勢を裏付けているものであり、途中で新羅あたりに記事の内密が洩れることを忌避したためであろう。

何れにしても《烏羽の表文》が、今日まで残っていたとしたら、それはどんなに貴重な歴史資料になるか分らない。それが無いばかりに、話の真偽も書状の内容も、皆目見当が付かないことは残念である。

辛国神社

大阪府南河内郡美陵町（旧藤井寺町）

主祭神は新羅人――

辛国《カラクニ》神社は、いわゆる《古市古墳群》として有名な応神天皇陵をはじめ、多くの古墳が点在する南河内の美陵《ミサキ》町にある。旧名を藤井寺町といって、むかしこの辺一帯は葛井《フジイ》氏（百済系帰化人王辰爾《オウシンジ》の一族）の本拠地であったことを物語っている。

延喜の神名式に志紀辛国《シキのカラクニ》神社と載せる社で、いまは単に辛国神社といい、また春日《カスガ》山に鎮座するところから、春日社あるいは春日明神とも呼ばれている。姓氏録に、未定雑姓として河内国に載っている新羅人系の大賀良・賀良姓が、その祖神を祀ったものであろう。

辛　国　神　社

なおこの辛国神社には、明治末になって大字野中字豆塚《マメヅカ》にあった旧村社野中神社と大字藤井寺字長野《ナガノ》にあった式内旧村社長野神社を、何れも辛国神社本殿に合祀した。従っていま辛国神社の境内には、長野神社の銘記する石鳥居・石燈篭・石狛犬が移されている。

うち野中神社は、この辺に繁衍した百済系の葛井・船津・三の氏がそれらの祖神を祀ったものであり、長野神社は「姓氏録」右京上・河内国諸蕃として載せている漢人系がその祖神を祀ったものであろう。

狛犬の由来――

右の文中に、《狛犬》というのが出てきたので、その由来についていささか調べてみよう。私たちはよく、神社鳥居の直近参道の両側に、石あるいはたまには金属で作った一対の狛犬《コマイヌ》(高麗犬・胡摩犬とも書く)が置いてあるのを見受ける。大抵の場合、一匹は口を開け、一匹は口を閉じており、これを《阿吽《アウン》の呼吸》と称して、人間の気合を示しているようである。

さきに述べたように辛国神社にも一対の石狛犬があるが、この狛犬の由来を明確にすることはなかなか困難である。狛犬はもともと、《獅子》と対称されていたらしく、それも

① 宮中殿内の、帳の裾の鎮子または扉の押えとして置かれたものが、後に殿前にも置かれるようになり〔奈良朝〕

境内　辛国池旧趾

② 神社の内陣に置かれるようになり、更に社外に出して置かれた〔鎌倉時代〕
③ 仏寺の門前にも置かれるようになった〔鎌倉時代後期〕

と、だんだん宮中から神社・仏寺まで用途が拡がってきたようである。その名称についても諸説紛々である。

① 狛犬は元来、獅子と別々の対立した名称である。
② これは二つとも狛犬である。
③ コマ犬とアマ犬の二種である。
④ 何れも獅子である。

などと、多様な諸説がそれである。そんなややこしいことは兎も角として、狛犬の由来についての特異な説を一〜二拾ってみよう。

「神社啓蒙問答」

神功皇后三韓を伐ち従へ給ひて、御弓を以て高麗《コマ》王の門に立て、住吉大神を祝ひ祭り、後世のしるしとし給ふ。且つ謂って曰く、高麗の王は日本の犬なりと、因りて本朝に従ひまつる。是れ狛犬の濫觴なりと云へり。

「和漢三才図会」

呼んで高麗犬と曰ふ。蓋し高麗は朝鮮古国名三韓内の一なり、疑ふ是れ当初、神功皇后三韓を伐つ時、皆降伏して盟って云ふ、子々孫々に至る奴の如く犬の如く永く戒守の臣たらん。其証を後世に留め、狗形を作って神前に安んずる乎。

右の奇妙な珍論に対して、かって今村鞆氏は、

「両説共、附会の甚だしきものなり、何事も神代に牽強せんとするエセ神道者流の説に出づ。特に神功皇后云々の事、史になきものなり」（同氏著「朝鮮の国名に因める名詞考」）

と、所論の荒唐無稽なることを警告している。

現在、韓国には獅子の石形は確かに存在している。例えば慶州《ケイシュウ》（慶尚北道）の仏国寺多宝塔の彫刻・武烈王陵および興徳王陵前の石像とか、求礼《キュウレイ》（全羅南道）の華岩寺舎利塔の彫刻など、幾つかが残っている。これらはみな新羅統一後のものであって、中には日本にあるシシまたはコマイヌに似た形をしているものがあるけれども、大体は別の形式で発達したもので、年代的にみても韓地から伝来したものではないと、専門家たちはみている。殊に犬の石像は、韓地には全然無いところから推しても、その無関係がはっきりしてくる、従って日本の狛犬は、韓土のコマ（高句麗）とは何等の関連もないといえる。

一部の論者は、日本の奈良朝以前に渤海《ボッカイ》と交通していたとき、この国をコマと称していたことから、あるいは同国から唐製品の無帳の鎮子として金属のシシ像二個が日本に貢進された事実から、この呼名が出てきたのかも知れないと臆測している。

王仁の聖堂址

松原市（旧中河内郡）大字岡

日本最古の文教センター――

河内松原市、旧中河内郡松原村大字岡（近鉄南大阪線「かわちまつばら」駅の南一キロ半）に《聖堂池》と称する小池があり、池畔にはいま弁財天の小祠を祀っている。これを土俗に、応神朝来化した百済博士王仁の建てた聖堂址と伝えている。すると日本最古の文教センターはこの地域ということになる。王仁は百済の地から日本に、文字と儒学を伝えたことは、すでに述べたところであるが、王仁の子孫である西文氏《カワチのフミ》は河内を中心として代々朝廷政府の文書記録を司り、古市にはその氏寺である西琳寺をのこしている。あるいは岡の地に聖堂があったかも知れぬ。

聖堂址遠望

聖堂池

鹿谷寺跡

大阪府南河内郡太子町大字山田字金山谷

鹿谷寺跡　十三重塔

大陸様式の石窟寺院――

上代難波と飛鳥古京をむすぶ有名な河内・大和国境である竹内峠を東へ向って登る途中、峠の手前左側に入る狭い山路がある。人気のない坂路をものの一〇分も上ると、《鹿谷寺跡》に辿りつく。今まであまり知られてもいないし、こんな辺鄙なところまで、実際に脚を運ぶということは、ちょっと困難であろう。

崖をよぢのぼるようにして、海抜三〇〇メートルの頂点に到ると、てっぺんはやや広い平地になっていて、その一角に石塔や石彫仏などが見える。真新しい立看板の説明文字は、寺跡の来歴をほぼ説明してくれる。

史跡　鹿谷寺跡

ここの小平地に地山の凝灰岩を開き削って作られたもので、その北寄りに立っている十三重塔は地山を彫残して造成せられ、これの東側岩壁を掘り穿って作った石窟内には、如来坐像三体が線彫せられて、それがこの寺跡の主要部分をなしている。また西側岩壁に沿う小岩塊にも東面して仏立像一軀が浮彫にしているが、剝落はなはだしく腹部から下が認められるだけである。更に南方崖下の小平地にて東側の断崖に臨んで、高さ五尺余の方尖碑状の小塔が地山から造り出されている。

規模は小であるが、石仏を彫った石窟と石塔とを具していて大陸の石窟寺院の趣が看取せられ、上代における仏教関係の類い稀な遺跡として貴重である。

この小平地下方の途中にも、稍々平坦で小建築を営み得る程度の場所があって、その附近から奈良時代形式の陶質土器（須恵器）埴質土器（土師器）等が出土、曽て我国最古の奈良時代銭貨である和同開珎《ホウ》が発見せられたこともあって、この辺りに当寺僧侶の住いした坊舎のあったこと、当寺の創立年代とを察せしめるに足るものがある。

昭和三十九年二月二十八日

大阪府教育委員会

右の説明文にある通り、「石窟と石塔を具して大陸の石窟寺院の趣」ということは、要するに寺院の規模、配置あるいは塔仏の様式、技巧などが、当時の渡来帰化人の手によって作られたものということである。ちょうど韓国慶州にある有名な吐含

岩面仏像

山《石窟庵》を思い出させるのに充分である。

しかもこの寺の《十三重の石塔婆》（高さ五・二五メートル）は、まことに特異な存在である。「地山を彫残して造成」した、つまり大きな岩山を彫り削って、この塔だけを残したのであるから、この塔婆は立っているのではなく土台岩と繋がっているのである。十三重塔は、どこの寺院でもよく見掛ける石塔であるが、大抵の場合は一本の独立した石材か、それとも幾つかの石の積み重ねによって出来ている。

兎に角、寺院全体が一箇の岩山を彫り削って出来上っているのであるから、全く珍しい。これだけの規模と作品を造出するのに、どの位の年月がかかったか、想像だに困難であるが、昔の人の撓まぬ根気には驚かざるを得ない。

竹内峠を越えて――

竹内峠は、河内国（大阪府）と大和国（奈良県）の境界をなしている。日本史上幾多の話題を含んでいる二上山《ニジヨウ》のちょうど東南方中腹に当っている。いま峠に立って、奈良県の方を眺めてみると、遠い山々も近くの高田市周辺の部落も、霞に包まれて模糊としたいわゆる大和国原は一幅の画面のように映ずる。まるで大和朝廷の歴史の数々が、薄いとばりを越してひと齣ずつ通り過ぎて行くようである。往古帰化人たちもこの峠を越えて往来したことであろう。

峠を越したら、急な下り坂の細い道である。右側の人家の庭先に、野良犬の襲撃から幼児の生命を身をもって護ったという「孝女於以麻遺跡」という標石を見ながら、高田川の大中橋を渡り、さらに高田市を通り抜けた。途中、阿直岐《アチキ》が百済から献じた良馬二匹を飼っていたという≪厩坂《ウマヤサカ》≫を通り、盆地の一角で世にいう≪大和《ヤマト》三《サン》山《ザン》≫の遠景も眺めることができた。

天照大神が天岩戸《アメノイワト》にかくれたとき、香久山の鹿・桜・榊・蔦・笹と五度も出てきたといわれるその香久山《カグヤマ》。いま神武天皇陵と橿原神宮の坐す畝傍《ウネビ》山。額田《ヌカダ》女王が幼少のころ飛鳥地方へ来ていて、天武と天智のお二人の天皇に恋慕の情を抱き、愛すべき山に人間の弱き心を托して歌ったという耳梨《ミミナシ》山。何れも歴史と共に、親しまれた山である。

大和三山といえば、面白いエピソードが一つある。允恭《インギョウ》天皇崩御の年〔四五三〕に、新羅の弔使が大和にきて無事任務を終えての帰りみち、琴引《コトビキ》坂に差しかかったとき、日ごろ愛していた畝傍山・耳成山に向って如何にも哀惜な語調で〝うねめはや、みみはや〟と長嘆息したそうである。傍でこれを聞いていた倭《ヤマト》の飼部《ウマカイベ》は、「これはきっと新羅人が釆女《ウネメ》（宮中に奉仕する女）と通じたことであろう」と勘違いして、さっそく大泊瀬《オオハツセ》の皇子（のちの雄略天皇）に訴えた。皇子は例の新羅人を捕えて尋問してみると、何と釆女を犯したのでなく、都のほとりの「畝傍《ウネビ》山、耳成《ミミナシ》山」に対して別れを惜しんで、片言《かたこと》の日本語で吐いた嘆声であることが分ったので直ちに釈放した。（日本書紀、允恭天皇三二年二月条）当時も当今も、韓人の使う日本語のハチオン（発音）は、蓋し似たり寄ったりかなである。

行基菩薩誕生之地（堺市）

仏教の民間布教師として余りにも有名な行基菩薩は父も母もともに帰化人の裔である。彼の生家は母方の邸宅で家原寺として今も泉州の地に残っている。行基は生涯に四十九院の寺を造立し多くの土木事業や布施屋を開設した。

〔本文　97ページ〕

泉州地方

〔概　説〕

血沼《チヌ》の海　和泉《イズミ》の国――

いまの大阪府西南部一帯の海岸地区を占めている。往古、この一帯は《茅渟《チヌ》》と呼ばれ（神武紀）、その海を《血沼海《チヌノウミ》》と称し（古事記　神武段）、この「チヌ」が和泉国として独立したのは、孝謙天皇の天平宝字元年〔七五七〕五月であった。その後はさしたる変動はない。

その昔、神武天皇が東征のさい、皇兄五瀬命《イツセノミコト》が手に登美昆古《トミビコ》の痛矢《いたや》串《くし》を負い、この海に到りその血を洗ったので、血沼の称が起ったという説話もあり、また神功皇后征韓の年に、いまの地からたまたま清泉が湧出したので、和泉《ニギイズミ》の国名の発祥になったという伝説もある。何れにしても、この地域は、日本建国の黎明期にあっては血生臭い戦争基地であったことを思わせる。

その後、半島三国との通交始まり、三韓地方の移住民たちは、この地にも流入固着し、姓氏録に出てくる諸蕃の数は二〇氏、未定雑姓のうち諸蕃と考えられるもの五氏を加えて、二五氏の帰化系氏族が居住していた。

文珠山家原寺

大阪府堺市家原寺町

家原寺　仁王門

智恵の文珠さん——

家原寺《エバラ》は、有名な行基《ギョウキ》菩薩の生誕地で、彼が三七歳のとき自分の生家を寺に改造したと伝え、行基造立の≪四十九院≫の中の一つである。行基は母方の家で生れているので、家原寺という寺名の家は生家の意であり原は腹の意であるから「母の家」ということになろうか。

この寺は、俗に「智恵の文珠さん」といって、日本三文珠（丹後切戸、奥州名取とも大和安倍ともいう）の一として、一般から愛敬されている。殊に高校・大学への進学生たちが受験合格を念願して祈禱にくる若い人が断然多い様子である。寺の本堂には、壁といわず柱といわず内も外も天井までも、こうした貼紙や楽書で一ぱいである。曰く「何月何日の国家試験に無事合格しますように。神戸市何某」とか「息子何某の○○大学受験を成就させて下さい。奈良市何某」といった類である。

この寺には、巨勢金岡《コセのカナオカ》の筆になる《行基絵伝》を所蔵していたが、今は国立奈良博物館に保管を委嘱している。この絵伝は、《行基年譜》に記載している事項を図絵で描き、行基菩薩の業績を要約して見られるようにした重要な資料である。

家原寺本堂（文殊）

行基の生立ちと業蹟——

行基は天智天皇即位の称制七年〔六六八〕、河内の大鳥郡（いまは大阪府泉北郡堺市に入る）にある母方の家で生れた。父は高志《コシ》才智、母は蜂田《ハチダ》古爾《コニ》比売《ヒメ》で、ともに帰化人の裔である。

父方の高志氏は、王仁の後裔である書首《フミのオビト》氏から分派した氏で、代々地方官吏などを勤め、その官位からすれば中級程度の帰化氏族である。高志はタカシで大鳥郡高石を本拠としていたようである。姓氏録によると、弘仁五年〔八一四〕ごろ、西文《カワチのフミ》（書首《フミのオビト》）氏の一族と称するものに、右京諸蕃の栗栖首《クルスのオビト》、左京諸蕃の武生宿禰《タケフのスクネ》・桜野首《サクラノのオビト》、河内国諸蕃の古志連《コシのムラジ》、和泉国諸蕃の古志連《コシのムラジ》の五氏を挙げているが、この古志氏はいうまでもなく行基の高志氏と同じである。

母方の蜂田家も、百済系の帰化氏で、和泉国蕃別の百済人を祖にもつ蜂田薬師《ハチダのクスシ》から出ている。この蜂田氏も道

行基木像（唐招提寺蔵）

師の薬師姓から考えても中級以下の帰化氏族で、ほぼ同程度の高志氏と婚姻が結ばれたことになる。

行基は天武一一年〔六八二〕一五歳のとき、同じ帰化人系の僧道照《ドウショウ》を師として出家しているが、場所は恐らく師僧のいた飛鳥《アスカ》寺であろうとされている。当時の社会では律令制で縛られていたため、一般人は容易に僧尼になることも出家した者の自由な行動をとることも認められなかった。僧尼を出す家柄は、豪族や上層農民あるいは学問や仏教に関係の深い氏族に限られていたが、行基は学問や仏教などの文化的要素を充分備えている書《フミ》氏の流れである高志一門に生れ、この書氏とは関連の深い船《フナ》氏（王辰爾の後孫）から出た道照のような有力な僧侶を身近にもっていた事情から仏家となる道を選んだと考えられる。

さらに当時の仏教社会が、直接百済・新羅・高句麗からきた僧侶が多か

行基菩薩誕生之地

った仏教伝来当初のころと違って、やがて日本人僧侶の数が殖えてくると、帰化人出身の僧侶が多く出て顕著な活躍をするようになった趨勢も考えられる。

出家後の行基は、民間説法と社会事業を並行させるといった新しい仏家の在りかたを開いた師の道を忠実に継承して、彼もまた池溝開発などの社会事業を営みながら、抑圧と貧窮から解放を望む民衆のために伝道を拡めたのである。生涯を通じての信念を貫いた彼の活躍は、民衆から救済者として迎えられ、行基菩薩という名も官から与えられたものではなく民間人たちから呼ばれたものであった。

彼の寺院建立と土木事業は、摂津・河内・山城・和泉・大和のいわゆる畿内五国に亘って施行され、その業績は到底人力の彼方にある位に偉大且つ尨大なものである。行基年譜によると、寺院の建立は彼の生家を寺院に改造した家原寺を始め四十九院の多数に昇り、その内訳は、摂津一五（僧院一一、尼院四）・和泉一二（僧院九、尼院三）・山城九（僧院七、尼院二）・大和七（僧院五、尼院二）・河内六（僧院四、尼院二）で、僧院数三六、尼院数一三であり、また池溝開発・架橋・築堤などの内訳は、架橋六（摂津四、山城二）・直道《ちょくどう》一（摂津と河内に通ずるもの一）・池一五（摂津六、河内一、和泉八）・溝六（摂津三、河内一、和泉二）・樋《ひ》三（竹木で造った水道のこと、河内三）・船息二（摂津一、和泉一）・堀四（摂津三、河内一）・布施屋《ふせや》九（慈善的旅宿の一種であろう。摂津三、河内二、和泉二、山城二）という場所が挙げられている。

彼は晩年になって七六歳のとき、聖武天皇が東大寺（もとの金鐘寺）大仏造顕を発願されたことから勧進役《かんじんやく》（募金係のこと）に起用され、ここに始めて官につくようになった。ついで天平一七年〔七四五〕正月には大僧正に補任され、僅か五カ月に終っている紫香楽宮《シガラキ》（滋賀県）の造営にも関係した。
天平二一年〔七四九〕二月、行基は八二歳を最期に、京都伏見の菅原寺で大仏造営の途中で入寂している。遺骸は彼の遺命によって荼毗に附され、弟子たちの手によって生駒山の東陵（奈良の西方約一〇キロ）文珠山竹林寺に葬られた。竹林寺奥院の小高い丘の上にある彼の墓所からは、彼の死後約四八〇年を経た文暦二年〔一二三五〕に《行基菩薩遺身舎利之瓶》に納められた行基の舎利（遺骨）が発掘されている。八角の石筒のなかに二重の銅筒が入れてあり、その内側の筒に刻んでいる《大僧正舎利瓶記》は行基菩薩の簡単な伝記を記録している重要な史料である。

華林寺

堺市八田寺町

華林寺　本堂跡

空家の華林寺《ケリンジ》——

一名八田寺《ハンダイジ》ともいって、行基建立の《四十九院》の中の一つで、行基菩薩が母の住家であった蜂田薬師の邸宅跡に創建したものという。（薬師とは医薬を家業とする道師《みちのし》のこと）

建築の様相は、当時の風格をそのまま残しているが、全く荒廃そのもので中味はがらんどうの空家である。

坂上神社

堺市（旧泉北郡久世村）和田多治速比売郡神社境内

借家住いの倭漢族《ヤマトのアヤ》――

倭漢《ヤマトのアヤ》氏族坂上《サカのウエ》氏と縁故の深い坂上《サカガミ》神社（式内旧村社、いまは阪上神社の文字を使っている）は、もと泉北郡久世村大字平井にあったが現在は同村大字和田字荒山（堺市に編入されている）にある式内旧郷社多治《タジ》速比《ハヤヒ》売命《メのミコト》神社本殿（重要文化財に指定されている）の透塀内に移されている。

和田部落へは、南海電鉄高野線「さかいひがし」駅から南海バスの「片蔵」行にのり南へ八キロ、「和田」下車が便である。

坂上《サカのウエ》氏は申すまでもなく阿智使主《アチのオミ》（阿智王とも書いている）の後で、いわゆる倭漢氏族の宗家として最も繁栄した豪族である。奈良末期から平安初期にかけて、日本史に顕現した坂上苅田麻呂《カリタマロ》・田村麻呂《タムラマロ》父子は、一門の頂点ともいえよう。

姓氏録　右京諸蕃上、漢の筆頭に

「坂上大宿禰。後漢霊帝の男、延王の後なり」

多治速比売命神社

同　標柱

坂上神社

とあり、また続日本紀、延暦四年〔七八五〕六月の条に出てくる坂上大忌寸《サカノウエノオオイミキ》苅田麻呂らの上表文には、

「臣等は本是れ後漢霊帝の曽孫阿智王の後なり」

と記録されている。この坂上氏の同族で和泉国には、池辺直《イケベノアタイ》・火撫直《ヒナデノアタイ》・栗栖直《クルスノアタイ》などが姓氏録に載っており、彼らは和泉国内に繁衍したと思われる。坂上神社の祭神は彼らの祖神である阿智使主を祀っているとしてよかろう。

いま境内末社となっている坂上神社は、千鳥破風付流造りの小ざっぱりした小社殿で、いかにも世の盛衰を訴えているかのように、静かに鎮座している。

因みに多治速比売命神社は、長い松並木の参道を経て、荒山の丘陵上にあるが、本殿は天文年間〔一五三二―一五五四〕に建立された入母屋造千鳥破風向拝付き三間社で、もと国宝いまは重要文化財に指定され、最近解体修理が完成された。その祭神である多治速比売命は日本武尊の妃、橘姫命である。

蜂田部落と蜂田神社

堺市八田寺《はんだいじ》町

行基菩薩母方の地――

蜂田部落は百済系の名僧、行基《ギョウキ》菩薩の母方の郷里であり、行基の母はこの地のやはり帰化人である蜂田薬師家の出身である。

蜂田部落

現在の地名「八田《ハンダ》」は、和名抄にのっている大島郡蜂田郷で、これを「波《ハ》知多《チダ》」と読んでいた。いまは堺市に入っているが、旧泉北郡八田《ハンダ》荘で、その大字に八田《ハンダ》・八田寺《ハンダイジ》があり、要するに八田は蜂田の転訛である。

鈴の宮　蜂田神社——

同じ八田寺町にある式内旧村社蜂田神社は一名《鈴の宮》ともいって、古くから土鈴を護符として参詣者に授与するので、その名が通っている。

鈴塚

この土鈴は、神主自ら身を清めて焼くのであるが、むかしここに住んでいた蜂田氏が祖神を祀り、その神前で土鈴一二個を焼いて、鈴の音色でその年の吉凶を占ったという故事に因んでいる。境内には《鈴塚》ができていて、むかしの名残りを留めている。

七世紀の中葉、百済滅亡のとき（六六三年）、多くの遺民たちが日本に渡来し、のちにこの附近にも土着するのであるが、その子孫たちがこの宮にも氏子として奉仕したらしく、塔本とか麻田とかの氏《ウジ》の名が、周りの石垣に彫り

蜂田神社　入口

つけてあるのがみえる。塔本は天智紀一〇年〔六七一〕条に見える答炑春初の子孫であろうか、姓氏録右京諸蕃に百済国朝鮮王淮の後とし麻田連が見え、答本陽春が麻田連を賜わったことは神亀元年〔七二四〕五月紀に見えている。

百済部落

百済部落の故地

堺市百舌鳥《モズ》陵南

百済公一族の居住地——

百済公《クダラのキミ》一族が住んでいた百済部落は、いまも堺市立陵南小学校の前方に横わる丘陵地帯に、大字百済の地名をもって残っている。泉州には一般に団丘が多く、この百済部落も完全な団丘状態をなしており、そのころの人たちも住宅地としての適格性を見抜いていたとみえる。

姓氏録にのっている「百済公」は三氏あるが、これらはそれぞれの出自をみると必らずしも同族ではなさそうである。即ち左

百済川　石長橋

京諸蕃下に出てくる百済公は、「百済国孝慕王の二十四世孫、汶淵王の後なり」としており、また右京諸蕃下に出てくる百済公は、斉明・天智紀にみえるように、もとは鬼室《キシツ》氏であったのが天平宝字五年〔七六一〕に岡連《オカのムラジ》を百済公と改賜されたものである。

和泉の国に住んでいた百済公は、姓氏録に示している通り百済国の酒王《サケのキミ》の後孫たちで、恐らく仁徳紀四一年〔三五三〕に出てくる百済王族の酒君《サケのキミ》と同一人であろう。彼は鷹飼をよくしたので、その部民と一しょに、摂津の国百済郡鷹甘邑《タカカイ》に住んでいたことが記されている。従って和泉の国の百済公はその裔で、鷹甘邑に近いこの地にも分住していたと想像される。

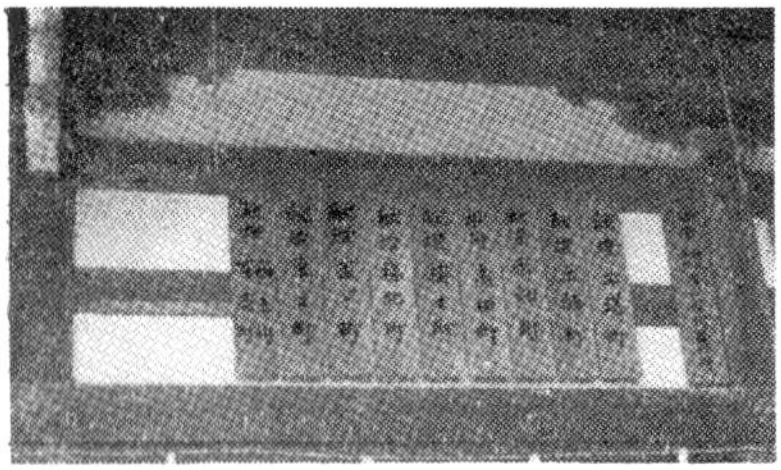
百舌鳥八幡　氏子町名

続日本後紀仁明天皇承和六年〔八三九〕の条によると、百済公豊貞の先祖は当時（天智九年）河内国であった大鳥郡（この地）に居住していたことが明記されており、さきにもいったように地名として旧大鳥郡のうちに百済（いまは勿論堺市に編入されているので旧名となっている）がありそしてこの百済部落から深井部落へ下る途中に≪百済川石長橋≫の名もみえる。なおこの百済附近には古墳が多く、有名な≪百

百舌鳥八幡宮

舌鳥三陵》（仁徳・履中・反正天皇陵）があり、また和泉国神名帳には従五位上《百済社》もみえ、これらはみなこの地に百済公が居住していたことを物語っている。

百舌鳥八幡宮——

阪和線「もず」駅近くの百舌鳥赤畑町にある百舌鳥《モズ》八幡《はちまん》宮は、今から一二〇〇年も前、欽明天皇の時代に建てられたといわれている。大規模の八幡さんで、境内は広く、一本の老大樹をかこんで樹木あり泉水ありで、まことに森閑な場所である。

献燈の氏子町名をみると、仁徳陵に埴輪を献作した土師《ハジ》氏（桓武天皇のご生母である百済系高野新笠姫の母方の氏）のいたであろう土師町や百済公一族の集団部落であった百済町などの名がみえ、この八幡さんが土地の帰化人たちとも密接な関係にあることを示している。

日根神社

泉佐野市
旧泉南郡日根野村大字日根野字大井関

祭神は新羅出自の韓神か――

式内旧府社日根神社は、阪和線「ひねの」駅の東南約二キロの地点、大井堰川畔にある。いまは泉佐野市に編入されているが、もとはこの辺一帯の部落（日根野村・長滝村・上之郷村・南中通村・新家村）を《日根の荘》と称し、旧郡名も「日根郡」と称していた。

日根神社　参道入口

一名《大井堰大明神》といって、古来和泉国五社（大鳥神社・穴師神社・積川神社・聖神社・日根神社）の一として、また日根荘の惣社《そうじゃ》として、今日まで社格を顕示している。

神社由緒書には、鸕鷀草葺不合尊《ウカヤフキアエズのミコト》・玉依姫命《タマエヒメのミコト》の二柱を祭神とし、神武東征のときも神功征韓のときも、この地に神霊を祭祀し根拠の地となしたと書いているけれども、これらはみな後世の美称であって、実際は日根造《ヒネのミヤツコ》の祖、新羅国人億斯富使主《オシフのオミ》を祀る蕃神社であろう。日根造は和泉の国における諸蕃二〇氏の中、ただ一つの新羅人系である。（姓氏録、和泉国諸蕃）しかも郡領にまで進んだ有勢な豪族であった。

日根造が中世に至ってもなお郡領として栄えていたことは、正倉院文書、和泉監天平九年〔七三七〕正税帳に、

日根郡擬主帳外従八位下日根造五百足、

大領外正七位上勲十二等日根造玉纏、

また同文書、備中国天平一一年大税負死亡人帳に、

従七位下行目日根造諸人

などの記事から明らかである。この辺に日根造が住んでいて、前記のように郡司として栄達し、彼ら日根造たちがその祖神を祀ったのが日根神社であろうと思われる。

高石神社

泉北郡高石町字高石

高師《タカシ》の浜《ハマ》は白沙青松――

南海電鉄南海本線「はごろも」駅から岐れる高石線の終点「たかしのはま」駅のうらに、式内旧郷社高石神社がある。高石はまた高志・高脚・高師・古志に通じて用いられている。

高石という地名の初見はだいぶ古く、垂仁紀三五年〔六〕九月の条に、

「五十瓊敷《イソニシキ》（入彦《イリヒコ》）命《のミコト》を河内国に遣わして、《高石《タカシ》池》と茅渟《チヌ》池を作らしむ」（日本書紀）

とあり、当時はまだ河内の国から和泉の国が分離される前のことである。同じ高石池が作られたことを、古事記では日下之高津池としている。いまの高石北方の東端にある《音の池》が高石池であろうと伝えられている。また持統紀三年〔六八九〕八月の条には、

「摂津の国武庫《ムコ》の海一千歩の内、紀伊の国阿提《アテ》の郡の那耆《ナキ》野《ノ》二万頃、伊賀《イガ》の国の伊賀郡身野《ミノ》二万頃に漁猟を禁断《とど》め、守護人を置くこと河内の国大鳥郡の《高脚《タカシ》の海》に准《なら》う。」（日本書紀）

として高脚海の文字がみえている。

高石神社　標柱

高脚の海・高師の浜は、万葉集以下歌の名所としてもよく現われる名勝の地で、いまも白い海浜には青い老松が並んで好適な別荘地帯になっている。境内の石碑にも名歌二首が刻まれている。

〝音にきく高石の浜のあだ波は
　かけしや袖のぬれもこそすれ〟

〝袖の上に松ふく風やあだ波の
　高師の浜の名をや立つらん〟

祭神は古志連――

いま高石神社の社伝には少彦名命《スクナヒコナのミコト》・天照皇大神《アマテラスコウタイジン》・伊邪奈美命《イザナミのミコト》を祀るとし創建年代は不明としているが、ここの祭神は古志連《コシのムラジ》の祖神とみてよかろう。

姓氏録にみえる右京と大和国の≪高志連≫は二氏とも大伴《オオトモ》氏族のいわゆる神別であって、和泉国と河内国の≪古志連≫は二氏とも諸蕃である。即ち

「古志連。文宿禰《アヤのスクネ》同祖、王仁の後なり」

高石神社　全景

として前二流とは全然別系の河内文《カワチのフミ》氏族である。

高石神社の祭神が和泉国の古志連の祖神であることは、

①名僧行基《ギョウキ》菩薩の父である高志連羊（また佐陀智・才智）はこの地大鳥郡の人で高石にも縁故あり、彼は王仁系の古志氏の氏人であること、

②和泉名所図会・泉州志には「王仁ヲ祭ル」としていること、

③和泉の国には行基菩薩の生誕地をはじめ縁故地・遺蹟の多いこと、

などから一層明確に裏付けられる。

川勝山道教寺

貝塚市半田町
旧泉北郡麻生郷村大字半田

道教寺　鐘楼

秦氏の氏寺――

阪和線「ひがしかいづか」駅のすぐ東脇に、川勝山の山号を称し河勝の法名をとった道教寺がある。正確な由緒は未詳であるが、とにかく住職は開山以来今日まで秦氏が連綿として管掌してきたようである。現在は寺門の標札が示しているように、河勝の裔である良祐およびその子祐宣がそれに続いている。

洛西広隆寺に所蔵する末寺幷別院記にみえる「和泉国秦寺」はまがいなくこの寺を指すもので、この辺に住んでいた秦氏の氏寺であろう。地名の半田《ハンダ》は秦《ハタ》の転訛と思われ、寺の所在地はもと和泉の南郡麻生《アソウ》郷と呼ばれた地方である。麻生の地は元来《泉州麻》の名産地であるが、そこに住んで

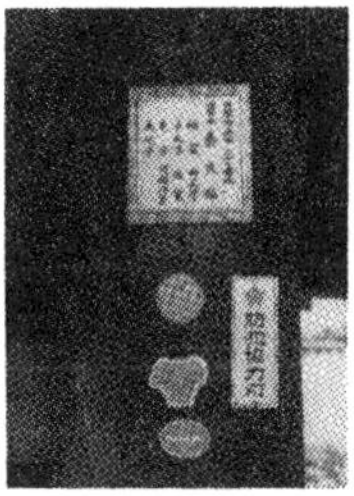

標札

いた秦氏一族が麻を植えて産業開拓に尽力した関連があるかも知れない。
姓氏録にも、和泉国諸蕃として、秦忌寸をのせているが、恐らくこの一門であろう。

秦氏之墓　石塔

古鐘と石墓――

正門を入るとすぐ左の隅に鐘楼があって、重そうな古鐘がかかっている。寺伝によると、この鐘はもと河内の国の勝軍寺（いまはかつての物部守屋討伐の古戦場である八尾市の太子堂にある。討伐戦終了後聖徳太子の建立したと伝える寺）の法器で、聖武天皇が寄附されたものという。天平年間（七二九～七四八）の鋳造で、刻字の中に「河内国……勝軍寺」の文字がみえるが、のちに楠木正成がこの勝軍の名を喜んで陣鐘にもちだしたといわれている。そのせいであろうか、文字も半ば磨滅しており、戦陣の山野を引摺ったらしい痕跡の線条が縦に幾つもの残っている。

また本堂の裏側に、≪秦氏累世之墓≫と刻した墓碑が立っていて、その脇には無縫石塔と五輪石塔が各一基立っている。無縫塔（高さ約四三センチ）には、

秦氏累世之墓

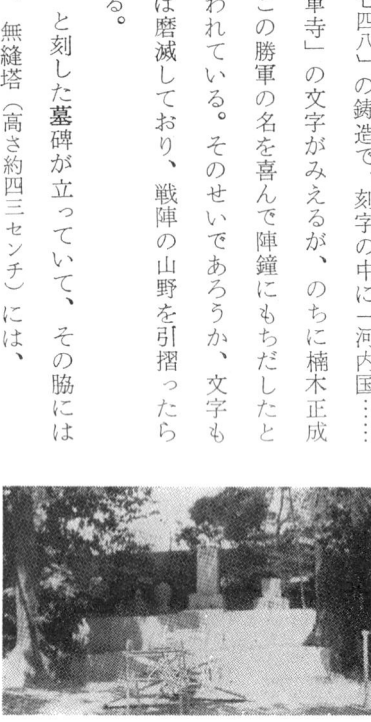

至徳三丙寅年
始皇帝氏逖道宣大和尚
十月十六日

そして五輪石塔（高さ約五五センチ）の台部三面には、秦・川・勝の各一字、さらに水部の四方にシ・コ・テ・氏の各一字、塔の背面には、

□西禅定門
道敬
永禄二年十二月一日

と三行に刻している。一見まことに珍貴な存在でありまた興味ある内容のものである。

桜井神社

泉北郡泉ケ丘町（旧上神谷《ニワタニ》村大字片蔵字桜井）

蕃神の社であろう——

式内旧府社の桜井《サクライ》神社は、その所在地の名をとって、一名≪上神谷《ニワダニ》八幡宮≫ともいって、今から一三六〇余年前の推古天皇五年（五九七）の創立にかかり、古来上神郷《ニワゴウ》の総氏神として、上下の崇敬を集めていたという。南海電鉄高野線「さかいひがし」駅前から南海バス「片蔵」行にのり（南へ約一二キロ）終点下車が便である。

桜井神社　正門

この神社の祭神については、異説が多い。おおやけには仲哀・応神・神功皇后の三神ということになっているが、神名帳考証その他に記すように、坂上氏と同族である桜井氏の祖神である阿智使主を祀る蕃神社であるとした方が妥当であろう。

坂上系図に

「阿智王の子、都賀使主《ツカノオミ》、その子に爾波伎直《ニワキノアタイ》あり云々」

とし、なお姓氏録、右京諸蕃上には、

「桜井宿禰。坂上大宿禰と同祖、都賀直の四世の孫、東人直の後なり」としているから、この関係は爾波伎の三世孫が東人直で、その後裔に桜井宿禰があったことになる。この坂上氏も桜井氏も共に倭漢《ヤマトのアヤ》氏族つまり阿智使主の後裔で、彼らは石津川上流の地域に繁衍していたという地縁もあるので、祭神は阿智使主説が有力に裏付けられる。

拝殿と舞踊が有名――

桜井神社　拝殿

桜井神社の拝殿は、約七〇〇年前の鎌倉時代の建築で、大阪府下最古の神社の建築物として、いま重要文化財に指定されている。神社側の説明によると、

「その構造は、単層屋根切妻造り本瓦葺の≪割拝殿≫で、各部に簡素明快な鎌倉建築の特徴を発揮し、特に蟇股二重虹梁等の様式が優秀で、神技に近く、また現在拝殿としては日本最古の建造物である」と。

なお秋の例祭（一〇月五日）に奉納される古典的な神事舞踊≪こおどり≫は、昭和八年〔一九三三〕東京市で開催された第七回全国郷土舞踊大会に出演したのを契機に全国的に有名になっている。

聖神社

和泉市旧泉北郡信太村大字王子

祭神は百済国の出自——

式内旧郷社聖《ヒジリ》神社は、一名《信太明神》といって、信太村大字王子の信太山に座している和泉国五社の一である。

社伝によると、天武天皇三年〔六七五〕、勅願によって信太首《シダノフビト》をして祀らしむという。この地の信太首がその祖神を祀ったのであろう。信太首は「百済国人、百午の後なり」と姓氏録に出ている。（録、和泉国諸蕃）

この神社の神輿は、重要美術品として著名であり、また信太村大字上代《ウエダイ》の《廃観音寺》（飛鳥古瓦も出土している）やその丘陵の尖端部に位置する有名な《黄金塚》（景初二年在銘鏡出土）も、往時の信太首と何か関係づけられるものがあるかも知れない。

法隆寺の百済観音（奈良）
世界の美術愛好家たちが賞讃を惜しまないこの清らかな仏像は高さ二・八メートルもある木彫である。百済から伝来されたというので百済観音と呼ばれているがその伝来は不明で恐らく百済系帰化人の作であろうとされている。

〔本文　一四四ページ〕

奈良およびその周辺

〔概　説〕

上代文化の中心　大和の国――

大和《ヤマト》の国は、日本で最も古い文化地帯であり、同時にまた上代における政治の中心地でもあった。いわば原始日本が国家体制を生み出した「ふるさとの地」である。

大和地方が早くから開けた原因には、①大和盆地が四方、山に囲まれて内部の統一や自衛に便利であったこと　②盆地の中央を流れて大阪湾に注ぐ大和川が、瀬戸内海を通って難波（大阪）へ来る大陸文化の輸入路であったことなどが挙げられるが、なかんづくこの二番目の条件がより多くの役割を果した決定的な要因であったといえる。大和川を遡って大和国へ入る上陸第一歩の地、王寺に今木神（新しく来た人の意）を祀る久度神社のあるのも注意すべきであろう。

四世紀末から五世紀にかけて、概ね日本の応神・仁徳天皇のころ、いわゆる漢・韓帰化人たちが、多くこの大和の国をめざして活躍の新天地を求め、彼らは特殊な知識・技能をもって、記録・工芸や兵士・役務で日本の文化や産業の発展に絶大な寄与をした。そのころ大和朝廷やこれをめぐる豪族たちは、より上位な政治力・経済力を保持しようとすれば、先ずこれら帰化人を包容しようと努力したのも当然であろう。

しかし八世紀の中葉に入ると、燦然たる奈良朝の文化も、ある程度頂上に近づいた感じで、もはや外来の蓄種つまり漢韓帰化人の果たす役割は大幅に縮少されたので、孝謙天皇は天平宝字元年〔七五七〕五月に、《養老令》を施行して、帰化人に対する処置規程を明確にすると同時に、日本の律令国家体制の完成を鼓示した。

桓武天皇の代に入って、長岡京を経て平安京（京都）へと遷都〔七九四〕の段になると、これら帰化人系氏族の中にはいち早く平安新都へ進出するのも出てきたので、大和に残留する帰化人の余類は相当減少したとみえて、平安遷都後二一年目に成書した新撰姓氏録に大和国諸蕃として収載されているものは僅かに二六氏、未定雑姓大和の部で諸蕃と思われるもの五氏を数えるのみである。

奈良の文化と帰化人――

奈良の都は、今から約一二四〇年前に、元明天皇が都を藤原京から、ここの平城京に遷して〔七一〇〕以来、七代七〇余年の間、仏教を中心にして輝やかしい《奈良朝文化》の花を咲かせた古都である。大和盆地の東北部に位して、標高一〇〇～五〇〇メートルの台地に座っていて、そのころの栄えぶりは、

〃青丹《あおに》よし奈良の都は咲く花の
　匂ふが如く今さかりなり〃　（万葉集　巻三）

という有名な一句をみても、まことに泰平の盛代、当時の隆昌が偲ばれる。

奈良といえば、いまは誰しも寺院と仏像とそして平和な春日社の鹿を思い出すことであろう。寺院には豪壮な南都七大寺（東大寺・興福寺・元興寺・大安寺・法隆寺・薬師寺・西大寺）をはじめ、白豪寺・般若《ハンニャ》寺・法華寺・海竜王寺・秋篠《アキシノ》寺・菅原寺・唐招提寺などの大伽藍があり、仏像は、これらの寺院に安置している数多くの鋳造・彫刻・塑像などが、秀逸な作風を残している。

これらの建築古美術は、全般的にいって韓土の百済あるいは中国の六朝の影響を受けており、中には東大寺の大仏殿・大仏や南大門裏の狛犬、二月堂の良弁像、三月堂の日光・月光像あるいは法隆寺の諸建造物とその中に安置されている観世音菩薩像、釈迦三尊像、多聞天・広目天像などのように、直接帰化人の作造によるとすべきものも多い。

ドイツの著名な東方文化学者エカード・アンドリアス〔Eckhardt Andreas〕は、その名著「朝鮮美術史」〔The History of Korean Art, Leitzig 1929〕の中で、〝もともと「なら」という言葉自体が韓語である〟〔"Nara itself is a Korean word."〕（英訳版より）と喝破していることは、他の外国学者たちに深い感銘を与えている。「なら」とは、韓語で「くに」を意味している。

東大寺と帰化人

奈良市雑司町（奈良公園内）

良弁僧正の開基――

奈良といえば、誰しもすぐ東大寺を連想する。南都七大寺の中でも、「八宗兼学の道場」とか「天下総国分寺」とかいわれる位、規模の点において最大のものであるためであろうか。

東大寺は奈良朝でも仏教の全盛を極めた聖武天皇のとき造営された寺院で、今日なお多くの仏教美術品を擁している。金堂（俗に大仏殿）・南大門・三月堂・大鐘楼などの建築物、日光《ニッコウ》像、月光《ガッコウ》像をはじめ良弁《ロウベン》僧正像・四天王像・俊乗《ジュンジョウ》上人像・金剛力士像などの彫刻品、その他多くの文書・絵画・仏具など、国宝に指定されたものだけでも三〇余点、重要文化財七〇余点という古美術の粋を集めているところである。

東大寺標柱

この寺を開いた《良弁和尚》は、近江の国で生れた百済系帰化人の裔である。幼時鷲に掠われて行方不明になっていたが、奈良のとある場所で、杉の根元に捨てられ、鷲に育てられていた。のち義淵上人に拾い上げられ、その教育のもとに成人した和尚であると伝えられている。

奈良の大仏——

《奈良の大仏》といえば、田舎の小学生でも知っている有名なホトケさんである。これが東大寺の本尊仏で、高さ一六メートルもある金銅造りの大坐像である。

東大寺金銅大仏

仏教の篤信者であった聖武天皇は天平一五年〔七四三〕、日本を仏教国家として天下の万民を「仏の恵み」によって繁栄させるとの大理想を宣せられ、金銅盧《ろ》舎那《しゃな》仏《ぶつ》一軀を造ろうと思い立った。この盧舎那仏は、華厳《けごん》経の説くところによって、仏教の根本である釈迦如来よりまだその上の全宇宙を支配する仏として造られたもので、そのために国中の銅を使い果たしても完成させるといった熱の入れようであった。

しかし、これは大変な事業であって、製作途中に何回も予期しなかった故障が起きたり難関に出逢ったりした。はじめ滋賀県の紫香楽で計画されたが、のちに奈良の現地に移り、とにかく天平一七年〔七四五〕八月から造立の事始めが行なわれ、翌年には雄型の塑像《そぞう》を完成し、さらにその翌年からいよいよ鋳造に着手した。基座の方からだんだん上の方へ鋳継ぐこと八回、天平勝宝元年〔七四九〕に首尾よく鋳造が完了した。造立の作業にたずさわった主役は、大仏師に国中公麻呂《クニナカキミマロ》、大鋳師に高市真国《タケチのマクニ》・高市六麻呂《タケチのムツマロ》・柿本男玉《カキのモトオタマ》らであった。

ところが今度は仏身に塗る黄金が全く足りない。困り抜いているところへ思いもよらなかつ陸奥《ムツ》の国から、当時陸奥守に任じていた百済王敬福が黄金九百両を送ってきたので、漸やく仏体の金色《こんじき》塗りができた。

こうして大仏は、前後七〜八年の歳月を要し、熟銅約四九トン・白鑞《はくろう》八三三キロ・錬金一〇、四三六両・水銀五八、六二〇両・炭一〇、六五六石を使用して、仏身の高さ一六・三メートル・顔の長さ四・八メートル・手の長さ三・六メートル・重量約四五二トンという寸法で出来あがった。鋳造物としては、世界最大のものであるという。

天平勝宝四年〔七五二〕四月には、棟梁猪名部《イナベ》百世らの献身によって、大仏殿が建立されたので、いよいよ四月九日に仏法東伝以来の盛大な《開眼供養《くよう》会》が行なわれたのである。

《東大寺大仏造営の四聖》とよくいわれるが、それは最初に発願された聖武天皇と僧正としてすべてのことを統理した良弁和尚、行基菩薩、それに大仏が完成してからお導師の役をした菩提遷那《ボダイセンナ》の四人をいっている。

大　仏　殿

良弁はさきにもふれた通り、百済系帰化人の後孫であり、行基は応神天皇のとき百済から論語や千字文をもって渡ってきた王仁の血統の高志氏で、これも帰化人系である。菩提遷那は天平八年〔七三六〕印度から来た婆羅門種である。このように四聖のうち、聖武天皇を除くあと三人がみな帰化人系であることは全く驚異である。

それから大仏像を造り上げた人、国中公麻呂は天智天皇のとき百済の国が滅亡したので、そのとき日本に亡命してきた国骨富の孫である。《大仏殿》を造った大工の猪名部百世およびその配下で仕事をやっていた益田縄手は、二人とも帰化人系統である。こうしてみると、あの偉大な大仏も大仏殿も、実際においては殆んど帰化人の手によっい完成されたといっても言い過ぎではなかろう。

現存の大仏は、最初の天平造立のものが再度の火災にあって破損したため、何回も改鋳され、造立当初のものとしては僅かに七枚の蓮弁しか残っていない。殊に頭部は、元禄五年〔一六九二〕に改鋳された比較的新しいもので、見ただけでも下半身とは確然と分別ができる。

大仏殿も最初の造営は、兵火によって二度も焼失し、仏殿再建ができなくて長いこと雨露に曝されたままであったが、宝永六年〔一七〇九〕に完成した。創建当初のものより大分小さくはなっているが、それでも高さ四九メートル・東西五七メートル・南北五〇メートルもあって、木造建築としては世界第一の建造物である。

石獅子（狛犬）

南大門の石獅子――

南大門は、東大寺再建の大勧進、俊乗坊重源《チョウゲン》（俗姓秦《ハタ》氏で帰化系）が中国から輸入した、いわゆる天竺様式による代表的な建築で、鎌倉初期の建造であるが、その北面の東西各間に、一対の石造獅子像（狛犬と称するもの）が北面してでんと座っている。

「東大寺造立供養記」によると、建久七年〔一一九六〕宋人の字六郎ら四人が中国からもたらした石材を用いて刻んだもので、これは普通の狛犬とは形を異にしており、宋風を模写したものといわれ、その雄々しい姿勢は石彫美術として貴重な遺品の一つになっている。先年スエーデンの皇太子来遊の際、その彫刻美を激賞され、〝若し将来、この狛犬がこの場所にみえなかったら、そのときはスエーデンに来て探しなさい〟といわれたほどである。

良弁僧正坐像

良弁堂の国宝良弁僧正坐像――

高さ約一二メートル一木造りの彩色像で、良弁《ロウベン》僧正の自作自刻だと伝えられている。

良弁僧正はすでに説明したように、近江の国志賀で生れた百済帰化人の後である。義淵《ギエン》僧正の弟子となり、大仏供養ののち東大寺の開山となった高僧である。宝亀四年〔七七三〕一月、八五歳で入寂している。唐招提寺の鑑真像・岡寺の義淵像と合せ

月　光　像（三月堂）日　光　像

て日本の三大肖像彫刻として有名である。

三月堂（法華堂）**の日光・月光像**

三月堂は東大寺における最古の建築物で、その中には多くの天平時代の傑作像が居並んでいる。本尊の不空羂索《ふくうけんじゃく》観音立像の左右に合掌して立っている日光《ニッコウ》像・月光《ガッコウ》像は、ともに高さ二メートル余り、塑造りでもと彩色を施していたのが今では白っぽい灰色にみえる。奈良朝彫刻中で第一の神品とされている。

漢国神社

奈良市漢国町《カンゴウ》

祭神は韓神——

近鉄奈良線「なら」駅終点から西南方僅か一〇〇メートルばかりの地点に、旧県社漢国《カンゴウ》神社というのがある。

神社の「鎮座由来記」によると、

「当神社は今より約一四〇〇年前の、推古天皇の元年〔五九三〕二月三日、大神君《オオミワのキミ》白堤《シラツツミ》と申す方が勅を賜いて、園神の神見をお祭りせられ、その後元正天皇（女帝）の養老元年〔七一七〕十一月二十八日、藤原不比等《フジワラフビト》公が更に韓神の二座を相殿として祀られたのが漢国神社である。」

と述べ、祭神三座の名前を次のように書添えている。

園神　大物主命《オオモノヌシのミコト》

韓神　大己貴命《オオナムチのミコト》　少名彦命《スクナヒコナのミコト》

これら祭神たちは第一に国土経営の大業をなされ、第二には国民のために衣食住の根基《もとい》をたてた最も尊い神々で、殊に

漢国神社　本殿（県指定文化財）標柱

白　雉　塚

医薬・造酒の祖神であると附記している。とにかくこの由来からすると、漢国神社はむしろ韓国神社にすべきだと思われる。

境内に《白雉《はくち》塚《づか》》があって、これは元正天皇が養老五年〔七二一〕四月、百済王が献上した白雉を当社へ奉納されたけれども、三年後の神亀元年〔七二四〕の九月に死んだので、この雉のなきがらを埋めて築いた塚だという。

饅頭の祖神　林神社――

境内に摂社として、林神社があるが、これは日本に初めて饅頭の製法を伝えた林浄因《リンジョウイン》を祀っている。浄因の業績は、彼が比較的新しい人物なので、はっきり知られている。

〝林浄因は中国浙江省西湖の人、林和靖《リンワセイ》の末裔で、今から六一〇年ばかり前の正平五年〔一三五〇〕京都の建仁寺住職竜山禅師が宋から帰朝するとき、禅師に随従してきた、浄因は奈良に居を構え、故国で習い覚えた饅頭を作った。中国には

林 神 社（境内摂社）

肉饅頭・菜饅頭・餡饅頭などがあったが、彼は日本で餡の入った饅頭を試作してみた。奈良の人々は、始めて口にするこの美味しい饅頭が、忽ち人気を呼んで、店頭は市をなす盛況で日増しに繁昌していった。

浄因はその後、好い配偶を得て日本に帰化し、彼の店はたまたまこの林神社々頭、林小路にあったが、竜山禅師に師の礼をとって、たびたび機嫌を伺うため上洛し、そのたびに謹製の饅頭を携えることを忘れなかった。禅師はたまたま足利将軍にこれを差出したところ、将軍はこれを賞味して大いに喜び、こんどは将軍家を経て宮中に献上する光栄を得た。

帝は殊の外の叡感で、

日本第一饅頭処（にっぽんだいいちのまんじゅうどころ）

の看板を許され、林一門は光栄に輝いた。その後、林家は京都烏丸三条の北家と、奈良林小路の南家に分れ、共に饅頭屋として繁昌した〃と。

饅　頭　塚

さすがに日本一の饅頭屋である。境内にまた《饅頭塚》があって、旨そうな林屋の奈良饅頭が風味を匂わすかのように、石饅頭が埋めてある。因みに、中国で古くから祠祭に用い、あるいは宴席などに出す《曼頭《まんとう》》の曼は最高、最も優れた意で、頭は最初、最上とか第一とかを表わすので、何れにしても最上最高の菓子という意であろう。

なお林浄因の旧宅地は社の向い、いま産婦人科医院のある南側の辺という。

元興寺跡

奈良市芝新屋町

仏教資料の宝庫――

猿沢池の南六〇〇メートルの地点に、日本最古の仏寺として知られている飛鳥寺（アスカ地方、法興寺ともいう）の後身《元興寺《ガンゴウジ》》がある。日本の国都が明日香《アスカ》の藤原宮から平城京（奈良）へ遷るさい飛鳥寺こと法興寺をいまの地に移建したもので、かつて飛鳥時代には飛鳥京三大寺（川原寺・大安寺に法興寺）の一として栄え、また奈良朝には南都七大寺の一として隆盛を極めていた寺である。

その後寺運は次第に衰え、中世に入って幾度となく兵火に逢い、主要建物の多くを失い、五重塔観音堂のみが残っていたが、それも安政六年〔一八五九〕に焼失した。いまは往昔の威容は見る影もなく、僅かに寺跡として昔の名残りを留めているに過ぎない。

この塔跡には、一七個の礎石が残っており、昭和二年〔一九二七〕ここから多くの装飾品鋳貨その他の貴重品が発掘され、続いて同一八年からは国費援助のもとに元興寺文化財保護事業が大規模に着手され、そのさい数万点に

元興寺　極楽坊入口

のぼる宗教史上極めて貴重な資料を発見し、同三十六年にも新たに極楽坊の境内から多数の出土品を発掘したので、現在これらの陳列のため境内に博物館を建造中である。

蘇我馬子が創建した飛鳥寺に端を発する元興寺の興亡は、百済から仏教を受け入れてから、そのまま日本の仏教歴史を物語るものであり、これら豊富な資料調査はまた仏教は勿論のこと、民俗・考古・歴史・美術・建築などの各分野にも関連することなので、目下綜合研究を進めている。

元興寺極楽坊
（屋根は行基葺を残している）

極楽坊の行基葺――

現在残っている《極楽坊》（国宝）は、鎌倉の初期〔一二四四〕に再建されたもので、もと元興寺の僧房北室を改造したものである。この極楽坊は、庶民層の人たちが集まって極楽浄土（死後の安住の世界）を求めて、いわゆる極楽往生を遂げるための「作善」として写経・造仏・唱名・念仏・造塔などをやっていたところである。

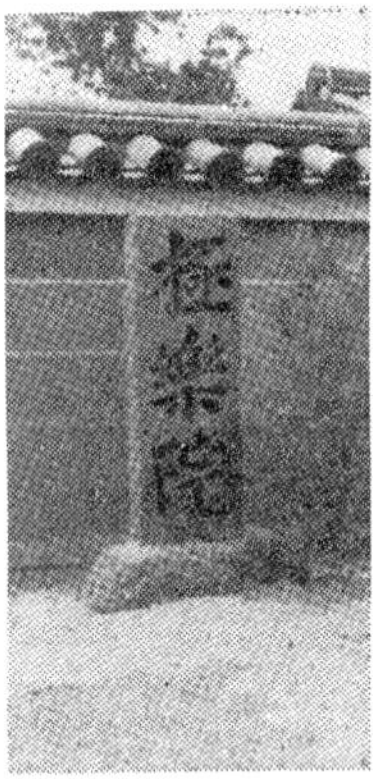

極楽院標石

縁故事項として特記した

いことは、この極楽坊の屋根に、《行基葺《ギョウキぶき》》という特殊な葺方を残していることである。行基葺というのは、百済系の名僧行基菩薩によって案出されたので、この名称を冠すという。

庶民仏教と欣求浄土――

仏教が百済から日本に伝来して以来、数百年の間は主として日本社会における上層部の信仰として発展し、しかも国家安泰や治病長寿などの現世利益につながる呪術的な面から迎えられていた。

しかし上代日本の律令国家も次第に衰退するに及んで、仏教教団も国家の庇護から離れるようになり、ようやく貴族社会から民衆信仰へと移行し始めた。ちょうど貴族の没落と庶民の抬頭を呼んだ平安末期がそれであった。

庶民信仰としての仏教は、現実の苦難を解決することよりは、寧ろ来世の安住を求めることにあった。つまり現世の幸福は所詮叶わぬ故、未来における浄土を欣求することになった。浄土とは死後の理想郷であり安住の世界である。

そしてのちに鎌倉期に入って、庶民たちの求めた浄土は、殆んどがいわゆる「阿弥陀の極楽浄土」であったので、元興寺極楽坊に集ってくる人たちも極楽往生を願って、いろいろの作善行為をしていたのである。今に伝わる仏教習俗の大部分が、このときこの寺を中心として形成されたといっている。

十輪院

奈良市十輪院町

異彩ある文化財——

俗に魚七分に水三分といわれている猿沢池《サルサワ》（奈良八景の一）の南方約二〇〇メートルの狭い道路に面して≪十輪院《ジュウリンイン》≫の南門がみえる。仏堂というより住宅といった感じの本堂（鎌倉時代の第一級建築物で国宝に指定されている）を中心に、

十輪院本堂

実に綺麗な小じんまりした一廓である。もと元興寺《ガンゴウ》の別院で飛鳥房と号していた。

朝野魚養《ウオカイ》が開いた寺院で、のちに僧空海《クウカイ》（有名な弘法大師のこと）

石仏龕

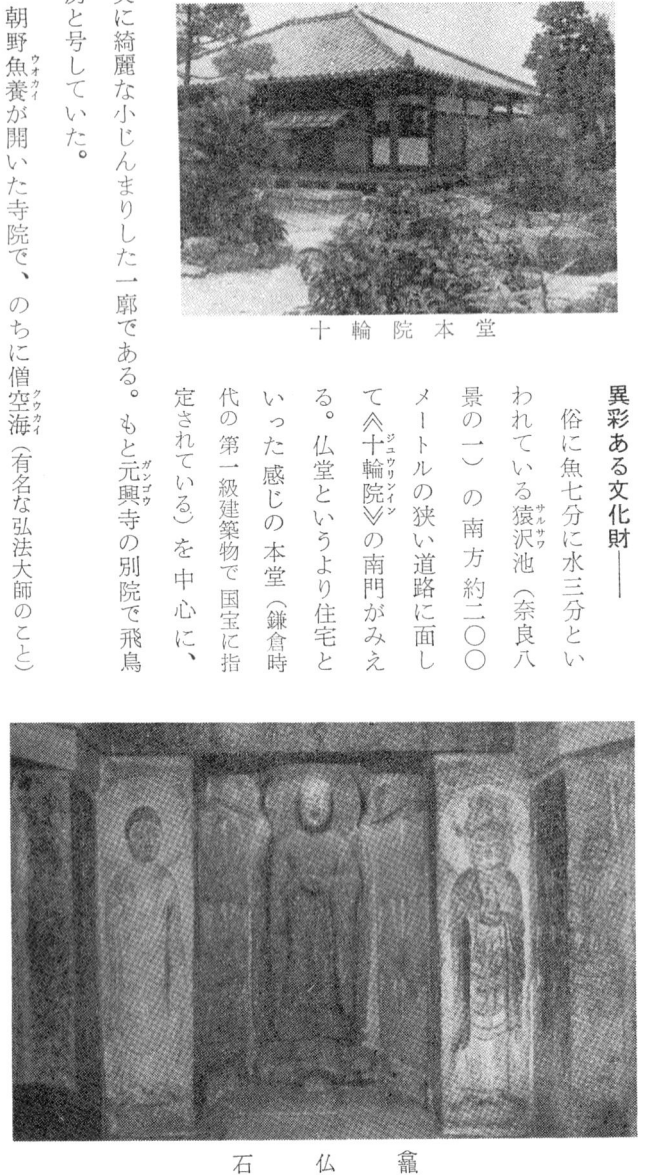

もこの寺に留って魚養について書道を学んだとあるから、魚養は書道に長じていたとみえる。
空海は現存の本尊地蔵菩薩その他の仏像を彫刻し、《石仏龕》（重要文化財になっている）を造って本堂（これは国宝）に安置したと伝えられている。小規模の寺ではあるが、院内にある仏教美術品はそれぞれ他の寺院と変った雰囲気の一種異彩を放っている。

魚　養　の　墓

魚養の墓——

境内の東北隅本堂の右脇に《魚養の墓》がある。方形の古墳状をしており、北面の拡孔に、石造の如来坐像を安置し、塚の周囲には碑文・宝塔・五輪塔などを配置している。碑文は特殊な文体で彫られているが摩耗甚だしく判読もできない。当初の碑文は木版に複写したものを寺院が保存している。

魚養は、日本の遣唐使と唐女との間に生れた混血児で、宇治拾遺によると魚養は、「七大寺の額などを書いた人、弘法は魚養について書を学ぶ」とあり、「桓武延暦一〇年〔七九一〕正月典薬頭となる」とあるから、書道と医薬にも通じていた奈良朝の名臣である。もと忍海原連姓であろう。

大安寺

奈良市大安寺町

熊凝精舎の後身——

「なら」駅の西南約二キロ、聖武天皇天平一七年〔七四五〕に、平城の右京七条に、「天下太平」「万民安楽」の護国の官寺として飛鳥の大官大寺を移し建てた寺である。南都七大寺の中で、東大寺に次ぐ大規模な寺であったが、他の寺院と同様に中世以降衰微し、元の堂塔はすべて消失した。

近年中門跡附近に建てられた《讃仰殿》（収蔵庫ともいっている）に、馬頭観音像ほか観音像三軀と四天王像四軀を蔵しているが、何れも大安寺様式と呼ばれる《一木造り》の名作で、専門家たちの高評を博している。

この寺は、仏教渡来当時、しばしば日本史に出てくる《熊凝精舎《クマゴリシヨウジヤ》》の後身で、はじめ聖徳太子が額田部に建立したのを舒明天皇のとき磯城《シキ》郡百済川のそばに移して百済大寺とし、さらに天武天皇のとき高市の地に移されて高市大寺（また大官大寺）と改めたが、和銅三年〔七一〇〕平城遷都のさい現在地に四度移建され、その三五年後本格的大伽藍を建築したものである。

日本仏教の源泉——

奈良朝時代の寺院は、国家の安泰と国民の災厄を除去する祈願所のようなもので、寺院の僧侶も国利民福を祈

大和國添上郡大安寺伽藍繪圖

元亨釋書第二十八寺像志云
大安寺者、推古天皇二十五年
太子豐聡八定見未世皇運出
奏曰季葉帝統多艱慶乞
建寺鎮之帝諾乃營寺熊凝村
二十九年太子疾病顧言以
熊凝寺修新舒明十一年移
百濟河側改號百濟大寺取載
神林神嗔火寺皇極元年
天智七年廢構修天武十二年
移高市郡改曰大官大寺
和銅三年遷平城天平元年
上欲修新求完規沙門道慈
獻西明寺圖上大悦加鉅構所
謂印度祇垣精舍以兜率
内院爲準唐西明寺以祇園
爲準今大安寺模西明云

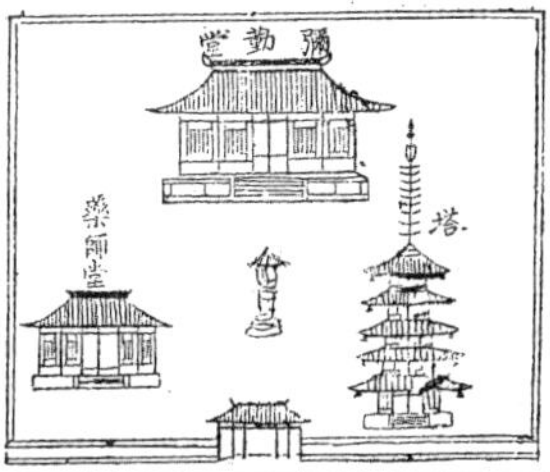

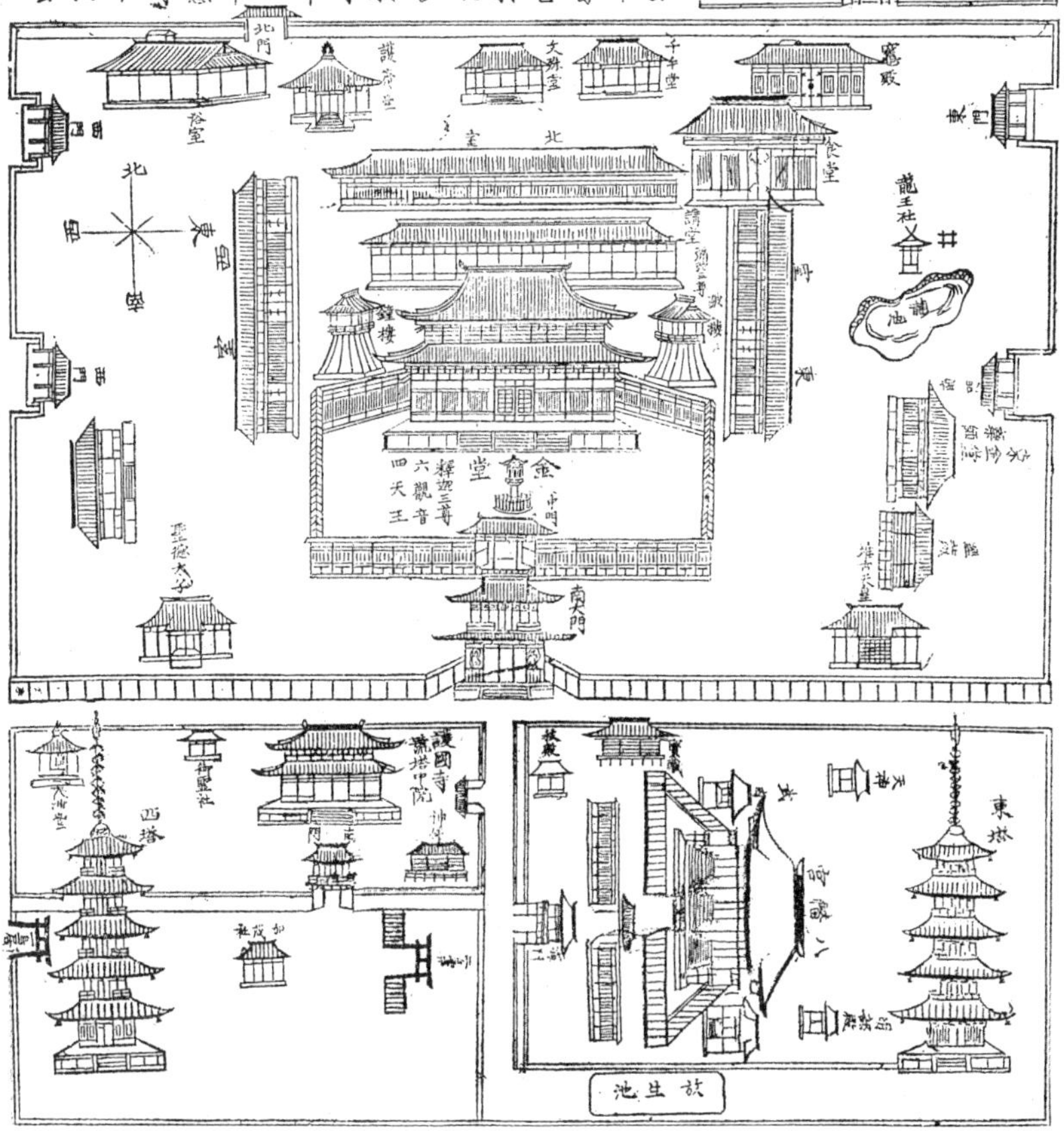

ることが、その主たる任務であって、同時に仏教教理の研究も重要な課題であった。

大安寺は寺号が示しているように、「三輪宗の学問所」として多くの僧侶たちが出入りしたのであるが、それはこの寺に住んでいた帰化系の名僧、道慈律師が三輪宗に造詣が深かったため、彼に教を乞うためであった。

また大安寺は日本仏教の源泉をなして、仏教の綜合研究も進めていた。従って当時の名僧は殆んど一度は大安寺の門を潜っている。前記の道慈禅師は大安寺中興の当事者として勿論のこと、後の僧正良弁和尚などの帰化系僧や外来の婆羅門僧正・仏哲をはじめ唐の鑑真などの外国僧そして日本の空海・最澄のような名僧たちも挙ってこの寺に居住しながら、それぞれの業績を残している。

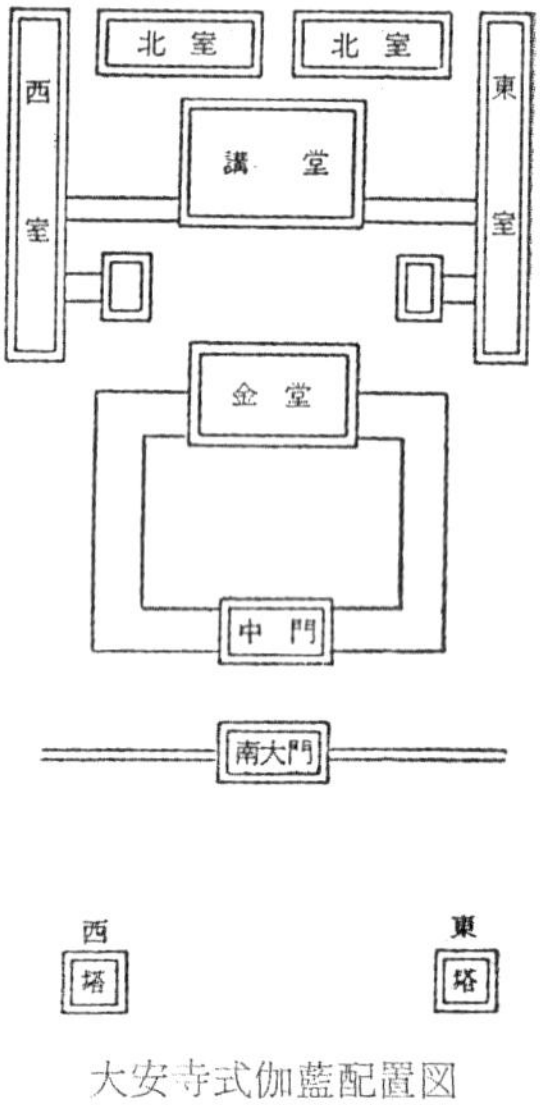

大安寺式伽藍配置図

大安寺の塔跡――

大安寺跡の南約半キロの広い水田の中に、東西両塔の跡がある。もともと大安寺の伽藍様式は、道慈律師が唐から帰ってきて印度祇園精舎に則ったという長安の西明寺に模して建立した異彩ある様式で、東西の塔が南大門の外側に相対していたものである。

《東塔跡》はいま寺の南にある八幡神社の南端に近く、《西塔跡》は八幡神社馬場先の森に続いて、何れも地上

東　　塔　　跡

二メートル位の土壇の上に残っている。東西両塔跡の距離は、二〇〇メートル以上はあると思われ、往昔の壮大な結構を偲ぶに充分である。なお西塔跡には中央部に大きな心礎が今も残っており、高市郡明日香村にある大官大寺跡から出る「大形唐草瓦」がまじって出土している。

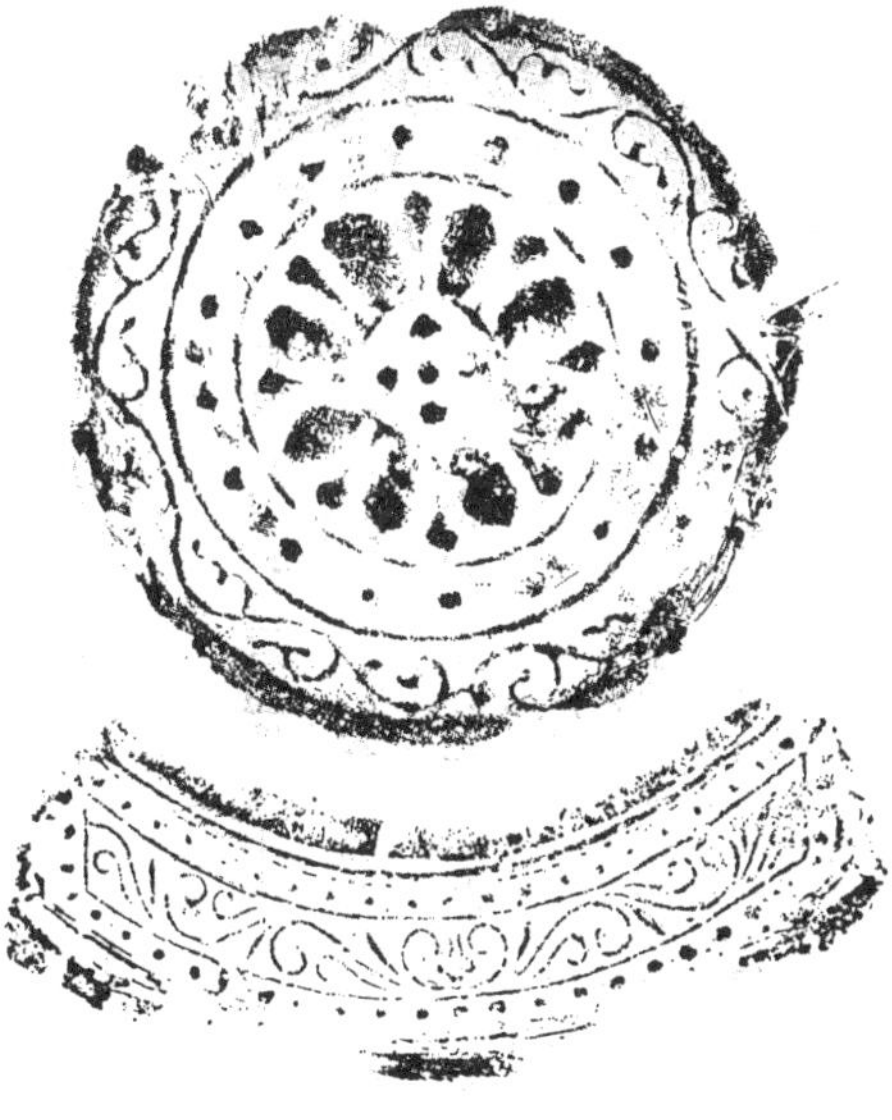

唐草瓦（拓本）

西　　塔　　跡

田道間守命塚

奈良市尼ガ辻西

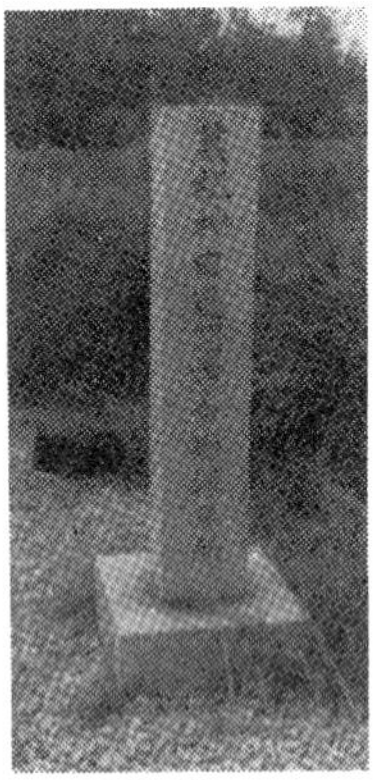

田道間守命塚（中央小島）　　同標柱

韓男と倭女の混血児系——

田道間守《タジマノモリ》は、日本史上初めて顕現する新羅男性と日本女性との混血児系である。そのことは日本書紀に詳しく出ている。即ち

垂仁天皇三年〔二七〕春三月の条に、

「新羅の王子天日槍《アメノヒホコ》来帰せり……但馬《タジマ》の国の出島《イズシ》（出石に同じ）の人太耳《フトミミ》の女、麻多烏《マタオ》を娶りて但馬諸助《モロスケ》を生めり、諸助、但馬日楢杵《ヒナラキ》を生み、日楢杵、清彦《キヨヒコ》を生み、清彦田道間守《タジマモリ》を生めり」

これを要約すると次の系図になる。

新羅の王子　天日槍
但馬国の女　麻多烏
　┗━但馬日楢杵━清彦━田道間守

菓子の祖神——

同じ日本書紀に次のようなことも書いている。

「田道間守は垂仁九〇年〔六一〕二月に、天皇の命によって《常世《トコヨ》の国》に《非時《ときじく》の香菓《かぐのみ》》（冬果物のないころに熟する香りの高い木の実、橘のこと）を求めるため派遣されたので、彼は立派に目的を果し、十年の後春三月に帰国してみると、天皇は前年すでに亡くなられて、菅原の伏見の陵（奈良県生駒郡にある）に葬られていた。

彼は悲歎にくれて、『いま天皇はすでに崩ぜらる。復命し得ざるなり、臣生けりと雖も何の益かあらん』と、天皇の陵に向って泣き叫びながら、遂に自ら死んでいった」

これを伝え聞いた人たちまでが貰い泣きし、そこで生前に殊の外寵愛をされていた天皇のそばに置くことを決め、陵の陪冢として手厚く葬ったということである。

松の茂る垂仁天皇菅原伏見東陵（前方後円墳）をかこむ濠の東南端に、悄然として浮かんでいる松の生えた小島がそれである。田道間守は非時の香菓をもたらしてきたというので、いま彼を日本における菓子の祖神としてあがめている。

行基の臨終地　菅原の喜光寺——

垂仁陵の近傍、近鉄橿原線「あまがつぢ」駅側に、行基菩薩が創立し、聖武天皇もしばしば行幸し、またその晩年に滞留し、遂にその東南院で臨終をとげた《菅原寺《スガワラ》》がある。現在の喜光寺は天平のプランの上に建てられた室町時代の建築で、大仏殿十分の一雛形試の堂という。

菅原の地はもともと土師氏の発祥の地で、土師氏は代々土器の製作を家業とし、また葬式のことも司っていた。土師氏から出たこの地を誕生の地と伝える、有名な菅原道真は、元はとなると葬儀屋の息子ということになろう。

法隆寺西院全景

法隆寺の縁故遺物

奈良県生駒郡斑鳩町大字法隆寺

仏教美術の宝庫――

奈良市の西南一三キロ「いかるがの里」にある法隆寺は、日本の歴史とともに歩んできた仏教美術の宝庫である。五〇余点におよぶ建築、六〇点を上回る仏像が、国宝・重要文化財に指定されているのをはじ、その他数多くの宝物が、まるで古文化の源泉をなしているような感じである。正に日本文化の最高峰の一つであるといってよいだろう。

法隆寺の創建年代は、金堂に安置してある《薬師如来像》光背の銘文に示されている。

「用明天皇の元年〔五八六〕、天皇の病気平癒のため薬師如来像を造ろうと発願されたが、計画が実現されないまま亡くなられたので、その遺志を継ぎ妹君にあたる推古天皇と御子の聖徳太子が、推古一五年〔六〇七〕に像を造り寺を建てた」とある。

法隆寺は南都七大寺のうち第一の古刹で、百済仏教の影響を受け「百済様式」を基とした伽藍の配置をなしている。次に、その数ある仏像のなかで、帰化人に縁故のある幾つかを拾ってみよう。

木造観世音菩薩像――

一般に百済から貢献されたというので、《百済観音》の名称がついているが、その伝来は不明で、百済の帰化人が造つた仏像であるという説が有力である。

百済観音

高さ二・八メートルもある長身の木彫で、その「清らかな高さ」は東洋三大仏教美術品の一に格を上げている。総身やや扁平で、飛鳥時代の特有な形式を表現しているが、その軽快で柔和な作風は金堂に安置されている他の強勁で壮重な仏像とは全く対照的である。なお光背の支柱を竹幹に模しているのは、中宮寺の本尊と四十八体仏にその例をみるのみで、非常に珍らしいものとされ、また台座の五角形をなしているのも現存の遺物中には少なく、異色あるものとされている。

この仏像の美しさは、早くから内外人賞讃の的になっているが、殊に近代人によって一層高く評価されている。今年の春四月、有名な≪ミロのビーナス≫が日本で特別公開された際、ポンピドーフランス首相はその開幕挨拶のなかで、〃いつの日か百済観音をパリーに〃と懇望して、世人の注目を引いたことは新しい記憶である。なお、この百済観音の摸作が東京上野の国立博物館にある。

釈迦三尊像

金銅釈迦三尊像――

金堂内に安置されているこの三軀の仏像は、日本に始めて仏像を伝えた南梁の帰化人、司馬達等の孫、鞍作首止利《クラツクリのオビトトリ》の傑作である。止利は、七世紀始めのころの人で、≪止利仏師≫と呼ばれた有名な彫刻家である。推古天皇一四年〔六〇六〕にも、元興寺《ガンゴウ》の丈六仏を造って恩賞を受けたことがある。

多聞天像

広目天像

釈迦三尊のうち、中尊は高さ約八六・三センチ、右脇侍は約九四センチ、左脇侍は約九二センチで、飛鳥時代の代表的な仏像である。造像の由来は、中尊光背裏の銘によると、

「推古天皇の三一年〔六二三〕即ち聖徳太子が亡くなられた翌年、太子の身長にまねて遺族たちの願いにより、当時の名工《止利仏師》に頼んで造った」

としている。この時代の作風は、まだよく日本化されず中国北魏後期（六朝時代）の形式が多分に残っていて、いわゆる

《止利式仏像》の典型といわれている。

多聞天・広目天像——

いま宝蔵館に並べてある四天王像は、日本最古の四天王像として有名で、その面相のムッツリしたしかも素朴な表現は面白い。

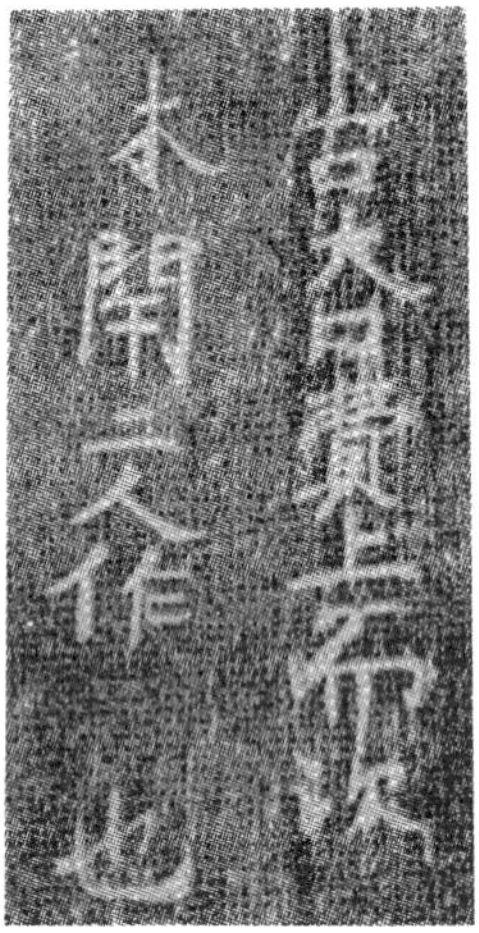

広目天像光背銘

うち広目天の光背銘に、

「山口大口費上而次木閈二人作也」

とあり、また多聞天の光背銘に、

「薬師徳保上而鉄師手古二人作也」

とあるが、従来この訓み方については、諸説が行なわれているけれども、山口大口費《オオグチのアタイ》は漢族の一派であり、薬師徳保は高勾麗系で、二人とも当時の有数な帰化系仏師と考えてよかろう。

山村の巨知部邸跡

奈良市旧添上郡帯解町大字上山

通訳さんの邸――

桜井駅「おびとけ」駅の東約一キロ、俗に城之内垣内と呼ぶ地に、いまも環濠に囲まれた一区画が残っていて、これが《巨知部《コチベ》の邸跡》と伝えている。

巨知部邸跡

巨知部さんは一体どういう人であるかを、尋ねてみよう。姓氏録には、大和の国諸蕃、漢の部で、

己智、秦太子胡亥之後也。

として、秦の二世皇帝の子孫にしている。日本書紀では、欽明元年〔五四〇〕二月の条に、

百済人己知部投化、倭国添上郡山村に置く、今、山村己知部の先なり。

とあって、録では秦の人、紀では百済の人になっているが、これは他の多くの帰化人と同じく、百済の地を経て来化したもと秦人ということに解釈すべきであろう。「山村《ヤマムラ》の巨知部邸」といっているのは、巨知部を住まわせたところが山村であり、そこに彼の屋敷があったからである。「大和志」にも、

村里の項で、「八島郷のうちに山、一名己知山」とし、

古蹟の項では、「この山村に百済己知部宅址あり」

と明記している。

さてこの巨知部一族は、比較的おくれて来化したため、前に移住してきた秦氏一族とは全く隔絶しており、却って武内宿禰系の大姓である紀氏の配下として、訳語・通事のことを掌っていた。これが曰佐氏の祖をなすもので、これら通訳を家業とする韓人は、近江・山代・大和の国にそれぞれ落ち着くようになるのである。推古天皇のとき、遣随留学生として随に渡った、奈良訳語《ナラノオサ》恵明も恐らくこの門中の人であろう。

曰佐の語源――

曰佐とかいて、「おさ」と読むのは、韓語の「語士」あるいは「語司」からきた発音であり、ともに通訳のことである。そのころ日本でも、通訳官のことを訳語と書き、通訳を業とする人を曰佐（おさ）氏と称した。そしてこの曰佐は、主として百済から渡来した帰化人がこれに当り、その居住地によって、山村の曰佐・楢の曰佐などがあったわけである。

行基墓の往生院

奈良県平群郡生駒町有里

往　生　院

行基の入寂――

東大寺大仏造立の勧進者であり、四十九院の造立と多くの布施屋《フセヤ》の開設、それに道路・水路・橋梁などの土木事業を残して、生涯を民間伝道と社会事業に捧げた行基は、晩年になって右京の菅原寺に引きこもっていたが、天平二一年〔七四九〕二月、八二歳の高齢をもって入寂した。

菩薩の遺言によって、弟子たちは大和の国平群郡生駒山の東陵で遺体を火葬に付し、（これは師僧道照禅師の例に倣つたのであろう）弟子の景静《ケイセイ》は遺骨を拾って器（舎利瓶）に納め、山上を結界して墓地とし、また、弟子の真成《シンセイ》は舎利瓶に行基の伝記（舎利瓶記）を刻んで墓地に埋めた――と伝えられている。

菅原寺本堂

往生院——

生駒・信貴線「みなみいこま」駅の西北方、輿山《コシヤマ》という小高い丘陵のほぼ頂上のところに≪往生院《オウジョウイン》≫が建っている。木造の阿弥陀如来を安置したその奥に、床下から方一・八メートルの小室を造り上げている。ここが行基菩薩の遺骨を埋めてあったところである。後日（行基の死より四八〇年後）この場所で、「大僧正舎利瓶記」や「行基菩薩遺身舎利之瓶」などが発見されたわけである。

往生院は、墓の鞘堂《さやどう》になっていて、その沿革記には和銅三年〔七一四〕二月、行基菩薩が勅許を得て開いた日本最初の≪三昧道場≫（庶民墓地）だとしている。

輿山から望めると、前面に生駒谷を隔てて矢田丘陵が連なり、その間を縫って奈良街道は平群《ヘグリ》谷に通じている。ヘグリとは辺鄙なところを意味しているので、附近一帯は今でさえ閑静そのものである。多忙な中に苦悩を忘れることのできなかった行基和尚の大往生地としては、適地かも知れない。

韓人池の遺構　唐古池

西紀207年（応神天皇7年）9月に多くの高句麗人，百済人，新羅人たちを使役して到るところに韓人池を造つた。これらの池は農耕潅漑に大きな寄与をしたことはいうまでもない。唐古池は当時の名残りである。

〔本文　171ページ〕

中部大和地方

〔概　説〕

都を離れた閑静な地――

この地方も、幾つかの日本上代文化を発祥している。とりわけて立派な寺院や優れた仏像があるというわけではないが、現在挙げられる数カ所の神祠・仏閣その他の史跡には、由緒ある上代の面影を偲ぶに充分な跡地・礎石・遺物などがまだ残っている。

地域の範囲は、大体日本最初の宗教都市である天理市、吉野杉の製材地である桜井市・磯城郡・北葛城郡を含め、西南の二上山から東南の大和三山に至る線にとどめている。この地域は、大和平野の中央部を占めており、大和川の上流をなす数条の支流が全地域を北流している。

高　良　神　社　（神殿）　（標柱）

長寺と高良神社

天理市櫟本町

長《オサ》も高良《コラ》も韓系――

桜井線「いちのもと」駅の東方、旧街道西畔に「瓦釜」の地名が残り、いまも附近から白鳳時代の古瓦が出土し、その地に鎮座する旧村社高良神社を俗に≪長《オサ》寺さん≫と呼んでいる。恐らくこの辺に住んでいた曰佐《オサ》氏の氏寺を長寺と称し、相当大きな寺であったことが想像される。

オサとは韓語の「語司《オサ》」から来たことばで、通訳の意である。だから通訳官のことを「訳語」と書いて「曰佐《オサ》」と読んだわけである。姓氏録に出てくる曰佐《オサ》氏は、山城の国皇別の部に入れてあり、その註文には、

「紀朝臣《キのアソミ》の同祖、武内宿禰《タケウチのスクネ》の後なり。欽明天皇の御世、同族四人国民三十五人を率いて帰化した。天皇務めて其の遠来を以て珍勲臣《メズラのオミ》と

勅め、三十九人の訳者《オサ》と為す。時人号して訳氏《オサ》と曰う。男諸石《モロイシ》の臣・次に麻奈《マナ》の臣、是れ近江の国野州《ヤス》郡の日佐、山城の国相楽《サガラカ》郡山村の日佐、大和の国添上《ソウのカミ》郡の日佐らの祖なり」

として、はじめ武内宿禰の子孫だといって、つぎに欽明天皇のときに帰化したといっているのは矛盾で、帰化人系が武内宿禰の子孫に仮冒（偽って称すること）したとすべく、とにかくこのとき帰化した三九名は訳語氏の祖となったわけである。日本書紀でも、欽明元年〔五四〇〕に百済人己知部《コチベ》が来化したので大和の国添上郡山村に置いたことを記している。

長寺の所在について、延久二年〔一〇七〇〕の興福寺雑役免坪付帳にも、

「長寺田六町九反二百八歩」

という記録があり、これからすると平安朝までは寺がちゃんと存在したことになる。いまは勿論廃寺になって、その面影を偲ぶべくもないが、その境内の≪高良《コラ》神社≫が残っているわけである。いまの高良神社は小規模で貧弱なもので、武内宿禰を祀るとしているが、これは静岡県の式内社高良神社と同じく、高良《コラの》玉垂《クマリ》命やその系譜と考えられていた武内宿禰を祀ったのであろう。高良は高麗の神さまであろうし、訳語氏は氏寺の長寺を高良神社によって護っていたのであろう。

ナラ曰佐《オサ》氏の居住地——

檜　明　神

高良神社の少し北、街道沿いの部落を「楢《ナシ》」という。櫟本《イチのモト》のうちであるが、「ナラ日佐」のいたところであろう。推古天皇のとき、小野妹子が遣唐使として唐へ行ったさい、随行した留学生の奈羅《ナラ》の訳語《オサ》恵明《エイメイ》はここの出身かも知れない。

楢明神は、いまは楢の町の中にあるが、以前は楢川の東南辺の高塚山麓にあつた。いまでも秋祭のときには、この旧地まで神輿がお渡りをしている。附近にある楢池からは、先年珍らしい方形の垂木先瓦が出土したので、往昔寺院のあつた跡地であろうとされている。池の東畔から高塚山の麓にかけて、細々とした山の辺の道が残つており、この道の東方一帯を昔の楢明神神地としている。

因みに滋賀県（近江国）大上郡甲良《コウラ》町にも長寺の地名が遺っている。高（句）麗系の曰佐氏が近江にいたことは明らかである。従って甲良は高麗かと思われ、建仁寺流番匠として有名な甲良氏も高麗の転訛かと思われる。日光東照宮造営の大棟梁は近江出身の甲良豊後守宗広であることを附記しておく。

石上神宮の七支刀

天理市布留（旧山辺郡丹波市町大字布留）

石上神宮の由来――

旧官幣大社石上《イソノカミ》神宮は、またの名を≪振《フル》の社《ヤシロ》≫あるいは≪布留の社≫ともいって、祭神はひと（人）でなくもの（物）の≪布都御魂剣《フツノミタマノツルギ》≫（神武天皇東征のおり使用した神剣という）である。この社は、昔から太刀一千口といふ大量の武器が神宝として祭られている点（垂仁紀三九年〔一〇〕の一〇月条）からすると、あるいは大和朝廷の武器庫だったかも知れない。

この石上神宮のある布留山西方一帯の地は、石上布留の地といって、古代の縄文式土器がしばしば発掘され、日本における上代文化の一中心地であったことを物語っている。

石上神宮境内

七支刀は百済の製品――

石上神宮に収められてある多くの社宝の中で、≪七支刀《ナナサヤノタチ》≫は特に古代日本と三韓地方との交渉関係を裏付けるものとしてまことに貴重なものであり、国宝に指定されている。

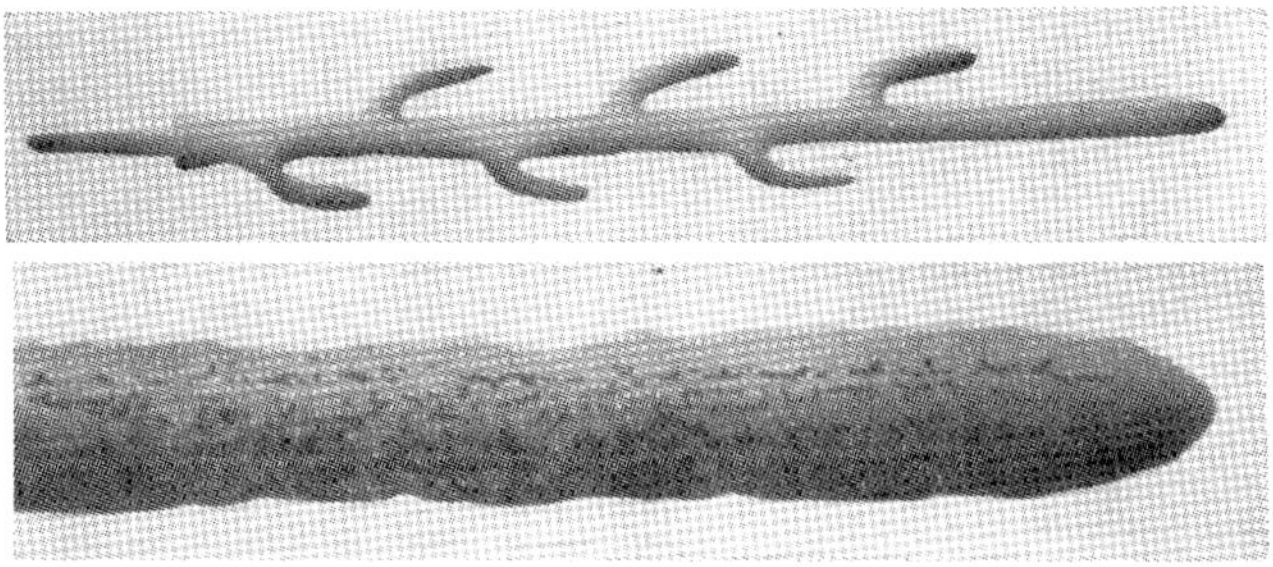

七　支　刀

以下は、関晃教授がその著「帰化人」のなかで、七支刀に関する説明の箇所である。原文のまま引用する。（同書　四四～四五ページ）

「この七支刀というのは、鉄製両刃の剣であるが、刃の方向に左右交互に三本ずつの小枝があって、草木の枝のように、斜め上に向って出ており、刀の全長は七五センチメートル、下から一五・七センチメートルくらいのところ（第四枝と第五枝との間）で、上下二つに折れてしまっている。こういう形をしているため、神功紀に見える七枝刀が一つの鞘に別々の刀を七本さしたような形のものだと考えていた江戸時代の学者は、両方を結びつけて考えることに気がつかなったが、明治以後になってこの刀が学者の注目をひくようになった。それはこの刀に銘文があるからで、その銘文は中央の幹に当る部分の表に三四字、裏に二七字、金象眼で縦に一行に刻まれている。これも金の剝落や銹や損傷のために判読が非常に困難で、これをどう読むかについて、いろいろ意見が発表されてきたが、とくに人を納得させるものがなかった。ところが最近になって、福山敏男博士が綿密な調査と研究の結果、次のように読まれ、表は、泰和四年四月十一日の日中正午の時に、百練の鉄で七支刀を某が作ったこと、裏は百済王と太子とが恩を蒙っている倭（日本）王の旨によって造ったが、永く後世に伝わるであろうということを述べた

ものであろうとされた。(「石上神宮の七支刀」美術研究)

(表) 泰和四年四月十一日、丙午正陽、造百練(鉄)七支刀、(世)辟百兵、宜供供侯王□□□□作

(裏) 先世以来、未有此刃、百済王世子、寄生聖音、故為倭王旨造、伝不(後)世

(中略)

この解釈の中でとくに重要なのは、今まで泰始四年(西晋)と読んでいたのを泰和(東晋)と読んで太和四年〔三六九〕に当てたことであって、それは正に大和朝廷の最初の朝鮮大遠征の年に当っている。従ってもしこの判読が正しいとすると、神功紀の記事と結びつけて、この刀は日本百済間の交渉開始と深い関係の下に作製され、作られてから三年後に百済から朝廷に献上されたと考える。」

大和の百済大寺

奈良県北葛城郡広陵町大字百済(大和国旧広瀬郡百済村)

百済大寺の近影――

近鉄橿原線「田原本《タワラモト》」駅の西南約三キロの地点に、東の百済川(上流は曽我川)と西の葛城川(もとの広瀬川)の中間に挟まれた細長い地域に、「百済」という地名が今でも残っている。昔、ここに百済集落が形成され、舒明天皇のとき百済大宮と百済大寺が造営されて、祭政の中心地になっていた。今も小字二条に、百済大寺の余院ともいうべき三重塔・本堂を始め、附近には幾つかの塔跡・堂跡を伝えて、僅かに当時の面影を残している。

大和百済大寺の遠望

この《三重塔》は、三間本瓦葺で室町中期の文明一二年〔一四八〇〕の建立によるもので塔尖の九輪は江戸時代延宝年間の改鋳といわれている。今は重要文化財に指定されている。

本堂は、江戸初期の建物を後年改築した年数の浅いもので、堂内の奥には作りつけの三間の厨子《ヅシ》があり、いま本尊とする《毘沙門天》はまだ新しいが、向って右の十一面観音像と右の聖観音像は比較的古く（藤原時代の作だといわれる）寺の歴史を物語っている。なお同じ境内には、春日若宮神社が寧ろ清新な恰好で建っている。

往時の百済大寺は、のち弘仁年間に名僧空海《クウカイ》が来て、旧地に堂塔を修築して真言道場としたと伝えられ、彼が掘ったと称する《梵字池》が今も境内の《毘沙門堂》（嘉永年間の再興）前に残っている。

塔の建っている同じ二条には、東円堂跡・西円堂跡・経蔵跡・大門跡などが残っており、その外にも部落の小字渕口には黄金堂跡、寺口には九層塔跡、今市には戒壇堂跡などが残っていて、往時の大寺の規模を想像せしめる。

三　重　塔

毘沙門堂

百済大寺の変遷——

舒明紀・扶桑略記・大安寺縁起・百済寺縁起などの記事を要約すると、はじめ聖徳太子は平群《ヘグリ》郡熊凝村に≪熊《クマ》凝精舎《ゴリシヨウジヤ》≫（「ひらはた」駅の西南一キロ余、額田部《ヌカタベ》の額安寺はその遺跡）を起したが、田村皇子（舒明天皇）は太子の遺願によって、その一一年（六三九）にこれを百済川畔に移して、その規模を大きくして、九重塔などを建てて≪百済大寺≫と名づけ、寺封三百戸を施入した。この百済大寺の造営は、書直県《フミのアタイアガタ》が大匠（工事の指揮者）であったという。（日本書紀、舒明天皇一一年七月の条）ところがその堂塔の建立に附近の子部《コベ》社の神林を切り拓いて敷地としたので祟りがあり、幾もなく寺は焼けてのち再建されたが、天武天皇に至ってさらに伽藍を高市郡に移し、これを《高市大寺》または《大官大寺》と称した。（いま明日香村の香久山東南辺、大字小山に遺跡あり）のち元明天皇が都を平城（奈良）に遷したため、この官寺は随ってまた移り、右京六条三坊、いまの奈良市大安寺町に伽藍を造営し《大安寺》と名づけた。——としている。従って奈良の大安寺をまた百済寺といっている。

即ちこの地にある百済大寺は、熊凝精舎の後身であり、またのちの高市大寺大安寺の前身でもある。

百済村のこと——

いまの大字百済は、昔の百済村と大体同様で、百済川を東に限り広瀬川を西に限っての狭長の地域である。千年の年月を経るうちに、川の流れも幾らか変ったであろうが、舒明天皇造営の百済大宮や百済大寺は、その昔この地域に、相当広い範囲に存在したことが分る。

古事記応神天皇の段に、韓人を役して作ったという《百済池》（書紀には韓人池としている）、歌枕によくでる百済野、川瀬の早かった百済川などというのは、すべてこの辺であろうし、万葉集にことさえぐ百済之原、敏達天皇の百済大井宮、天武紀にみえる吹負《フケヒ》の百済家などもみなこの地域であろう。

当時この地域に住んでいた百済帰化人たちの、高度な文化と高度な思想をもつ集団生活が偲ばれるようである。

久度神社

奈良県北葛城郡王寺町大字久度

久度神社全景

祭神は今来の神——

見たところ如何にも見劣りのする神社であるが、その由緒はまことに深いものがある。久度《クド》の神は、竈《くど》（後方に烟抜の穴を穿ったかまど）の神であって、人間生活に欠くことのできない、食のことを掌る神様である。

この神社は、現在京都にある平野神社の四祭神のうちの≪久度の神≫の元祖であり、もと百済から移住してきた≪今来《イマキ》の神≫つまり高野新笠姫（桓武天皇のご生母）の祖神を祀っていたが、現在応神天皇を主神とし春日・住吉の神を合祀している。

神社のすぐ後方には大和《ヤマト》川が流れており、この辺を≪久度の地≫といって、往時は大和川を遡った舟運の上陸地点であった。高野氏の祖神である和《ヤマト》氏も、あるいはこの地に着岸した縁故があるのかも知れない。久度の神は平安京（京都）に遷されて、平野神社となつている。

高日山秦楽寺

磯城郡田原本町旧多村大字秦ノ庄字北垣内

秦河勝の創建――

高日《タカヒ》山秦楽寺は、数ある秦河勝創建の寺の一つで、近鉄の「かさぬい」駅の西北近傍にある。境内に掲げてある「秦楽寺略縁起」には、寺の由来を要領よく伝えているので、ここにその全文を紹介しておく。

秦楽寺本堂

「当寺は大化三年（六四七）、聖徳太子の臣秦河勝公の創立せる古刹なり。寺伝を按ずるに、太子在世の頃、百済国王より西天竺仏工毘首羯磨の彫刻せる千手観音霊像を進献す。太子此を受けて河勝に賜ふ。河勝礼拝供養して歳を累ねて倦まず。時に公、地を此庄に領せらるること二十町方なるを以て、遂に七堂伽藍を建立し、本尊法楽の道場となす。是れ秦楽寺の称号ある所以なり。

秦楽寺山門

弘法大師の密教を宣伝せらるるや、来りて当寺に留錫し、境内中央に阿字池を堀鑿して法沢の流布を表示せらる。其の名著三教指帰の一書は、実に当寺にありて撰述せられたるものなり。（今本宗普伝の書之なり）

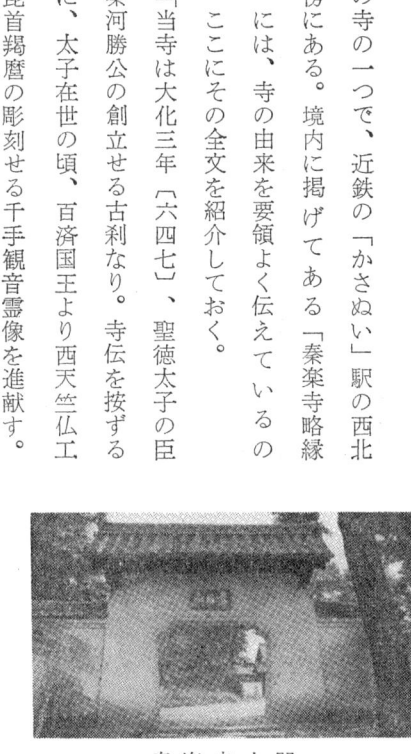

伝へ云ふ、大師撰述の時に当り、群蛙阿字池に来集して日夜喧鳴す。便ち池畔に立ちて呵止せらる。爾来鼓吹の声永く歇みて復喧鳴せず。世以て奇蹟と為す。因て亦三教池の称あり。（今存する処の阿字池之なり）降りて天正年間に至り伽藍僧房兵火に罹り、終に本堂楼門を存するのみ。（今の表門之なり）宝暦九年恵海和尚修理を加ふと雖も、惜むらく旧観に復すること能わず、以て今日に及べり。斯る古刹なれば明治二十八年〔一八九五〕三月内務省より保存資金百円を下賜され、永世修理の方法を奨励せられたり。以て今日に至る迄法燈増輝し随喜渇仰するも亦宜なり。

当　山」

右の文中に出てくる《阿字池》は今も残っていて、ちょうど蓮の花が満開している。それこそ泥から咲いた蓮の花で、極楽浄土の風景も斯くあくりなんと思える位、その美は譬えようもない。

秦　楽　寺　阿　字　池

寺の鎮守社として春日神社がある。この辺は崇神天皇がその六年〔九二〕天照大神を豊鍬入姫命につけて祭らしめた倭笠縫《カサヌイ》邑の地とも伝えている。

面　　塚

面塚

奈良県磯城郡川西村

いま奈良平野の中央部を北流する寺川の結崎《ユウザキ》の糸井社の前にかかっている宮前橋のたもとに、《面塚《メンヅカ》》の石碑が建ち、面を埋めているという。面とはいうまでもなく申楽《さるがく》（能のこと）をやるとき顔にかぶる面《マスク》のことであるが、この面と申楽の起りは次の通りである。伝説によると、

申楽の濫觴――

「欽明天皇〔五四〇～五七二〕のとき、大和の国初瀬《ハツセ》川の洪水の折秦河勝《ハタのカワカツ》が壺の中に入って流れ下りて、三輪明神（磯城《シキ》郡三輪山にある大神《オオミワ》神社のこと）辺りに来生して、のち上宮《ジョウグウ》太子（聖徳太子のこと）が天下に不安があったので、神代・仏在所の吉例に任せて、六十六番の物まねを河勝に命じ、ご自分は六十六番の面を作って、これを河勝に与えた。橘の内裏《ダイリ》（大和の国高市郡にあったという）の紫宸殿で、これを演じたところ天下は治まり国は静まった。そこで太子は末代のため、神楽《カグラ》であったのを神という字の偏《へん》を取り旁《つくり》を残して申楽《サルガク》と名づけた。……」（風姿花伝　第四、神儀云）

というのが、面と申楽の起りになっている。そもそもこの申楽は、「延年の事態」つまり長寿延年のための芸術であり、天下安全のためまた諸人快楽のため、風月の景物をかりて演ずる」（花伝書序文）ものとしている。

右のように河勝がその元祖であるが、この芸は彼の遠孫たちが相続いで、殊に和州（大和の国）江州（近江の国）において盛んになったといわれている。

諸人快楽碑

観世発祥之地　石碑

申楽の発展——

降って室町時代になると、申楽はいよいよ盛況をみせ、いわゆる能楽《のうがく》の四座が、すべてこの地域から発祥している。

即ち≪金春《こんぱる》流≫の始祖氏信《ウジノブ》は本姓を竹田と称して、河勝四四世孫にあたるという。その出身地はいまは磯城郡田原本町に入る旧平野村大字西竹田で、そこには≪金春屋敷≫を伝えており、その東の大字を「十六面《ジュウロクセン》」といっているのは、その地から申楽面十六を掘出したのでこの地名がつけられたという。

氏信の女婿に当る元清《モトキヨ》（これが有名な世阿弥《ゼアミ》である）は≪観世流≫を

大成し、彼の父清次（観阿弥）は服部氏とも結崎《ユウザキ》氏とも称し、やはり河勝の遠孫である。川西村大字結崎の出身であるため、結崎姓を名乗ったのであろう。さきほどの面塚より土手沿いに一〇〇メートルばかりの地点に《観世発祥之地》と大書した石碑が建っていて、観世流申楽の面目を残している。

金剛・宝生の二座は、金春の徒弟から岐れるが、《金剛流》の開祖は善覚《ゼンガク》といい、一名《坂戸《サカト》座》ともいっているのは、旧城下郡坂戸村から出自しているからである。《宝生流》の開祖、蓮阿弥は観世初代清次の子で、世阿弥の弟に当るから同じく河勝の苗孫ということになる。宝生流を一名《外山《トビ》座》と称したのは、旧城島村外山に何か因縁があるかも知れない。

糸井神社

磯城郡川西村大字結崎市場

祭神は韓神――

近鉄「ゆうざき」駅の西約一キロ。

式内旧村社で、一名《春日社》ともいい、祭神未祥といっているが、これは天日槍《アメノヒホコ》の一統でこの地に居住していた糸井造《イトイノミヤツコ》がその祖神を祀ったものであろう。

糸井神社

姓氏録　大和国諸蕃に

絲井造。三宅連と同祖、新羅国人天日槍命の後なり。

としており、三宅連の祖は田道間守《タジマノモリ》で、彼はまた天日槍の玄孫にあたる。こうした一連の関係から推して、但馬の国養父郡絲井郷から大和の国城下郡（磯城郡の前身）の地に、一派が分かれて移住してきたものと考えられる。

この地一帯は《大和《ヤマト》水瓜《スイカ》》の名産地で、神社拝殿正面に、「天保十三年」の年号が入っている西瓜を割っている場面のある絵馬図が懸っている。結崎はまた観世流能楽の発祥地として知られ、その開祖である秦氏一統もこの附近に移住していたことが分かる。

絵馬図

唐古池

磯城郡田原本町

唐　古　池

韓人《カラコ》の池――

磯城《シキ》郡田原本町に入る旧川東村の大字に唐古があり、部落の東南端に先年多くの石器・弥生式時代遺物を出して、急に世人の注目をひいた≪唐古《カラコ》池≫がある。近鉄「いわみ」駅の東、寺川を渡って約一キロの地点である。

応神紀七年〔二〇七〕の条に、

「九月、高麗人・任那人・新羅人が来朝したので、武内宿禰に命じ諸韓人を領いて池を作らせ、これを≪韓人池≫という」

とあることからすれば、唐古《カラコ》池は韓人《カラコ》池とすべきである。ただ古事記の応神段には、

「新羅人が渡って来たので、建内宿禰命が引率して、堤・池に役し≪百済池≫を作る」

としている。

唐古停留所

新羅の人が百済の池を掘るのもおかしいが、要するに高句麗・百済・新羅からの帰化人たちを動員して、その労力を使役して池や堤を作り、農耕に便しまた洪水に備えた。唐古池は当時の遺構の一部であろう。

飽波神社

生駒郡安堵村大字東安堵字飽波

飽波漢人の本拠——

橿原線「ひらはた」駅の西約三《アクナミ》キロ。この辺一帯は、いわゆる《飽波漢人》の居住していたところである。

この飽波漢人はしばしば記録に出てはいるが、それらしき史上の人物は現われていない。即ち、坂上系図に

仁徳朝、挙落随来の漢人の一に、飽波村主《アクナミのスグリ》云々。

元正紀　養老六年〔七二二〕三月の条に

雑工の近江国飽波漢人伊太須《イタス》云々。

正倉院文書、宝亀二年〔七七一〕三月の項に

大和国平群《ヘグリ》郡の飽波郷にいた飽波漢人云々。などがそれである。神護景雲元年〔七八七〕四月に飽波宮に幸すと見える宮はこの地にあったであろうか。

飽　波　神　社

額　安　寺

額安寺

奈良県大和郡山市旧昭和村額田部寺方

熊凝精舎の跡——

額安寺は、近鉄橿原線「ひらかた」駅の西南約一キロのところにある。はじめ聖徳太子の発願によって、額田《ヌカタ》部《ベ》に建てられた≪熊凝《クマゴリ》精舎《ショウジャ》≫を、太子の詔によって、大和の北葛城郡百済川の河畔に移して、従前より規模を大きくして、書直《フミのアタイ》県《アガタ》（帰化人系）が大匠《オオタクミ》となって造営し、これを≪百済大寺≫と名づけた。この百済大寺は、のち飛鳥《アスカ》に移って≪大官大寺≫となり、さらに奈良へ移って≪大安寺≫となるのである。

天平の初め〔七三〇年のころ〕名僧道慈《ドウジ》和尚が旧熊凝精舎址に建てたのが、いまの≪額安寺≫であるが、いまは荒れ放題の廃墟と化し、本堂に安置されてあった仏像も奈良博物館に移管され、全くの空家と化している。

道慈和尚は、続日本紀にその伝記が詳しくのっており、帰化系

出身と思われる。聖武紀　天平一六年〔七四四〕一〇月の条に、

「律師道慈法師卒す。俗姓額田氏、添下郡人なり」

としており、姓氏録、大和国諸蕃の部に

額田主《ヌカダのス》村《グリ》。呉国人、天国古之後也

としている。額田部と称する氏および地名は、各地に多くあるが、この大和の国における額田村主は、和名抄に平群《ヘグリ》郡額田部とする地にいた呉人系であろう。してみると、道慈和尚は呉人の血筋をひいているとみえる。

荒れ果てた寺院の境内には、≪額安寺手水≫と刻した手水鉢が、当時の名残りとして残っている。額安寺に隣接して、鎮守神の推古神社が厳然と控えている。この辺に額田部皇女の居所があったであろうか。

手水の石鉢

土舞台

奈良県桜井市大字谷

伎楽の伝来――

日本の古代音楽、つまり今日行われている雅楽の源流が、大陸の呉楽と半島の三韓楽（実は三国の高句麗楽・百済楽・新羅楽であるが）に由来することは申すまでもない。

新羅楽は、日本の允恭天皇四二年〔四五三〕天皇崩御のとき新羅の王が種々の楽人八十と調《みつぎ》の船八十艘を贈った（日本書紀）ことが伝来の最初である。百済の音楽は欽明天皇の一五年〔五五四〕楽人（うたまいのひと）施徳《シトク》三斤《サムゴニ》・季徳《キトク》已麻次《コマシ》・季徳《キトク》進奴《シニヌ》・対徳《タイトク》進陀《シニタ》が来朝し、彼らの請願によって交代せしめた（日本書紀）とあるから、何時のころだか判然としないがとにかくそれ以前に楽人がきていたことが分る。高句麗音楽の伝来だけは、日本の正史に記録がない。天武天皇〔六八四〕・持統天皇〔六八七〕のころになると、しばしば新羅・百済・高麗《こま》（高句麗のこと）三国の楽を奏す――という記録があるから、それ以前に高句麗の音楽も入ってきたことは確かである。

これ以後も半島の三国からは、多くの楽人と楽器が伝来し、のちに大宝律令下で《雅楽寮》が設置され、次第にその制度が確立するようになった。今日なお残っている百済琴《くだらごと》（実物が奈良の正倉院に保存されている）新羅琴《しらぎごと》（伽倻琴のこと）高麗笛《こまぶえ》などは、みなそのころの名残りである。

日本儛楽の開祖は百済人――

大和の国（奈良県）磯城《シキ》地方には、古来韓漢帰化人の系譜に沿って、儛楽についての一つの逞しい伝統が流れている。

先ず雄略紀　一一年（四六七）秋七月の条に、

「百済の国から逃げて来化した者がいた。自ら名乗って貴信《クイシン》といった。また貴信は呉《クレ》の人ともいった。盤余《イハレ》（地名）の呉の琴弾《ことひき》の壃手屋形麻呂《サカテのヤカタマロ》らはその子孫である」（日本書紀　巻一四）

という記事があるが、「イハレ」というのは磯城郡の西南部から高市郡東北部に跨がった広域の地名で、その「サカテ」はいまの橿原市、旧耳成《ミミナシ》村大字中に式内社坂門《サカト》神社のあるところ辺りであろう。テとトは音が通ずる。

次に推古紀　二〇年（六一三）の記事には、

「百済人味摩之《ミマシ》が帰化して、〝呉《クレ》に学んで≪伎《クレ》の楽儛《ウタマイ》≫を習得した〟と申した。そこで桜井（奈良県磯城郡）に居らしめて、少年を集めて伎の楽儛を習わしめた。真野首弟子《マノのオビトオトコ》・新漢斉文《イマキのアヤサイモン》の二人も習ってその儛を伝えた。これは今の大市首《オオチのオビト》・辟田首《サキタのオビト》らの祖である」（日本書紀）

と書いている。この百済人味摩之《ミマシ》こそ、日本における伎楽儛の開祖である。彼に師事して伎楽を習った二人も、同じ任那系の帰化人であり、大市は城上《シキのカミ》郡大市郷（いまの大三輪町の北部）で辟田は城上郡辟田郷（いまは桜井市に入る）の地に縁故があろうか。

土舞台は雅楽発祥の地——

以上のように、この地一帯は一流の外来音楽家たちが集中して、正に今日でいう音楽センターを形成していた。百済の人味摩之が子弟たちの音楽教育を施していた場所が、写真にみる《土舞台》である。いまは桜井市の児童公園になっている丘の上がちょうどその場所である。この土舞台はいわば当時の国立音楽学校であり、味摩之はさしずめその校長か楽長ということになろう。この光景を聖徳太子が台覧されたという《歌見田の地》も、土舞台の東辺、寺川の畔に残っている。

土舞台全景

さきに出てきた《雅楽寮》は、かずかずの楽師・伎楽師・楽生たちをおいて、一時はさかんであったが、それも延暦年間に入って廃止され、その後はここの城下郡杜屋《モリヤ》村に《楽戸郷》があって、宮廷の必要に応じてこの地から楽人が出仕したことが窺われる。（延喜雅楽寮式）

飛鳥寺本尊　飛鳥大仏（高市郡明日香村）

西紀 596 年（推古天皇 4 年）より着工して 606 年（同14年）飛鳥寺金堂に安置した日本最古の仏像。鞍作止利の作。彼は南梁の帰化人司馬達等の孫で一般に「止利仏師」と呼ばれている有名な彫刻家である。

〔本文　194 ページ〕

飛鳥地方

〔概　説〕

飛鳥地方と飛鳥時代――

飛鳥《アスカ》地方とは、飛鳥川の水源地域からその流れに沿って、耳成山《ミミナシ》以南、東の香久山《カグ》と西の畝傍山《ウネビ》の、いわゆる《大和三山《ヤマト》》に囲まれた一帯の地方で、今は奈良県高市郡明日香村になっている。大和平野の南部にあたり、山は高からず木も多からずといった、見るから平和な寂莫としたところである。

飛鳥川の流れは、何だか痩せ細ったような少い水量ではあるが、上代の歴史を今なお伝えているかのように、石も水も実に綺麗な川である。《アスカ風景》とか《アスカ情緒》とかの、独特な表現が出てくるのも、この辺の自然が生んだ当然な用語のように思える。

この飛鳥が政治・文化の中心であった時代は、日本の文化史上全く特異な光彩を放っており、その時代区分は論者によって多少違うけれども、おおかた推古天皇（女帝）が飛鳥豊浦宮に皇居を定められてから元明天皇が平城京（奈良）へ遷都されるまで、九代（うち女帝四代）約一〇〇年を指すとしたらよいだろう。その間、日本の皇居は殆んどこの飛鳥地方に置かれた。即ち

推古天皇（五九二～六二八）飛鳥豊浦宮および小墾田宮

舒明天皇（六二九～六四一）飛鳥岡本宮

皇極天皇（六四二～六四四）飛鳥板蓋宮

斉明天皇（皇極天皇重祚 六五五〜六六〇）飛鳥板蓋宮・飛鳥川原宮
天武天皇（六七二〜六八六）飛鳥浄見原宮
持統天皇（六八六〜六九七）藤原宮（高市郡鴨公村）

の通りであるが、元明天皇（七〇七〜七一三）のとき、始めて藤原宮から平城宮へ遷都された。

この飛鳥時代は日本の文化史上劃期的な時代を劃し、特に仏教美術の花を咲かせた時代である。飛鳥時代は世にいう《飛鳥文化》を産んでおり、その飛鳥文化はある意味において日本文化の出発点であり、飛鳥地方はまた飛鳥文化の発祥地である。それというのも、この地には大陸文化の直接移入者である漢韓帰化人たちが、早くから移住していたからである。

飛鳥文化と漢韓帰化人――

上述したように、飛鳥文化の二大支柱は仏教と漢学であるが、これらはみな三韓の百済から伝来したことはいうまでもない。では飛鳥時代に三韓から渡来した漢韓人たちの活躍振りを、少し覗いてみることにしよう。

応神天皇のころ、阿知使主がその族党および十七県の人民を率いて渡来し、畝傍の南方桧隈《ヒノクマ》地方に居住した。彼らを王仁《ワニ》の子孫が河内に定住して《西文氏《カワチのフミ》》といったのに対して、《東文氏《ヤマトのフミ》》と呼んでいたことはすでに述べた。この一族は、次第にその数が殖え、また彼らを頼って新規に移住してくる人たちが殖えたので、狭い桧隈《ヒノクマ》地方まで居住地が拡大されるようになった。ひところ高市郡の人口十中八〜九はみなこれら移住民で、現地人は僅か一〜二を越えない状態であった。（続日本紀　光仁天皇宝亀四年〔七七三〕坂上苅田麿上表）というから、如何に漢韓人が圧倒的な地位を占めていたかが想像される。高市郡を今来《イマキ》郡と呼び、これら新来者の集団居住地であることを明示していたわけである。

これら東文氏族は文筆に明るいことから、国家財政の根幹である三蔵のうち、内蔵《ウチクラ》（宮中の財務を掌る）と大蔵《オオクラ》（国庫の財務を掌る）の官吏として登用され記録・計算のことを担当していたので、直接その監督官である蘇我《ソガ》氏とは、密接な関係が出来ていた。こうした事情の下に、仏教受容については大いに積極的であった蘇我稲目《イナメ》は、ついに畝傍に近い蘇我の故地を捨てて東の方の飛鳥の地を選んで、新しい根拠地を作ったので、帰化人たちとの結托はいよいよ不可分な関係に発展していった。このように大陸文化を吸収し、国内経済を掌握していた蘇我氏は、馬子《ウマコ》（稲目の子）の代に国都までこの飛鳥に遷すことに成功したのである。

権勢と財力を握っていた蘇我氏は、次第に横暴な振舞いに出るようになり、馬子の孫入鹿《イルカ》の代になると、飛鳥の甘橿岡《アマカシ》に恰も宮廷宮門に擬えた邸宅を構え、自らの家を≪御門《ミカド》≫と称し子女たちを≪王子《ミコ》≫と呼ばせ、専横の限りを尽すに到り、結局入鹿は中大兄皇子と中臣鎌足《ナカトミのカマタリ》の共同作戦によって皇極四年〔六四五〕誅伐されてしまうのである。

そのころ蘇我邸宅に伺候するものは、阿知使主の一族である漢直《アヤのアタイ》らであり、入鹿の殺された後、その父である蝦夷《エミシ》を擁して兵を挙げんとしたのもまた漢直らであった。しかしこの叛乱だけは説得されて中止し、蝦夷は遂に自刃に果てるのであるが、自分たちの保護者であり頭目であった蘇我氏の滅亡は漢直らにとっては複雑な心境にあったと思われる。彼ら漢直と密接な関係にあった太子（中大兄皇子）の兄古人大兄皇子《フルヒトのオオエ》は、ついに剃髪して吉野宮に隠遁し、のちにとうとう謀反のかどで暗殺されてしまうなどは、こういった複雑な事情の現われである。

とはいっても、漢直らを中心とする漢韓帰化人たちが、知識人としてあるいは技術人として、大いに文化を普及し産業を興隆せしめた功績は、偉大なりと言わなければならない。さきの歌詠文学は言うに及ばず、歴史の編纂から律令の整備まで、彼ら帰化人の力量は最高度に活用された。かって推古一六年〔六〇八〕の遣隋留学生・学問僧であった南淵漢人請安《ショウアン》・高向漢人玄理《クロマロ》・新漢人日文《イマキニチモン》・倭漢直福因《ヤマトフクイン》・奈羅訳語恵明《ナラオサエミョウ》・新漢人大国《オオクニ》・志賀漢人恵隠《エオン》・新漢人広斉《コウセイ》らが、例外なく漢韓帰化人であった一事だけでも、充分察することができよう。このうち日文・玄理は帰朝して大化改新の最高顧問として活躍するのである。

次に仏教美術のことであるが、仏教が公式に伝来されたのは、欽明天皇一三年〔五五二〕に、百済の聖明王が仏像・経論を献じたことに始まる。それから約五〇年ののち、推古天皇の時代に聖徳太子が摂政となって仏教を盛んにした。当時建立されたいわゆる《飛鳥七大寺》というのは、難波の四天王寺・大和の法隆寺・中宮寺・橘寺・池後寺《イケジリ》・葛城寺《カツラギ》・山城の蜂丘寺であるが、何れ劣らぬ名刹ばかりである。

この時代は、日本美術史上に最初に曙光を放ったいわゆる《飛鳥式芸術》の現われたときである。そのころ中国では六朝《りくちょう》の末期で南北朝に分かれていたころで、仏教が東伝するとともに西域地方の感化を受け、従来の漢文化を折衷した様式が生まれ、それが百済を通じて仏教とともに日本に入ってきたのである。

建築物として当時の遺物は、法隆寺がよい実例で、その様式はいわゆる《百済様式》と呼ばれ、全体の荘厳美、左右の均整美は明らかに大陸の影響が認められるといわれている。彫刻としては、法隆寺の金銅薬師仏・金銅釈迦三尊・夢殿の木造観世音菩薩・一般に百済観音といわれる木造観世音菩薩像などが有名である。また大和中宮寺の弥勒菩薩・山城広隆寺の如意輪観音などは、木彫仏の極致といわれている。当時の仏師は、中国や三韓からの帰化人が多く、これらの仏像は直接間接にみな帰化人仏師の影響を受けていることは事実である。当時の代表的作者は帰化人司馬《シバ》達等《タツト》の孫鞍作首止利《クラツクリのオビトトリ》（止利仏師と呼ばれる）であった。

ともあれ飛鳥文化の大半は、これら帰化人の漢民族と三韓人の合作であると言い切っても聊さかも過言ではない。

飛鳥文化の特徴——

飛鳥文化といえば、先ず浮かぶのは華やかな仏教文化であり、美しい詩歌文学であり、多くの石造物や古墳の遺跡である。

飛鳥地方には仏寺およびこれに属する事物が実に豊富に遺っている。前にもふれたように、日本に仏教が公式に伝来する前、すでに私的に伝わってきたのは大分古い時代であり、しかも何回かたびしげくあったと思われる。それはみなこの飛鳥地方に運ばれてきたのであり、欽明天皇のころ、百済の聖明王が仏像・経論を献じたことから始まる仏教公伝の際も、その受入れに対して蘇我・物部両氏の間に、賛否の訌争があった幕裏の舞台も、この飛鳥地方であった。

勿論これらは、飛鳥時代に入る以前の出来ごとであるが、仏教の受入れは皇室の意向が最初から歓迎的態度であったので、積極論者である蘇我氏の勝利に帰するわけである。その後、蘇我馬子《マコ》はその妹の出である推古天皇をこの地に招いて、飛鳥京を作ってからは、仏教国策はもはや決定的となり、摂政の聖徳太子がまた特別な信仰をよせていたので、三韓から高僧を招聘して仏寺の建立に力を用いるようになった。この結果飛鳥地方には、勅願寺やこれに準ずる寺院がどしどし建てられ、諸豪族も競って氏寺を建てるに至って、皇室や貴族で仏教に帰依する者多く、一般の信者も急激に殖えてきたので、推古末には寺四六カ所、僧八一六人、尼五六九人を数えたと推古紀にしるしている。

こうした仏教の隆盛は、信者である皇族や豪族の中から殉教者まで出すようになり、孝徳天皇はついに仏教を正教と宣せられ、持統天皇の如きは仏式による茶毘《ダビ》（火葬のこと）に附する恒例を始められた程であった。後年における奈良朝の仏教国家出現は、実にこの時の基礎から延長されたものだと言っても過言ではない。

仏教の興隆は、単に宗教的信仰の感銘のみならず、当然これに伴って、寺院の建築、仏像の造立、塔婆・燈篭の建立など仏教美術の興隆も併行した。そしてこの分野は、三韓から渡来した仏師・瓦工・画工たちの担当する任務であった。彼らの貢献は、日本の文化様式や国民生活に長足の進歩を遂げさせたことは言うまでもない。しかし不幸なことに、寺院などの建造物は用材が木材であるため、当時のものは殆んど消え失せてなくなり、ただ僅かばかりの仏像をはじめ古瓦や礎石、石塔や燈篭などが残っているだけである。

飛鳥時代の詠歌といえば、万葉集などに出てくる、あの素晴らしい数多くの歌が思い出される。

三諸《ミモロ》の神奈備《カンナビ》山に、五百枝《いほえ》さし繁《しじ》に生ひたる　樛《つが》の木のいやつぎつぎに　玉葛《たまかつら》絶ゆることなく　在りつつも止まず通はむ

明日香《あすか》の古き京師《みやこ》は　山高み河とをじろし　春の日は山し見が欲《ほ》し　秋の夜は河し清《さや》けし　朝雲に鶴《たづ》は乱れ　夕霧に蝦《かわず》はさわぐ　見る毎に哭《ね》のみし泣かゆ　いにしえ思へば

この歌は、都が飛鳥から奈良に遷された直後に、山辺赤人《ヤマベのアカヒト》が神岳《カミオカ》という山に登って、懐古の情を吐露したものであるが、今も飛鳥川の河畔路を歩いていると、往時の古京の姿があれこれと浮かんでくる。日本文学でいう「物のあわれを催す」とは、このことであろうか。

思うにこういった詩歌の出現は、文学の伝来によってもたらされたかたくなな儒教思想が、山水も人心も秀麗な飛鳥情緒によって、次第にやわらかい文学に移っていったことによるのであろう。一面また漢字がやがて万葉仮名に発達し、ずっと降って片仮名、平仮名になるわけであるが、こうした漢文の日文化も大いに作用したことであろう。

飛鳥地方には不思議な位、石造物が多い。あるものは巨石に幾何学的な工作を施して あり（酒船石）またあるものは獣類の風貌をしているもの（亀石）、怪奇な人面をしているもの（道祖神石像）、人面獣身のもの（吉備姫王墓《キビのヒメミコ》の人猿石像）、人面か獣身の見別けのつかぬもの（須弥山石像）、何物かを象徴したもの（鬼の俎《マナイタ》・鬼の厠《セッチン》）など、実に多種多様である。

なおこの地方における古墳にも例外的な巨石をたくさん使用しているのがある。（石舞台古墳・丸山古墳・菖蒲池古墳など）これなどもあるいは、上述の石造物と同じく、自然石を使う古来の慣習と何か関係でもあるのであろうか。しかしこの地方と雖も、岩石などの自然神崇拝的原始宗教から、神社や仏寺などの人格的崇拝に移行するのであるが、これも帰化人たちがもたらした大陸文化の影響であることは間違いない。

飛鳥地方の縁故遺跡

軽《カル》島の豊明《トヨアキラ》宮趾——　橿原市旧高市郡畝傍町大字軽

軽島　豊明宮趾

見瀬の町の東南方、小高い台地に竹藪まじりの森の中に、鎮守の神として《春日社》がある。その社前の広場に「応神天皇軽島豊明宮趾」と刻んだ石標が建っている。

この地は、応神天皇（第一五代）が天下を統治しまた崩御された豊明《トヨアキラ》の宮趾で、そのころ百済から阿直岐《アチキ》が来り、続いて王仁《ワニ》が論語、千字文などをもってきて皇太子に授けたところである。また阿知使主が、その族党および十七県の人民を率いて来朝したところでもある。従って往時、この近辺には多くの帰化人たちが住んでいたことが想像される。

厩坂《ウマヤザカ》址——　橿原市旧高市郡畝傍町

近鉄「かしはらじんぐうまえ」駅の東方、前記豊明宮趾の北方あたり。応神紀一五年〔二八四〕八月の条にみえる、

「百済の王、阿直岐をして良馬二匹を貢らしむ。即ち軽の坂の上の厩《ウマヤ》に養い、因って阿直岐に掌り飼わしむ。故にその馬を養いし処に号けて《厩坂《ウマヤザカ》》という」

その厩坂の址である。ここから程遠くないところにはまた、奈良興福寺の前身である《厩坂寺》や欽明天皇の《厩坂堂》もあったわけである。

石川精舎《イシカワショウジャ》跡――　橿原市石川町

石川精舎址（馬子塚）

豊明宮趾から低い田圃を距てて、丈六の東、大軽の北にあたる小高いところに、榎《モチ》の巨木が立っている一軒の民家がある。ここが、敏達紀一三年〔五八四〕九月の条に出てくる、

「百済から鹿深臣《カフカのオミ》がもってきた弥勒の石像一軀と佐伯連《サエキのムラジ》がもってきた仏像一軀」

を、蘇我馬子が請い受けて、己れの石川宅の東方に仏殿を造って安置し、帰化人司馬達等の娘善信尼《ゼンシンニ》や禅蔵・恵善の二尼をして奉仕させたという《石川精舎》の跡である。

いまは名ばかりの《本明寺》と称しているが、当時の「仏法の初、茲より作《オコ》れり」とした権威は、影にも見えない位に寂しい。この場所を中心に、馬子は鞍部村主司馬達等・池辺直氷田・高麗僧恵便・司馬達等の女嶋（善信尼）

・漢人夜菩《ヤホ》の女豊女（禅蔵尼）、錦織壺の女石女（恵善尼）らの帰化人とともに、大いに仏法修行に励んだことであろう。

南淵請安先生之墓―― 明日香村旧飛鳥村大字稲淵

飛鳥川の上流である稲渕川の左岸、山裾にある竜福寺近くに、《セイサン塚》という丘陵状の台地があり、その上に請安《ショウアン》先生の墓がある。請安は、この南渕に住んでいた帰化漢人の一人で、学問僧として隋に留学したこともあり（推古紀一六年〔六〇八〕の条）帰国してから中大兄皇子と中臣鎌子（のちの藤原鎌足）に周孔の教（周王と孔子の教え）を授け（皇極紀三年〔六四四〕の条）のちに大化改新の重要な顧問もした学者である。

南淵請安の墓

飛鳥川もここら辺の上流になると、流れは相当急になり、岩を噛み岸に激して轟々と流れている。この辺一帯は雄略天皇〔四五七～四七九〕のころから、帰化人たちが多数集団して居住していた所で、今来郡の中心部であり、その住宅用材・薪炭材料に両岸の山林が濫伐され河床を荒していたので、後に稲渕山草木伐採の禁止令が出た位である。

世の中は何か常なる飛鳥川
　昨日の渕は今日の瀬となる（古今集雑歌）
のような類似歌が、繰返し歌われている。

坂田寺址――（旧高市郡）明日香村

百済の聖明王が仏像・経論を日本の皇室に献じた、いわゆる仏教の公伝以前に、実際に日本に仏教が伝わったのは、六世紀はじめに中国の南梁の司馬《シバ》達等《タット》が、大和の国坂田原に寺を建て仏像を安置して教化に従事したのが始まりであるとされている。いまも明日香村の大字に坂田の故名が残っており、遺瓦を出土している《坂田寺址》がある。

元亨釈書に

「継体朝〔五〇七〜五三一〕シナの南梁人司馬達等は和州高市坂田原に草堂を結んで奉仏した」

用明紀二年〔五八七〕の条に

「鞍部多須奈（達等の子）が造った南淵《ミナフチ》の坂田寺……」

推古紀一四年〔六〇六〕の条に

「鳥（達等の孫）の作った南淵坂田尼寺こと金剛寺……」

などは何れも坂田寺の所在を物語っている。ここで達等《タット》父子に

請安先生の墓石

坂田金剛址

まつわる信仏哀話を一つ紹介してみよう。

僧侶多須奈の父は、司馬達等である。達等はもと大唐の人で、百済仏教の公伝以前、継体天皇の一六年〔五二二〕に日本に渡来して、（恐らく三韓の地を経由したであろう）大和国高市郡坂田原に草庵を結び、仏像を安置して自ら帰依して礼拝したけれども、世間ではみな大唐の神として信ずる者がなかった。（扶桑略記　第三）

彼は殊更に熱心な仏教信者で、その後推古天皇の時代に、聖徳太子や蘇我馬子を援けて仏法の興隆に力を注ぎ、また自分の子女二人（多須奈・善信尼）とも出家させて、（日本書紀）仏門に献身させたほどである。用明天皇のとき、たまたま流行していた疱瘡病に罹り、ついに治りきらず、天皇や太子の愛惜を蒙りながら、異国の空で淋しく死んでいった。

息子の多須奈は、妹の善信尼が出家した後、父の代からあった飛鳥川の畔、坂田原にある草庵を守っていた。仏心の熱い彼は、天皇が発病されたと聞いて、さきに同じ病気で命を奪われた父の死を思い出すにつけ、この病が施す術のない悪疫であることを誰よりもよく知っていたので、限りない憂愁の思いに沈まざるを得なかった。

父達等の来朝以来、数々の優渥な皇恩に報いるのはこの時とばかり、自分の及ぶ限りの資力をもって木彫の丈六仏とその両脇士を造り、朝に夕に天皇の難病平癒を懸命に祈願申し上げた。

この殊勝な念願は、やがて太子の耳にまで入った。太子はそれが異国人による必死の至誠であるだけに、一層感激された。しかし内外国人のこのような悲願をよそに、限りある人命は天寿と雖も如何ともしがたく、天皇はこの年の四月、ついに崩御された。

酒　船　石

酒船石――

岡寺の北方、小高い丘上に横わっている。〃里人は昔の長者の酒造石といい伝えて〃（本居宣長の菅笠日記）とあるように、今でも≪酒船石≫とそのまま呼んでいるが、これは恐らく製油用の石臼であろうと思われる。この飛鳥の地には仏寺・神社・民家の多かった所であり、これらの燈火用や帰化人たちの食用の油を大仕掛に搾っていたのではなかろうか。

昔はもつと大きかつたものを附近の≪高取城≫建築のさい石のへりを取つて使用したため小さくなつたといわれ、それでも長さ約四メートル、幅は広いところで二メートルもある平たい巨石に、数ケ所のまるいくぼみを彫り、それをまた数条の溝でつないでいる。この石の下《しも》を受けて、下方に続く溝を竪《たて》に中央に通じた巨石は三〇〇メートル下の方の飛鳥川沿岸にまで続いていたというからいよいよもつて不可解な石である。

飛鳥寺（法興寺）址――

飛鳥大仏

日本書紀によると、用明天皇の二年〔五八七〕、聖徳太子と蘇我馬子が物部守屋討伐に当り、勝利祈願の縁によって、太子はその本尊四天王を祀って《四天王寺》を建てられ、馬子はまた諸天王と大神王を祀るためにこの《法興寺》を建てた。崇峻天皇の元年〔五八八〕、その工を始めるときに、百済から寺工・鑪盤博士・瓦博士・画工らが来朝し、その本尊大仏の鋳造に当っては、高麗《コマ》王から黄金三百二十両が贈られた。寺はこれら百済工人の設計と工伎を俟って進められたものである。同三年の冬には、山から木材を採り、五年一〇月には仏殿と歩廊の建築に着手し、翌年即ち推古天皇の元年には、心礎に舎利を納めて刹柱を立て、四年には寺を造り終えて、馬子の子善徳《ゼントク》臣が寺司となり、高麗僧恵慈《エジ》と百済僧恵聡《エソ》が寺に住持した。

一三年に至って、天皇は太子聖徳、大臣馬子、諸王諸臣に詔して誓願を立て、鞍作《クラツクリ》鳥仏師（帰化人司馬達等の孫）に命じて銅と繡と二軀の丈六釈迦像を造らせた。同一七年に完工した金銅丈六仏像を、この寺の金堂に安置し、《元興寺《ガンゴウ》》と呼んだ。このとき金銅仏がとても大き過ぎて、仏堂に入りきれないので、鳥仏師は機智をもって仏堂の扉を壊さずにうまく納めたという有名な話が残っている。鳥仏師には、その功を賞め近江に水田を賜われた

――としている。

話の筋は兎も角として、いまその一部を遺存する日本最初の丈六金銅仏は満身創痍で残っている。寺院の庭には槻の並木があって、ここで≪打毬《うちまり》≫が行われ、中大兄皇子と中臣鎌子（のちの鎌足）とが親交を結ぶ契機が作られたと伝えている。

和銅三年〔七一〇〕、平城遷都につれて、この寺もその後別院を奈良に建て、これを元興寺といい、その壮大な規模は一時興福寺と拮抗するまでになっていたという。

しかしこの奈良の新寺は平安朝に入って仁和三年〔八八七〕烏有に帰し、飛鳥の旧寺また建久七年〔一一九六〕堂塔残らず雷火のために焼失してしまった。江戸の幕末になって、漸やく仮堂が建てられ、旧基壇の上に由緒深い本尊飛鳥大仏を再び安置せしめた。これが現在の≪安居院《アンゴイン》≫本堂であり、飛鳥寺址とされている。

平城遷都とともに、日本の政治・文化の中心は飛鳥を去って奈良へ移っていった。

古里の飛鳥はあれど青丹よし　奈良の飛鳥し見らくしよしも（万葉集）

この歌によって、新旧両京の盛観が窺われる。

法興寺打毬の地

桧隈地方風景

於美阿志神社

奈良県高市郡明日香村（旧坂合村大字桧前）

飛鳥漢人の根拠地　檜隈地方――

近鉄吉野線で「橘寺《タチバナデラ》」駅を降りる。この地点から東と南の方は、小高い丘陵地帯になっていて、昔は桧樹が繁茂して深い蔭を作っていたというので、この地一帯を《桧隈《ヒノクマ》》と呼んだそうである。

応神天皇のころ、百済から阿知使主《アチノオミ》が一族および十七県の人民を連れて渡来し（日本書紀巻一〇）詔によって、この地高市郡桧前《ヒノクマ》村に居地を賜わったので、根をおろした彼らの子孫たちが大いに繁衍したところである。その後雄略天皇のころ、身《ム》狭村主《サノスグリ》青《アオ》らを派して呉《クレ》の国から招聘した手末才伎《タナスエノテビト》の漢織《アヤハトリ》・呉織《クレハトリ》・衣縫兄媛《キヌヌイエヒメ》・弟《オト》媛《ヒメ》らの漢人たちも、この地方に住んで大いに飛鳥時代の工芸文化を振興したところでもある。

今は丘陵地帯にさしたる樹木もなく、低地も殆んど水田になって、見渡す限りのどかな農村風景である。田圃のここかしこに立っている稲叢《いなむら》の形式も、全く韓国風であることはまた格別に身近な因縁を感じる。

於美阿志《オミア》神社――

於美阿志神社

「橘寺」駅から桧隈川に沿って一キロばかり町上り、たんぼの中のだらだらした桧隈坂をさらに登ると左側の丘の上に、老樹のこんもり生い茂った森が目につく。

この森の中に式内社於美阿志《オミアシ》神社がある。「おみあし」とは「あちおみ」の転訛であって、言うまでもなく倭漢《ヤマトのアヤ》氏族の祖である阿知使主夫妻を祀っている。阿知使主の歿後、彼の徳を慕って、一族や地方人たちによて奉祀したもので、天武紀朱鳥元年〔六八六〕八月条にすでに見える桧隈寺趾も、神社に隣りして遺っている。

檜隈《ヒノクマ》寺址――

隣接の境内にある桧隈寺址には現在、平安初期造立とされる十三重石塔婆〔上部を欠きいまは九重。重要文化財

桧隈寺址　十三重塔

に指定されている）をはじめ、礎石などがまだ残っており、東塔址・金堂址・西塔址などの跡も留めている。創立年代は明らかでないが、恐らく漢人たちの定着以後、仏教の伝来とともに、その族人たちによって開創したものであろう。近年になって、永正一一年〔一五一五〕の銘が入っている、この寺の後身である道興寺の鐘が、河内の八尾近辺で発掘されて現存しているので、少くも室町時代までは寺運が保たれていたとすべきであろう。

なお於美阿志神社の東方数町、呉原《クレハラ》（今は栗原と書く）に、前記の漢織・呉織らを祀っている式内の≪呉津《クレツ》孫《ヒコ》神社≫がある。

呉津孫神社

八坂の法観寺五重塔夜景（京都）

一般に「八坂の塔」と愛称されている法観寺五重塔は京都随一の名所である。この寺や塔は往昔この地八坂郷に住んでいた高句麗族の裔　八坂造によつて造立されたものである。

〔本文　204 ページ〕

京都およびその周辺

〔概　説〕

千年間の国都　平安京――

京都は、今からちょうど一一七〇年前の桓武天皇延暦一三年〔七九四〕、この地に程近い長岡京から遷都したいわゆる《平安京》であって、明治の初年〔一八六八〕まで千年余りの間、日本の王城の地であった。

この平安奠都が断行されてから二〇年後の、弘仁六年〔八一五〕に撰上された「新撰姓氏録」には、京都の左京（上に三五氏、下に三七氏）、右京（上に三九氏、下に六三氏）の外に、山城国諸蕃としてのせているもの二二氏、さらに未定雑姓に一括されている中にも山城国諸蕃と思われるものが数氏混っている。これらの帰化族は、平安京が造営される以前におけるこの地の文化・産業を始め開拓の主人公であった。

平安京造営と帰化人――

長岡京の造営が、帰化族秦《ハタ》氏の外孫である藤原式家の種継《タネツグ》を中心にして、地元および近郷における多くの帰化人たちの協賛によって推進されたように、平安京の造営もまた、同じ秦島麻呂《ハタのシママロ》の娘を室にもつ藤原北家の小黒麻呂《オグロマロ》を中心にして、多くの帰化人たちの協力によって実現されたといってもよい。種継は長岡造営の途中、不幸政敵のために不慮の死を遂げているが、小黒麻呂はまた葛野《カドノ》相地（地形を検べること）の後、一年半にして薨じていることも何か似通っている。
長岡京は僅か一〇年で終っているが、それでもこの旧京を抛棄して、平安新宮への遷都を決行したことは、大英断であり大事業であることはいうまでもない。この大事業に参劃した人物とその周辺を、帰化人との関連を焦点にして、少しばかり追ってみよう。

延暦一一年（七九二）、桓武天皇は数回に亘って北山城の葛野地方に狩猟されており、翌年の正月には早くも大納言藤原小黒麻呂をして、葛野郡宇太村の地を相せしめているのをみると、これは天皇生来の趣味である単なる遊猟ではなく、遷都のための下検分であったと察せられる。

造営作業の途上一三年の七月、初代造宮使長官であった小黒麻呂は病に倒れ（六二歳）、その後を継いだ和気《ワケの》清麻呂《キヨマロ》は、初めての造宮職として専ら造営のことに専念した。彼は三朝に歴仕した老臣で、かって中宮大夫として、桓武天皇のご生母である皇太夫人（百済系帰化人和氏《ヤマト》に出自された高野新笠姫《ニイガサヒメ》）と近く、中宮の教を奉じて「和氏譜」を撰して天皇の嘉賞を賜わり、平安遷都のことも彼の奏上によるものと記録されている。（日本後記）

同年七月には、百済王明信《メイシン》（百済王直系の帰化人理伯の娘、右大臣藤原継縄《ツグタダ》の室）や和気広虫（清麻呂の姉）らに、新京に家を作る料を賜わっている（類聚国史賞宴下）のをみると、この二人の女性も何か遷都に関係があったと思われる。

清麻呂のもとに造宮亮となった菅野《スガノ》真道《マミチ》は、続日本紀前半の撰者で有名であるが、彼ははじめ津連《ツのムラジ》

（百済系帰化人王辰爾の裔）を称していた者で、延暦二四年〔八〇五〕造宮職存廃の公卿奏議に際しては、当時正四位下参議として最後まで存置論を主張して自説を撓げず、廃止論の従四位下参議である藤原緒嗣（式家百川《モモカワ》の子）と論争して、平安京造宮には熱意も功績も多い帰化人系である。

その次は木工頭（工程技術の長官）となった坂上田村麻呂は、東北地方の蝦夷征伐では劃期的武勲を立てた人であるが、彼は苅田麻呂の子で阿知使主《アチのオミ》（後漢の霊帝の後なりと称する）の裔である倭漢《ヤマトのアヤ》氏の宗家をなす帰化人系である。

造宮少工（造宮工程を直接担当する官）の秦忌寸都岐麻呂《トキマロ》は、葛野郡を中心として附近一帯に繁衍した秦氏の一族と思われ、彼は造宮の功によって後年、忌寸《イミキ》姓から宿禰《スクネ》姓に改賜された帰化豪族の一派である。

大極殿趾（秦氏邸宅）

和気清麻呂の死後、延暦一八年〔七九九〕四月、第二代の造宮職になった中納言藤原北家の内麻呂（小黒麻呂の従兄弟）の夫人は、百済宿禰永継の女で、彼女との間には真夏・冬嗣が生まれ、この冬嗣の子孫が後にいわゆる摂関家（摂政、関白を継ぐ家）として永く栄えたことは周知の通りである。さらに内麻呂は、側室に坂上田村麻呂の娘登子がいて、福当麻呂《フクギマロ》ら四男一女を生んでいる。内麻呂の造宮大夫は、延暦二四年〔八〇五〕一二月、公卿奏議によって造宮職廃止のときまで、前後七年間も在職している。古書（拾芥抄、山城名勝志など）によると、平安京大内裏の旧地はもと秦川勝《ハタのカワカツ》の宅地であり、紫宸殿前庭は秦保国邸の後園そのままであると記録されている。

平安奠都は延暦一三年一〇月、天皇車駕の新京到来によっていよいよ実現されたわけであるが、以上のように造宮のことが多く帰化人縁者たちの参劃・経略によって運ばれ、またこれに関連ある韓漢帰化人たちの貢献によって造作されたことは、注目すべきことである。殊に遷都早々、始めての朝儀の宴が帰化豪族秦氏に由来をもつ紫宸殿において行われた（類史朝賀）ことは、さらに異彩を添えるものといってよかろう。

なお明治二八年〔一八九五〕は、恰も桓武天皇が延暦一五年〔七九六〕正月朔日、平安京大極殿の高御座で百官の正賀を受けられてから、正に一千一百年に相当するというので、この年京都市民が発起して記念の諸祭典・行事があり、うち桓武天皇を奉斎したのが、いま左京区岡崎にある旧官幣大社平安神宮（のち孝明天皇合祀）である。

八坂の法観寺塔

京都市東山区七坂金園町

八坂の塔——

山紫水明を誇る京都のシンボルは、何といっても五重の塔であろう。市内に一、五〇〇以上もあるといわれる寺々の中で、幾つかの寺院は、それぞれ由緒ある塔をもっている。東山《ヒガシヤマ》の群峰を背にして、前面には山城平野を控え、豪壮な伽藍の中から、丹青の鮮やかな五重の塔が随所に聳えたってみえるさまは、正に一大景観である。

八　坂　の　塔

中でも八坂の法観塔は、一般に≪八坂の塔≫と愛称され、いまも京都名所の随一である。その地名からして一名を≪八坂寺≫ともいわれ、寺伝には崇峻二年〔五八九〕聖徳太子の創建だと伝えているが、これは他の多くの寺院や仏像がそうであるように、飽くまで太子に藉口しての格上げ工作であって、その実は高勾麗からの帰化族である八坂造《ハサカノミヤツコ》氏によって建てられた氏寺であることが考えられる。

八坂の塔は、天武六年〔六七八〕に創建された京都最古の五重塔で、その後再三の火災にあって灰燼にされ、現存の塔は永享一二年〔一四四〇〕、足利義教《アシカガヨシノリ》の再建というから、それでも優に五〇〇年は経過している。

高勾麗帰化人の創建――

日本の国都が京都に遷る（桓武天皇延暦一三年〔七九四〕）以前に、山城平野を開拓した有力氏族は、土着の加茂族か帰化族の秦氏・高勾麗系の八坂造氏などであることは、彼らの実績によって知り得ることである。

この八坂の塔は、塔下に納まっている古礎石の年代・様式から推して、また伽藍配置の形式から推して、往昔この地に繁衍していた高勾麗の移住民、八坂造がその氏寺として草創したと考えられる幾つかの前提を調べてみよう。

先ずこの辺の地名が八坂郷であり、この地に住んでいた氏族が八坂造であったこと、およびこの八坂寺との関連について調べてみることにする。

地名については、「続日本後記」承和四年〔八三七〕二月の条に、

「山城国愛宕郡八坂郷……」

とあり、また「倭名類聚鈔」にも、山城国愛宕郡の郷名を挙げている中に、

「蓼倉、栗野、上粟田、大野、下粟田、小野、錦部、八坂、鳥戸、愛宕、出雲、賀茂」

とあって、何れも八坂郷を記している。

次に八坂造氏のことであるが、これは「新撰姓氏録」山城国諸蕃　高麗の部に、

「八坂造。高麗国人、久留川麻《マ》乃《ノ》意《イ》利《リ》佐《サ》之後也。」

と記載している。因みに、姓氏録は弘仁六年〔八一五〕の撰上であり、和名鈔は延暦年間〔九二三～九三〇〕の編纂である。

以上の事柄を要約すると、高勾麗の国から移住してきた麻乃意利佐という人の子孫たちが、八坂の郷に居住していて、その地名に因んで八坂造という姓を賜わったという筋書になる。そして八坂造の賜姓年代について、田中重久氏は、

「錦織造、大狛造、縵造、秦造、黄文造、内蔵衣縫造等の諸例から推して、大体天武天皇一〇年〔六八三〕代と見て大過なきが如くである。……」（同氏稿、法観寺創立の研究）

として、八坂郷の高勾麗一族が氏寺を建立した年代より稍々後れた時期とみており、

「後世、八坂造を賜わったのは、或はこの寺創立の功によるのかも知れない。」

とまで書いている。

寺の名を所在の地名をとって命名する例は、当時山城近辺には他にも多く見られる。飛鳥寺・荒陵寺・斑鳩寺・蜂丘寺・三井寺・岡本寺・山階寺・川原寺・立部寺・井手寺・岡寺など、みなこの類である。

そして高勾麗族によって創立された寺は、高麗寺・狛寺・法興寺など、他にも数多く残っている。この高勾麗系統寺院の伽藍配置は、いわゆる南面四天王寺式といって、八坂寺の伽藍配置と一致している点からも、八坂寺が高勾麗人の手によって創立されたことが推論できる。

八坂の塔心礎――

八坂の塔心礎は、舎利孔の石蓋と共に、創立当時の遺物とされている。普通の五重塔の心礎は、大抵「凸形」の心礎をもつ場合が多いのであるが、八坂の塔はその例外として、珍らしく「凹三段式」になっていて、学界の注目をひいている。この事実は、塔が建てられて一、三〇〇年来、全く世に知られていなかったことであるが、先年考古学者たちの調査によって、始めて公表された事実である。

このような特殊な形式・進歩した技術は、当時にあっては八坂造のような帰化豪族でなければ、到底考えられないということは、識者の一致した見解である。

平野神社

京都市北区平野宮本町

主祭神は韓神である――

平野神社の祭神は、今木神《イマキのカミ》・久度神《クドのカミ》・古開神《フルアキのカミ》並びに相殿の比咩神《ヒメのカミ》の四座に、摂社の県神《アガタのカミ》を加えて五座の諸神である。

従来これらの祭神については、諸説紛々として何れが真説であるか分別もつかぬままであったが、何時のころからか日本の八大氏族（平氏・源氏・高階氏・大江氏・中原氏・清原氏・菅原氏・秋篠氏）の氏神であると定説のようになってしまい、戦前は官幣大社として、その社格を高く誇示していた。

しかし実際においては、平野の主祭神は韓神であって、このことは伴信友翁が「蕃神考」の中で、精緻な考証によって明らかにしており、彼はその結論として、

「平野は桓武天皇の外祖神なり。中古以来異説真を乱し、或は八姓の祖神と為し、或は仁徳の廟と為すは、皆式文に齟齬す」

と喝破してからは、多くの論者がこの主張の正当性を認めるようになってきた。

平野神社鳥居

そして桓武天皇の外祖神とは、あとから詳述するように百済から渡来した移住民であって、信友翁の考証通り、平野の主祭神が韓神であるということだけは、もはや動かす余地のない焦点になっているが、しかし論点の細部になるとまだまだ意見が一致しているというわけではない。

そこで主神の今木神であるが、これは桓武天皇のご生母である贈皇太后高《タカ》野《ノ》氏の祖神、百済王《クダラのコニキシ》某を指していることは言うまでもない。「今木《イマキ》」という地名は大和国などにも残り、欽明紀では「今来」、斉明紀では伊磨城、孝徳紀

平野神社中門

では「今城」などと、用字はそれぞれ異っているが、このことに対しては今井啓一博士の簡明直截な説明が、充分意を尽くしていると思われるので、その箇所を引用してみよう。

「平野神の主神とすべき今木神の今木というのは、雄略紀七年〔四六三〕に百済の貢る所の今来才伎《イマキノテヒト》の如く、外国から新来《イマキ》した、New-Comer の神の謂で、桓武天皇御生母が百済王系の蕃別氏であり、その祖神である百済国から来た百済王某であろう。」(桓武天皇御生母贈皇太后高野氏と平野神)

と、数語をもって明快に集約している。

次に久度神であるが、語義そのものからすれば、「久度」とは即ち《竈《くど》》で、一般に炊さん（ご飯を炊くこと）を掌る竈《かまど》の神といっており、具体的には高野皇太后新笠姫《ニイガサヒメ》の母方の家である土師《ハジ》氏の始祖であるとしている。

また古開神は桓武天皇の外曽祖父土師宿禰《ハジのスクネ》某であり、比咩神は同じく桓武天皇の外曽祖母毛受《モズ》氏か、あるいは贈皇太后新笠姫そのものであろうとしているけれども、窮局に至っては判然しない。

さて平安朝のとき、藤原清輔《サヤスケ》（一一七七年七四歳で死去）が著わした「袋草紙」の中に、平野の御歌というのが一首ある。

白壁の　みこのみおやの　おほちこそ

平野神社本殿

（二殿ずつ連結された春日造四殿になっていて平野造または比翼春日造という）

平野の神の　ひひこなりけれ

この歌を分り易くほんやくしてみると、

「白壁《しらかべ》（光仁天皇）の皇子《みこ》（桓武天皇）の

御母《みおや》（皇太后高野氏）の祖父《おおち》（皇太后の父乙継《オトツグ》公の父某）こそ

平野の神（百済の聖明王）の曽孫《ひひこ》（乙継公の父某）なりけれ」

ということになる。この歌意を一言に要約すれば、「平野の神は、乙継公の父某の曽祖父である」となって、今まで述べてきた説明と大体一致するわけである。

この平野神社は平安朝に入って、桓武天皇が山背の国遷都とともに大和国の恐らく王寺から移し祀られたもので、このことは天皇が「百済王等は朕の外戚なり」と詔されて、厚く位階を追贈した御心の発露である。それが永いあいだ、埋れていた百済王族の祖神が、近世に至って再び世に顕現されたことは、同族のために祝福すべきことである。終りに、同様な感慨をもつ「日韓正宗溯源」の著者浜名祖光翁の嘆息の一句を添えておく。

「斯かる幽契の篭り居れりとも知らずに、京都に遊ぶ（朝）鮮人が平野の社を等閑《よそ》に見て、心なく過ぎ行くはいと惜しき事である。その昔《かみ》の平野の森のあや杉の、根の堅洲《カタス》国の人に告ぐ」と。

新笠姫は桓武天皇のご生母――

前述したように、平野神社の主祭神が何れも、高野新笠姫の生家の祖神であるが、新笠姫は一体どういう来歴の方であろうか。

諸蕃（漢韓帰化人系）の出身で、天皇の椒房に入侍してその恩寵を受け、国母の尊貴になられることは、従前の古例からすると思いもよらぬことであるが、その唯一の例がこの新笠姫である。即ち新笠姫は、百済系の諸蕃である父と大枝村の神別である母をもつ、桓武天皇のご生母である。しかも桓武天皇は日本の歴代天皇の中で、大帝の称号を冠らすとすれば、明治天皇の外にはこの方しかいないといわれる位、傑出した帝王であるから、彼女の母性としての優れた品格が偲ばれる。

父は和史乙継《ヤマトのフヒトオトツギ》で、百済武寧王の子、純陀太子の後孫であり、はじめ大和国旧城下郡《シキのシモ》大和郷《オオヤマト》（今の奈良県天理市に入る旧朝和《あさわ》村の辺）に居住して、その地名を負って和《ヤマト》と称し帰化人の例にならい史《フヒト》姓を名乗っていた。代々平城宮の下級官史をしていたようである。母の土師宿禰《ハジのスクネ》真妹《マヨシ》は、山背国乙訓郡大枝《オオエ》村に住んでいて、代々宿禰《スクネ》の姓を称していたが、新笠姫は宝亀年間に高野朝臣《タカノアソン》と改められ、母方は姫の亡くなられた翌年の延暦九年〔七九〇〕に大枝朝臣《オオエアソン》を賜わっている。

新笠姫は、光仁天皇がまだ白壁王《シラカベ》（天智天皇の皇孫）といい、その二〇歳前後の青年時代に近付けられた、いわば最初の女性である。王と姫との間には、天平五年（七三七年、王の二〇歳のとき）先ず能登《ノト》王女を、四年後には山部《ヤマベ》王、さらに一三年後には早良《サワラ》王を生まれるのであるが、この山部王がのちの桓武天皇であり、早良王はのちに兄天皇の代に立太子までされたが長岡京造宮使藤原種継《タネツグ》の暗殺事件に連坐したかどで廃太子となり、配流の途上で非業の死を遂げる不憫な方である。

さて新笠姫は父母の家系が賤しかったということで、夫君の白壁王が天下を統御する天皇の地位に（光仁天皇）即かれても正妃に迎えられず、常に側室の身分に甘んじていなければならなかった。それがやっと太子の山部王即位天応元年〔七八一〕四月のとき始めて皇太夫人となられ、亡くなってから贈皇太后を追上された。これがのちに桓武天皇ご生母贈皇太后高野新笠姫と呼ばれる方である。

一方、皇子の山部王にしても、三皇子（新笠姫の後に入室した聖武天皇皇女井《イ》上《ガミ》皇后の生まれた他戸《オサベ》王を加えて）の長男でありながら、母の出自が低かったので嫡長の待遇は受けられなかった。それでもやはり日本の皇統を継いで大政を統理されるご身分になったのであるから、全く人の運命は分らぬものである。それにしてもご本人の素質が抜群の英資を備えていたからこそ、「中興の英主」とまで讃えられる偉大な治績を残しているのである。

新笠姫（この時分は高野皇太夫人である）は、延暦八年〔七八九〕一二月亡くなられたが、姫の墓は生まれ故郷の大枝村（いまの京都市右京区沓掛《クツカケ》町）の山頂に≪大枝陵≫として永眠されている。

新笠皇太后大枝山陵

祇園社八坂神社

京都市東山区祇園町

八　坂　神　社（表口）

祭神は牛頭《ゴヅ》天王——

日本三大祭の一つである祇園祭で有名な八坂神社は、俗に《祇園《ギオン》さん》と親しげに呼ばれ、平安朝以来今日まで最も大衆信仰の厚い神社である。延喜の式外ではあるが、中世のいわゆる二十一社あるいは二十二社の一として、近世の社格である官幣大社としての威容を保って、三十六峰を数える東山の麓、円山公園を背に祇園花街に向って座している。古く《牛頭天王社》とも呼ばれ、祭神は牛頭天王つまり神話に出てくる素戔嗚尊《スサのオのミコト》である。

祇園の称は、貞観年間（九世紀の後半）藤原基経が自邸を当社の祭神に献じ精舎を建立したので、天竺の摩掲陀《マカダ》国の須達《スダル》長者が釈迦のために建てた説法道場である祇園精舎の名に因んで付けたものであり、八坂の社名は、鎮座地が山城国愛宕郡八坂郷であるため明治元年〔一八六八〕になって改称されたものであるという。

当社の創祀あるいは鎮座の年代については、いろいろと言われているが、七世紀の半ばごろ高勾麗の人伊利之《イリシの》使主《オミ》によって創建されたことが社伝に明記されている。即ち「八坂誌」（明治三九年〔一九〇六〕六月刊）によると、

「斉明天皇二年〔六五六〕八月、韓国調進副使伊利之使主来朝し、新羅の牛頭山に座した須佐之雄尊の神御魂を、ここ愛宕郡八坂郷に鎮座し、これによって八坂郷の地および八坂造《ヤカサのミヤツコ》の姓を賜う。のち天智六年〔六六七〕社号を感神院とし社殿を造営し、牛頭天王と称し奉って祭祀した」

と記録しており、これを裏付ける史実としては、「日本書紀」斉明天皇の条に、

「二年〔六五六〕の秋八月、（中略）高麗、達沙等を遣して調進《みつきたてまつ》りき。大使達沙《タサ》、副使伊利之《イリシ》総て八十一人なり」

という記事がある。

右に出てる斉明二年〔六五六〕という年は、百済の滅亡前五年、高勾麗の滅亡前一〇年であり、半島においては風雲急を告げていたころなので、三国の使臣が相次いで日本に派遣されていた。伊利之は高勾麗の使臣として日本に到着してから、恐らく祖国の前途を予測して帰国せず、そのまま定着しているうちに、故国の山河に因縁の深い素戔嗚尊の遺霊を祀ったことと思われる。

八坂神社鳥居（裏口）

なお「姓氏録」に、右京・大和国・摂津国の諸蕃　高麗の部で、「日置造《ヘキのミヤツコ》。高麗国人、伊利須使主《イリスのオミ》の後なり」としており、右京諸蕃　日置造の祖伊利須意弥《イリスオミ》、あるいは河内国諸蕃　島木の祖伊理和須使主《イリワスオミ》ともみな同一人であり、同じく

山城国諸蕃　高麗の部に

「八坂造《ヤサカのミヤツコ》。狛国人。之留川麻乃意利佐《シルソマノオリサ》より出づ」

とある意利佐も伊利須と同一人であると思われ、八坂誌の記事に出てくる《八坂造》の根拠ではないかと思われる。

牛頭天王の由来――

古代、韓半島からの移住民に縁故のある神祠には、しばしば《牛頭《ゴヅ》天王》の名が出てくる。天照大神の弟になっている素戔鳴尊を、牛頭天王と呼ぶ由来はこうである。

日本の古典によると、素戔鳴尊は行状が乱暴なため、遂に高天原《タカアマガハラ》から追われて、新羅の国曽尸茂梨《ソシモリ》という所に暫らくいて、再び大八洲《オオヤシマ》（日本列島のこと）に戻り、出雲の国（島根県）簸《ヒ》の川《カワ》に到ったことになっている。しかしこの神話でいう高天原は一体何処であるか、ということになると、諸説紛々として未だ明確にされていない。日本の国内であるか国外であるかもはっきりしていない。最近の傾向としては、寧ろ国外説が有力である。人物の往来あるいは距離通交の関係から推して案外新羅の国あたりかも知れない。もっと想像を逞しくすれば、素戔鳴

尊自身新羅から渡来した人かも知れない。

それは兎も角、古典の原文を少し読んでみることにしよう。

「素戔嗚尊の所行状《あづき》無し。故に諸神、科《おほ》すに千座《ちくら》の置戸《おきと》を以ちてし、遂に追ひたまひき。この時に素戔嗚の尊、その子五十猛《イソタケル》の神を師《ひき》いて、新羅の国に降到《あも》りまして曽尸茂梨《ソシモリ》の処に居《ま》しまして、興言《ことあげ》して曰く、この地は吾居らまく欲せずと。遂に埴土《はに》（粘土のこと）以ちて舟を作り、乗りて東に渡り、出雲の国の簸の川上なる鳥上《トリカミ》の峯（島根県斐伊川の上流の船通山に当たる）に到りましき。……」（日本書紀　巻一　神代の上）

とあって、後世の人たちは素戔嗚尊の孫である大国主命《オオクニヌシ》をはじめ、出雲国に繁衍したその後裔たちを≪出雲族≫と称して、天照大神の一族である≪天孫族≫と区分している。

さて新羅の国ソシモリは何処であろうか。ソ〔牛〕モリ〔頭〕（シは単なる助詞）は韓語で「牛頭」のことで、これは江原道春川の牛頭山であるとか、新羅の慶州（ソラボル）の地であるとか、慶尚道伽倻山（一名牛頭山）の別称であるとか、いろいろ言われていてこれも定かにはなっていない。

このように素戔嗚尊が、韓国《カラ》の牛頭山に坐していた神ということで、≪牛頭天王≫と称するようになり、あるいは≪新羅明神≫とも呼ばれていて、韓地との縁由の深いことを物語っている。

素戔嗚尊の大蛇退治――

素戔嗚尊が前記の簸の河で、足名椎《アシナヅチ》・手名椎《テナヅチ》老夫妻の哀願を入れて、末娘の櫛名田比売《クシナダヒメ》を助けるため≪八俣《ヤマタ》の大蛇《オロチ》≫を退治した神話は、あまりにも有名である。

「古事記」のこの退治物語によると、そのとき尊は翁に向って、

〃大蛇の形はどうか〃

と質ねると、

〃その目は赤いほおずきのようで、身一つに八頭八尾があり、体に苔と桧《ひ》榲《すぎ》が生え、その長さは八谷八丘に跨っていて、その腹は常にただれて血塗れになって居ります〃

と答えた。尊はさらに

〃汝の娘をば吾に奉らむや〃といい、

〃吾は天照大神の同母弟《いろせ》なり。今天より降りましつ〃と安心させてその同意を得たのち、

〃汝等は八《ヤ》塩折《シオオリ》の酒（八遍も繰り返して醸造した強い酒）を汲み、また垣を作り廻らし、その垣に八《や》門《かど》を作り、門毎に八《や》桟《さ》敷《ずき》を結い、その桟敷毎に酒船《さかふね》を置きて、船毎にその八塩折の酒を盛りて待ちてよ〃

と命じた。翁の夫妻は言われた通りにして待っていると、八俣の大蛇はほんとうにやってきて、船毎に頭を入れて酒を飲んだ。ほどほどに飲んでは酔いつぶれて寝てしまった。そのとき尊は佩していた≪十《ト》拳《ツカ》の剱≫を抜いて、大蛇を散々に切りまくったから、簸の河は血の流れと変った。その中の尾を切りかかったとき、自分の剱の刃先が毀《こぼ》れた。これは怪しいと思って刀の尖《さき》をもって尾を割いてみると≪都《ツ》牟《ム》刈《カリ》の太刀《たち》≫が出てきた。尊はこの太刀を奇異に思い、天照大神に奉った。これがのちに≪草薙《クサナギ》の太刀《たち》≫といわれるもの……であるという筋書であ

る。

日本書紀では、大蛇のいる上空には常に雲気があるので、この劔を《天叢雲劔《アメのムラクモのツルギ》》といって、後に日本武尊《ヤマトタケル》に授けられ草薙《クサナギ》の劔と呼ばれたとある。いま愛知県の熱田神宮に祀られている日本皇室の三種の神器の一つである。

右の神話に出てくる大蛇《オロチ》（古事記では遠呂智と書いている）のことであるが、学説によれば日本の古語に「大蛇」を「オロチ」と呼んだ傍証はないとされている。国学者本居宣長の説によれば通常、へびは和名を倍美と書き、小なるものを久知奈波、やや大なるものを幣昆、なお大なるものを宇波波美、極めて大なるものを蛇《じゃ》と言っていたそうである。田中薫博士の説によると、「オロチは韓語で、主《あるじ》の義を有するörunで、チは屢々用いられる敬称の知または智（chi）であるから、オロチはörun-chiつまり主長の義である。日本語のアルジも同系である」と説明している。（「古代日韓交渉史断片考」八俣遠呂智考）

なおこの神話を、より科学的により合理的に解釈している田中博士の興味深い論説を要約しながら紹介してみたい。博士は

「この話は、韓土より移住した八人の主長が、肥川地方の八谿谷に占拠して、多数の美女を強奪するなど暴威を振い、原住民をして恐怖せしめていたという事実を伝説化したものと思われる」と切り出している。

「そして大蛇の尾中から出てきた都牟刈《ツムカリ》の太刀は、ツムは韓語のutumöriで頭部あるいは上部の意であり、カリはkuri即ち銅のことであるから、《上頭部が銅で作られた剣》の意味である。古代韓国では、銅は非常に貴重

な金属であり、また鉄剣や石剣に比して切味が鋭利である。素戔嗚尊の携えていた十拳の劔先が毀われたのもそのためであると思う。だからこのような《頭銅剣》は有力な《主長》（ärunchi 遠呂智）の外には所持していなかった宝劔であったに違いない。この劔を天叢雲劔といったのも、韓語で村邑をムラ（牟羅、牟盧）といい、君主をクム（kum, keum）というから、ムラクモはただ邑長の義である。だから《ムラクモの劔》はただ《邑長の劔》の意味に過ぎない。

また足名椎が尊の命によって作ったという「廻坦」「八門」「佐受岐（棧敷）」「酒船」は、実は八人のオロチが作ったもので、自巳の居邑の周辺に自ら設けた防備であったと考える。韓国古代には都邑を防禦するために、附近の丘陵山岳の傾斜面を利用し渓谷を挟んで、「土壁」または「石壁」を繞らす方法が行われていた。いわゆる「山城」である。しかし森林に富む地帯では、土壁、石壁に代えて「木柵」をもってした例がある。いわゆる「柵城」である。この山城・柵城には必らず一または数箇の谿谷が取入れてあり、低部には谿水を壁外に流す「水門」があり、水門の傍らには「城門」があり、城門の傍らに「望楼」があった形跡もある。また内部には篭城用の軍倉、井泉、池水などが設けてある。さきの廻坦は木柵であり、八門は八つの城門、佐受岐は望楼、酒槽は井泉、池水に相当するものである。そして水はけの水門は簸の川に通じていたものであろう。

こう考えてみると、日本の神代に韓土から出雲肥川地方に移住してきた八人のオロチは、故国の山城に倣って、その居地の防備を厳重にして、この地方に威力を振っていたという史実が、《八俣の大蛇》という伝説を通じて看取することが出来る。」と結んでいる。なかなか穿った解釈ではあるが、実に意味深長な話である。

広隆寺

京都市右京区太秦蜂岡町

広隆寺創立の事由については、日本の正史に記録されている。即ち

(1)「日本書紀」推古天皇一一年〔六〇三〕一一月の条に、

皇太子〔聖徳太子のこと〕はもろもろの大夫に、〝我、尊仏の像を有《も》てり。誰かこの像を得て恭い拝まむ〟と謂われたので、その時に秦造河勝《ハタのミヤツコカワカツ》が進み出て、〝臣、拝みまつらむ〟と申した。そこで仏の像を受けて、蜂岡《ハチオカ》寺を造った。

と見えている。文中の蜂岡寺がのちに≪秦公寺《ハタのキミ》≫とも呼ばれ、現在の≪広隆寺≫〔広隆とは河勝の別号という〕であって、造立年代〔六〇三〕では京都の寺院中最古を誇り、奈良の法隆寺より四年もさきに建てられたことを自慢にしている。今からざっと一三六〇年も昔のことである。

創立者は秦河勝――

秦河勝夫妻像（広隆寺蔵）

「聖徳太子伝補闕記」には、右のことがらをもっと詳しく述べて、

「太子が山代楓野村（葛野のこと）に至り、蜂岳南下に宮を建てた時、川勝が眷属を率い供奉したので、太子より宮と新羅国所献仏像を賜わり、その宮を寺とした。」

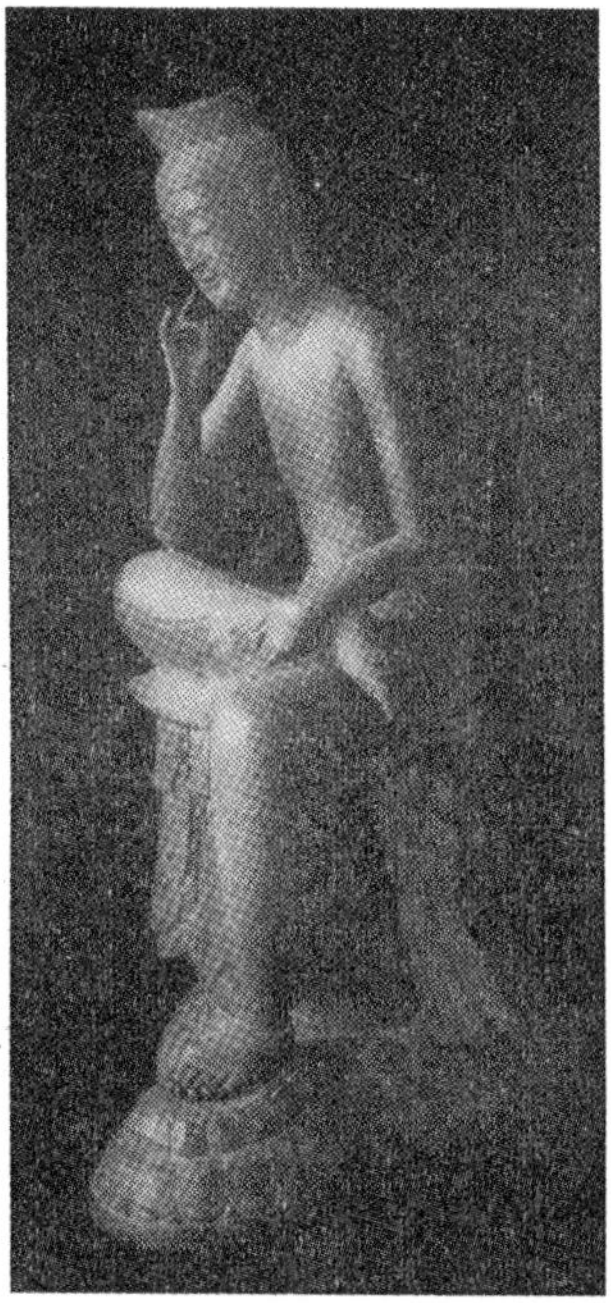

弥勒菩薩半跏思惟像

（韓国博物館蔵）　（広隆寺蔵）

と敷衍している。この寺の創立者、秦河勝とその夫人の木像（神像形）は、重要文化財として広隆寺宝物館にいまも安置されている。

国宝第一号は新羅仏——

広隆寺といえば、誰しもあの有名な《半跏思惟像》を思い出す。この仏像は、日本で最も古く最も美しい木造彫刻で、遠くその由来は新羅に辿ることができる。

広隆寺の造営は十九年間もかかったといわれ、推古三〇年〔六二二〕にやっと

完成された時には、その前年に聖徳太子はすでに他界していた。工事の最中であった推古二四年および完成の翌年に当る同三一年に、新羅から仏像が日本朝廷に進呈され、その仏像がまたこの寺に安置される経緯も、やはり日本書紀に出てくる。

(2) 推古廿四年〔六一六〕七月

新羅、奈未《ナミ》竹世士《チクセイシ》を遣わして仏の像を貢った。

(3) 推古卅一年〔六二三〕七月

新羅、大使奈未《ナミ》智《チ》洗爾《センニ》を遣わし、任那、達率《タチソチ》奈未智《ナミチ》を遣わして前後して来朝した。よって仏像一具、また金の搭、併せて舎利、また大灌頂の幡一具、小さい幡十二条を貢ったので、すなわち仏の像を葛野の秦《ハタ》の寺に居き……

右のような記述をさらに要約すると、

(1) 広隆寺創立のとき、聖徳太子が秦河勝に授けた仏像
(2) 広隆寺の工事途中、新羅より伝来した仏像
(3) 広隆寺完成の翌年、新羅より伝来した仏像

の三体ということになる。いまこれら仏像の由来をもっと克明に知るため、関連文献の記事をいちいち調べてみよう。文献を編纂の年代別に並べたら、「聖徳太子伝補闕記」「聖徳太子伝暦」「扶桑略記」「広隆寺古縁起」「広隆寺資財交替実録帳」「広隆寺来由記」の順になろうか。

仏像＼文献	補闕記	伝暦	略記	古縁起	実録帳	来由記
(1) 宝冠弥勒（国宝第一号）	新羅国所献仏像	新羅王所献仏像	弥勒仏	なし	金色弥勒菩薩像一軀 居高二尺八寸「太子本願御形」	百済より聖徳太子に献じた仏像 坐像二尺八寸
(2) 泣弥勒（国宝）	なし	新羅王所献仏像高二尺	新羅王所献仏像高二尺	なし	なし	新羅王より献上した仏像 坐像高二尺二寸
(3) 仏像一具	なし	なし	なし	なし	なし	新羅国達率未智が来朝して貢献したもの

右の表で分るように、仏像の(1)(2)(3)共に新羅仏であることが、ほぼ明らかである。ただ来由記だけが、(1)の仏像を百済仏としているが、もともと広隆寺来由記なるものは、聖徳太子伝略あるいはもっと古い聖徳太子伝補闕記をもとにして、これを修飾発展させた説話に過ぎないから、ひょっとしたら作為的な誤記かも知れない。仮りに誤記そのままを信じたとしても、百済の伝来仏とみる外ない。

ながながと贅言を羅列してきた意図は、要するに日本で最高級の仏教美術品であるこれらの仏像が、韓土伝来のものであることを幾らかでもはっきりさせたかったことと、当時の《飛鳥《アスカ》仏教》が、圧倒的に百済仏教の影響下にありながら、ひとり広隆寺だけは新羅仏教と多分に因縁があったという特異な事実を強調したかったためである。

さりとて手元に確証があるわけでもなければ、無言の仏像に向って聞いてみるわけにもいかない。広隆寺発行の「太秦広隆寺に就いて」の一節に、

「今日現存する弥勒菩薩跏像二軀のうち、一は聖徳太子の御理念の象徴として遠く創立の由緒を伝え、一は朝鮮伝来仏として寺歴の貴さを誇り、共に飛鳥時代の仏像彫刻を代表するものであります。」

と極めて模糊とした語調で何だか前後矛盾さえ感ずるような説明を書いている。

しろうと談義が少し長くなったが、この辺の事情を簡明に把めそうな恰好な論評があるので、原文のまま引用して判断の材料にしよう。

「さらに、現存の《弥勒菩薩半跏思惟像》大形（宝冠弥勒）を、小の仏像、即ち実録帳の所謂「太子本願御形」たる《弥勒仏》にあてる、小林剛氏ら美術史家の説がもし成立するならば、現存弥勒が七世紀の他の木彫と異なり、松材を使用し、かつ著しく新羅様で、慶州五陵出土の金銅弥勒像（旧李王家博物館蔵）に類似し、さらには慶州皇竜寺附近出土の銅造菩薩像頭部（諸鹿央雄氏蔵）にも極めて似ているとと指摘されるのであるから、補闕記、伝暦の所伝を正しとするほかなく、同じく現存の《弥勒菩薩思惟半跏像》小形（泣弥勒）も全く新羅様で、新羅の小銅弥勒菩薩像（旧朝鮮総督府博物館蔵）に近似するといわれ、これを(2)の仏像にあてる説が有力で、中

には先述の実録帳にみえる《金色弥勒菩薩像》をこれであるとみる説もあり、そうすれば寺伝によって、(3)の仏像となる可能性もあるのであるから、何れにしても文献上のみならず、現存二仏がその様式上において、新羅系たることを証されるのは重大である。」（平野邦雄稿「秦氏の研究」史学雑誌第七〇編三号）

弥勒仏像は完成された人間像――

世界的にその真価が認められている。この二軀の弥勒仏像に対して、前記の広隆寺解説は次のように説明している。

弥勒菩薩半跏思惟像（国宝第一号）

弥勒菩薩像

「わが国の最も古いそして最も美しい彫刻の一つである弥勒思惟像は、いかなる言葉をも無視し、いかなる言葉も届かないところで永遠の微笑を続けている。細い眼、小さい可憐な口によって実にやさしくかまえられ、はっきりした眉、それにつづく通った鼻すじによって、まことにすっきりと、ととのえられている。このやさしい、しかもきりりとした顔を受けている右手の指のたたずまいが、また形容の言葉もないほど無心の歓喜に指は殆んど踊っている。右腕のあっさりとし肉附けによるカーブも美しければ右膝の丸味も美しい、山形の宝冠の簡素な形のよさも、この像の美しさに対して大きい役割をなしている。

飛鳥彫刻でこれほど人間的なものはないと同時に、人間の純化がこれほど神的なものに近附いた例はない。」

弥勒菩薩半跏思惟像（国宝）

弥勒菩薩像
（泣き弥勒）

「百済国の貢献仏にして《泣き弥勒》ともいわれ、金箔もよく残っている。眼が割合大きく切れも長い。そして両端が丸くなっている。涙がたまったような、うるんだ眼に見える。それに口も非常に大きい。何か特定の感情をあろわしている。」

人間の泣き笑いをそのまま漂わせているこの二軀の仏像は、真に美そのものである。一日を通して、弥勒像の前に若い女性の絶えない現象はまた、何と説明すればよいのであろうか。

寺院側の説明が自画自讃であるため、ことによったら過大評価をしていないとも限らない。その意味で純然たる第三者、しかも外国人専門家の論評を転載してみよう。筆者も読んでいるうちに、正に腑肺を貫くような名優のセリフのように感じた次第である。

弥勒菩薩について　カール・ヤスパス（独、実存哲学者）

「私は今まで哲学者として、人間存在の最高に完成された姿の表徴として、色々のモデルに接して来ました。古代ギリシャの神々との彫像も見たし、ローマ時代に作られた多くのすぐれた彫像をも見たことがあります。

然しながらそれ等のどれにも、まだ完全に超克されきっていない地上的人間的なものの臭が残っていました。理智と美の理想を表現した古代ギリシャの神々の彫像にも、地上的な汚と人間的な感情が、まだどこかに残されている。キリスト教的な愛を表現するローマ時代の宗教的な彫像にも、人間存在の本当に浄化されきった喜というものが完全に表現されてはいないと思います。それ等のいずれも、程度の差はあっても、まだ地上的な感情の汚を残した人間の表現であって、本当に人間実存の奥底にまで達し得た者の姿の表徴ではないのです。

然るに、この広隆寺の弥勒像には、真に完成され切った、人間実存の最高の理念があますところなく表現され尽しています。

それは地上におけるすべての時間的なるもの、束縛を超えて達し得た人間の存在の最も清浄な、最も円満な、最も永遠な、姿のシンボルであると思います。私は今日まで何十年かの哲学者としての生涯の中で、これほど人間実存の本当の平和な姿を具現した芸術品を見たことは、未だかってありませんでした。この仏像は我々人間の持つ心の永遠の平和の理想を真にあますところなく最高度に表徴しているのです。」（篠原正瑛著「敗戦の彼岸にあるもの」より抜萃）

なお境内に《太秦殿》があって、秦《ハタ》氏の祖神を祀っており、殿内には弓月王坐像（高さ六六センチ）および

太秦殿(広隆寺境内)

漢織《アヤハトリ》・呉織《クレハトリ》の木像(各々高さ三七センチ)を置いて共に祀っているという。

洛西太秦《ウズマサ》(京都市右京区)の地は、日本の国都が京都に奠まる以前からすでに、帰化族の大姓である秦《ハタ》氏族類の親里であつたので、この地に秦河勝が造立した広隆寺があり、またその境内に太秦殿があつて秦氏の祖神を祀つていることは、すべて歴史の流れに縁故あることといわざるを得ない。

大酒神社

京都市右京区太秦蜂岡町

養蚕機織の神さま——

広隆寺講堂畔から東の方半キロ位の地点に並んでいるこの社は、俗に《太秦《ウツマサ》明神》と呼ばれている。

往時、雄略天皇のとき、秦酒公が呉《クレ》の国から呉織女《クレハトリ》・漢織女《アヤハトリ》という手末才伎《タナスエのテヒト》つまり織女を呼んで、秦氏の諸族と共に数多くの蚕を養い、絹・綾・綿の類を夥しく織出し、朝廷に献じた。その絹の類満積して山の如く、その功により禹豆麻佐《ウヅマサ》(充積してウヅモリマスの意)の姓を賜わった——との故事を示している。

大酒神社鳥居

神社の入口には、「蚕養機織管絃楽舞之祖神」と彫刻した石柱が立っており、秦氏が蚕養機織のほかに管絃楽舞のことまで、手広く活躍していたことを物語っている。

なぜ「大酒」という名前になっているかは分らない。秦氏の始祖とされている秦始皇帝、弓月王、秦酒公を祀っており、相殿には縁故の深い呉織・漢織を祀っている。

木島神社

京都市右京区太秦森ケ東町

木島神社鳥居

神社の由来——

一般に≪木島《コノシマ》神社≫と呼ばれているが、正しくは「木嶋坐天照御《コノシマニマスアマテルミ》魂神社《ムスビカミのヤシロ》」という長たらしい名前である。もともと広隆寺鎮護の神として勧請し、宝祚延長・天下安全を祈るため創建され、祭神の名は記録になく、ただこの地の秦《ハタ》氏が、天之御中主神《アメノミナカヌシのカミ》（上は天神に至り下は地神に渉り、御魂の総徳を感じて天照御魂神と称する由）の神徳を敬慕して奉祀していると口伝されている。

神社の境内に、≪元糺《モトタダス》の池≫と称するいわゆる神池があって、四季を通じて清水が涸れることなく滾々として湧きいで、夏の土用に丑《うし》の日を選んで、この神池に手足を浸すと、しもやけ・かっけが治ると信じられている。

また上段の方の神池には、日本で唯一つの≪三柱鳥居≫がある。つまり二本あるべき鳥居の支柱が三本あるという珍らしいものである。鳥居の中心にある石組は、宇宙の中心を地上に表現したもの（祭神のことを意味している）で、四方よりこれを拝むことができる仕組みになっている。

蚕の社——

蚕の社（木島神社内）

木島神社の境内に、摂社として蚕養神社がある。俗に、≪蚕の社≫と称している。推古天皇のとき、秦氏一族が養蚕機織に貢献したことに対して、報恩と繁栄を祈るため、この社を勧請したといわれている。四条大宮・嵐山間を走っている京福電車の停留所も、「蚕ノ社」と呼んでいる。

この他、嵐山の麓に大堰を築いて、葛野《カドノ》の広い平野の水田灌漑に便したのも、秦氏と伝え、いま大堰川（大井川の文字も用いている）といわれ、上流では保津川、嵐山近辺で大井川、桂以下で桂川といい、末流は淀川に注いでいる。

とにかく太秦《ウツマサ》から洛西にかけて、旧葛野郡一帯が、秦氏の一族党与の中心地区であったことは明らかである。

松尾大社

京都市右京区嵐山宮町

松尾大社鳥居

全国第四位の神社――

京阪神電車嵐山線の「松尾《マツオ》」駅を降りたら、眼前に欝蒼たる松林が長い屏風のように、行手を立ちはだかる。これが松尾山である。大社はその山麓に東面に坐している。

松尾大社は今から一、二六〇年も前に、帰化人である秦忌寸都理《ハタのイミキトリ》の草創によるもので、京都最古の神社として東の加茂神社と東西に対している。恐らく当時、この辺一帯に蟠居していた秦氏一族の勢力誇示の一つとして建てたのであろう。文武天皇の大宝元年〔七〇一〕のことだというから、都がまだ大和《ヤマト》にあったころ、秦氏は既に山背国のこの辺に根を張っていたことが分る。年代の古さもさることながら、松尾大社は日本全国に九万もある神社の中で、伊勢神宮をのぞいて四番目に位する社格を具え、その規模の壮大さを誇っている。今でも境内に立っている常夜燈の石燈篭の重要なものには、旧神職であった東館・南館の執次の刻字してあるのが目立つ。これらはみな秦忌寸《ハタのイミキ》姓で、当社との密接な関係を物語っている。

祭神は大山咋神《オオヤマグイのカミ》と市杵島姫命《イチキシマヒメのミコト》の二柱とされているが、古い時代における伝承上の神さまであるからその来歴はともかくとして、「古事記」によると、この神はそのころ既に《鳴鏑矢《なりかぶらや》》を用いたとあり、また山城・丹波の国内に点在する沼沢地帯を開拓して、肥沃な農土に造り上げたというので、国都鎮護の神あるいは土木の守護神として仰がれている。

それよりもっと興味深いことは、日本第一の醸造の祖神として全国業者の熱烈な信仰を受けていることである。開拓農土から豊かに収穫された穀物をもって、裏山の大杉谷から流れる年中渇れることを知らない泉水を用いて、酒造をはじめ味噌・醤油・麹・酢に至るまでのいろいろな醸造の技をも指導していたことに由来するのであろう。広い境内には「日本第一酒造神」と刻まれた高い石柱や、「日本第一醸造祖神」と刻まれた重い石標があり、全国の醸造家から奉納された銘柄入りの酒樽が山と積まれている。

松尾大社の境内末社には、四大神社がある。それは秦大人社で、秦氏の祖神を祀るのではなかろうか。なお松尾大社には、旧社家襲蔵の古書、古文書類が二、〇〇〇通以上

松尾大社絵図

銘入酒樽（松尾大社）

もある。それらを丹念に調査したら、きっと山城国における帰化人系秦氏族の実相がより詳しく判明すると思われる。

神泉「亀の井」――

日本の有名な神社には、昔から「神使」が定められている。例えば稲荷の狐とか、春日の鹿、日吉の鳥、八幡の鳩というふうに。松尾大社の神使は亀である。これには面白い故事が当社発行の栞に伝えられている。

「昔、元正天皇和銅七年〔七一四〕に松尾御手洗谷から、首に三台を戴き、背に七星を負い、前足に離の卦を表わし、尾に緑毛金色毛のまじった、長さ八寸の亀が現われたので、大内へ奉ったが御嘉瑞なりとして霊亀と改元され、亀はまた元の御手洗谷へ放された。また聖武天皇天平元年〔七二九〕には、松尾分土《ワケツチ》山の大杉谷から、亀の背に「天王貴平知百年」との文字あるものが現われたので、秦の都理《トリ》から天皇に奉られた」

など、この外にも亀にまつわる古伝説は多いという。

今でも大社附近では、亀を殊更に大事に扱っており、氏子たちは近くの田畝や河川で亀を見つけるとすぐ境内の池に放生する風習が残っている。

さきにも述べた通り、裏山の大杉谷は四季を通じて水が渇れることがなく、谷間の流れは途で中二段の滝となって静かな音を立てている。山の中腹からは、水が湧きでて自然の井戸をなしている。写真にみえるのが、有名な《亀の井》である。この井戸を霊泉とも神泉ともいって、ここから湧きでる水は、全国から集ってくる杜氏《とうじ》（酒造の技師）や蔵人《くらんど》（元来宮中で秘密文書や民間奏上の取次ぎをした人をいうのであるが、ここでは酒類仕込み場の担当者を指す）たちが、年初めに《醸造始めの神水》として持ち帰って、仕込みの元水にするという。

亀の井（松尾大社）

秦氏の由来とその業績——

島国である日本は、古代より海を渡って土着した諸民族の融合建設によるものと思われる。日本史でいう天孫族も出雲族も、ここにいう秦氏族もみな渡来民族である。

秦《ハタ》氏は漢《アヤ》氏（阿知使主《アチノオミ》の子孫）と並んで、古代帰化人系の双璧といわれる豪族である。その始祖は、秦の始皇帝の裔だと称する弓月君《ゆづきのきみ》で、応神天皇のとき阿知使主よりひと足さきに、百済から多くの人民を率いて、渡ってきたことになっている。（日本書紀、応仁天皇一四年の条）俗に機織りを主業としていたからハタ氏と呼ばれたとされているが、何しろ百二十県という多数の人民を連れてきたのであるから、渡来以後は日本の各地に拡まって、養蚕機織のほかに、農耕、酒造をはじめ土木・建築のことから音楽・美術に至るまで、いつの時代にあっても常に新興文化の先駆者の役割を演じていた、帰化族の大姓である。「姓氏録」には、秦氏一族を左京諸蕃二氏、右京諸蕃四氏、山城国諸蕃三氏、河内・和泉各一氏の計一一氏に、この外未定雑姓の部のそれと思われるものを加えると、実に通計二五氏の多数にのぼる。史家たちはしばしば、秦氏を称して殖産的氏族として日本の国富増進に尽した功績をほめている。

ところが最近、秦氏の渡来に関する経緯やハタ氏と称する語義などについて、従来とは大分変った意見が出ている。これなどは相当古い時代から日本の国学者や漢学者たちによって論議されてきたが、近世に入っても多くの史学者・語学者・民族学者たちによって、依然として区々たる論議を繰返している。歴史の研究も次第に科学的思考方式に立って進められるせいか、真相把握に一歩ずつ前進しているかのように思える。それは秦氏一族が辰韓遺民であるとの学説に対する再評価の声である。

日本の古記に対する史実としての信憑性という全般的な問題は姑らくおくとして、この秦氏に関する記事が、記・紀・古語拾遺・姓氏録・三代実録などで多少の喰い違いがあるし、しかも記事の内容そのものが疑わしい箇所があるというのである。辰韓遺民説の大要は「辰韓人は古の亡人（中国北朝の後秦だと説明する人もいる）が秦役を避けて韓国に至り、辰韓（のちの新羅）を建て、その言語も馬韓（百済）と異り、秦人に似る」との魏志東夷伝の内容を土台にしている。従って、姓氏録、三代実録が伝えている秦の始皇帝の裔という点、日本書紀が伝えている百済から来て云々という箇所は、極めて根拠の薄い話にならざるを得ない。秦氏が秦の亡民であること、日本の応神朝に渡来したことをそのまま認めるとしても、少くも彼らは三〇〇年（だいたい辰韓の形成より新羅の建国まで）は辰韓の地に定着していたであろうし、百二十県の人民はいうまでもなく辰韓人でなければならない。秦氏の「秦」の字は、辰韓の辰と何か関連でもあるのではなかろうか、それとも辰韓のどこかに秦韓の地が別にあったことを注意深く考慮すべきであろう。

ハタ氏のハタも、「機を織るからでなく、海を意味する韓国語の Pata から転じたもの」で「海を渡って伝えられた機織技術をもつ氏」だとする説（金沢庄三郎著「国語の研究」）あるいは「貢る所の絹・綿、肌膚に軟かし。故に秦の字を訓みて波陀という」から「温或は軟の言を取りて……波陀は韓国の語なり」（本居宣長著「古語拾遺」）などは韓国語との関連で説明しており、その他辺鄙の地を意味するチベット語（田辺尚雄編「奈良文化」音楽・舞踊―日本文化史大系）絹布を指す梵語（高楠順次郎著「日本外来語辞典」）などの説まで入り混って、いよいよ難解を極めている。

松尾の総墓

京都市右京区松尾谷の俗称地蔵山

秦忌寸氏の墓群——

洛西苔《コケ》寺で有名な西芳寺の少し南、俗称地蔵《ヂゾウ》山に近郷の集団墓地があり、≪松尾《マツオ》の総墓《そうばか》≫と呼んでいる。山腹の一角に立って、眼界一ぱいに拡がる幾百幾千の墓石を眺めていると、心は淋しさを越えて一種悲壮なものを感じる。むかしのことばに「虎は死して皮を残し、人は死して名を残す」といったけれども、これでは「人は死して墓石を残すのみ」としか考えられない。英雄も豪傑も死に対しては何らの抵抗もなし得ず、ただ永遠に眠っているだけである。

特にこの墓地を尋ねたのは、ほかでもない。ここに松尾大社の創祀者秦忌寸《ハタのイミキツ》都理《リ》の末裔で、代々その神職を勤めてきた秦氏の東家や南家の中古以来の墓があるからである。

おおむね山上にはその清墓、山腹には埋骨地があるようであり、「正三位秦宿禰某卿墓」などと刻む墓石が累々として建っている。中央の道路の右の方即ち北側には≪南家≫、左の方即ち南側のやや高地には、通し字を「相」とする≪東家≫の墓が多い。

松尾の総墓　秦氏一門の墓標

松尾大社の創祀者　秦忌寸都理――

さて「本朝月令」に引く秦氏本系帳、その他によると、松尾大神を大宝元年〔七〇一〕日崎岑即ち松尾山から山麓の現鎮座地に坐せまつったのは、川辺腹《カワベはら》の男、秦忌寸都理であり、また田口腹《タグチはら》の女、秦忌寸知麻留女なる者が始めて御阿礼を立てたという。これ松尾大社の創祀である。

因みにここに「腹」とは、坂上系図に引く姓氏録にも、兄腹・中腹・弟腹の文字もあり、それらは兄系・次系・弟系の意である。従って都理の川辺腹・知麻留の田口腹というのも、同じく秦忌寸ではあるが、恐らくそれぞれの居住地によって弁別して呼称したのであろう。

秦忌寸都理の末裔たちは、東家も南家も松尾社家を構成してながく松尾大社の祭事や社殿奉仕をして明治に及んだのである。松尾の旧社家には、前記の東家・南家以外に西家・北家と称する一族もあったらしいが、早く廃絶したようである。

いわゆる明治新政で神社神職の世襲制がやみ、松尾社家は士族に列せられたが、秦都理以来一、〇〇〇年以上の歴代奉仕もここに終りを告げ、松尾大社の社家としては退職した。

いま松尾総墓を徘徊しながら墓標をみると、秦氏の恐らく最後の松尾社家と思われる、「従三位東相愛卿之墓」その子「正八位東相彦夫妻の墓」などがみえ、かっては社家としてまた豪族として声誉を誇っていたであろう諸卿も、いまは静かに眠っている。ごく最近まで、松尾には旧社家の豪壮な邸宅も遺っていたらしいが、いまはすっかり変貌して、昔日の姿を偲ぶべくもない。

蛇塚　京都市右京区太秦面影町

白骨化した蛇塚――

まるで前世紀における蛟竜の白骨を思わせるこの奇怪な巨岩の一群は、京都太秦《ウツマサ》面影町にある《蛇塚《ヘビツカ》》という古墳の残骸である。何時のころからかは知る由もないが、何百年ものあいだ雨ざらしのまま放置されて、覆土も中味もきれいに取り去られ、今ではこの通り石材だけが残っている。一見して四世紀末から五世紀にかけての中期古墳に属する横穴式石室を思わせる。恐らく前方後円墳であったであろう。附近の草原から這い集ってくる蛇の溜り場所としては、まことに恰好な巣窟であるので、いつしか蛇塚の名称になったのではないか。

専門家たちの意見によると、古墳の規模や構造から推して、この地方に巨大な墳墓を築造した者も埋葬された者も、共に帰化人以外には考えられないという。してみると恐らく当時この辺の豪族であった秦氏一門の墓と見るのが妥当であろう。俗に秦河勝の墓だといわれているが、これはしかし河勝の墓が別な縁故地にちゃんと残っているのをみても、にわか

蛇塚全貌

に鵜呑みにするわけにはいかない。

一枚が一〇トンも一五トンもあろうと思われる大きな石が、ざっと三〇個ほど使われている。古墳の位置が山の突端だとか中腹ならいざ知らず、地形の利用が全然きかないこんな広い平坦地のまんなかに、これだけ巨大な石材を一五〇〇年も前に、一体どこからどうやって運んできたのであろう。昔の人たちの知恵と力量は全く驚異のほかはない。なおこの近辺には《アマ塚》《カブト塚》《清水山古墳》などの古墳があるけれども、その規模の大きさにおいてこの蛇塚には遙かに及ばない。

石の重量だけでも総計何百・何千トンはあろうから、よほど堅固な基盤に立ってなければならない。みたところさほど固い地層でもなさそうである。してみると墓の基礎工事は、何か特別な方法でうまく施しているに違いない。大体がこういった横穴式石室は、石の積み方について最高の力学を活用しているのが、また大きな驚異である。例えば、石室の底面をなす最下段の石は、一つの石で支柱の役割と壁面の造成を果たせるためにに、縦《たて》積みに地面に植えこむとか、第二段以上の石は横積みにして、上の方からの重圧を半分は盛り土によって支えると同時に下の方の壁石にかかる重量を軽減してやるといったように、この蛇塚もその例に洩れず、石の積み方は細心の注意が払われた形跡が窺える。丹念にみているうちに、移住民に対する畏敬の念がますます湧いてくるのを覚えた。

蛇塚の石材

太秦地方と秦氏――

太秦《ウツマサ》地方は帰化人系豪族秦氏《ハタ》一族の生活中心地であり、太秦文化の発祥地であるので、日本史上特に京都文化を語る上に忘れることのできない重要な土地である。今は日本の檘林《ハリウッド》として知られ、映画製作の一大中心地をなしている。ここの蛇塚にしても、すぐ近所に松竹、大映などの京都撮影所が控えている。

秦と書いてハタと呼ぶゆえんについてはすでにふれたが、太秦と書いてなぜウヅマサと呼ぶかがまた問題になる。ウヅマサはもともと雄略天皇のとき、各地に分散している秦氏一族を集めて当時のボスである秦酒公《ハタのサケギミ》に一任し、そのとき賜った姓がウヅマサであると日本書紀に書いてあるが、その言葉がもつ意味が何であるかが判然としない。

日本文化史大系にでてくる田辺尚雄氏の説によると、弓月君（秦氏の始祖）は中国北朝の後秦の人で、後秦の民はすべてチベット人である。チベット語でウヅは第一、マはの、サは都の意味であるから、ウヅマサは「第一の都市」であるという。そういえばウヅが第一とか首長とかの意味をもつ韓国語もあるし、またこれを日本語流に解釈して酒公らが朝廷に献じた絹布がうづ高く積み上げられたためだとする一説もあるので、その真意は何とも把みにくい。

ともあれ、秦氏は多くの族類や部民たちを連れてきて、ここ太秦地方をねじろにして、政事武事のことや仏教音楽のこと、そして養蚕機織などに従事していたことだけは確かで、これはこの辺一帯に今日なお残っている業跡・史跡などで充分窺える。

古墳のはなし――

今から一五〇〇年ないし二〇〇〇年も遡ると、日本では古墳時代という一時期があって、人間の死骸を葬るのに大規模な墓をつくって、豊富な霊葬品まで埋める習俗がさかんに行われていた。そのころの観念は、墓というものは単なる死者の遺骸を葬る場所でなく、もっと神聖な霧域としての信仰意識と勢力の誇示という首長意識が、兼ねて表示されていたと思われる。だから墓の造営には神の加護が必らずあるものと信じて、人間の力量限界を越えた宏大な規模による無理な作業も平気でやってのけたし、また悪いことをした罪人でも墓場にさえ逃げれば無事に収まるといった事例も数多くあったわけである。仁徳天皇陵が世界第一の規模を誇っているし、日本皇室の権威と勢力を誇示している天皇陵のほかにも、豪族・顕臣たちの壮大な古墳があり、これらの中には多くの帰北人古墳が混っていることは言うまでもない。

古墳の形状には、まるい形をしている円墳、四角い形の方墳の原始形から、この二つを組み合せたような前方後円墳に進み、さらに後円部の棺を入れる部分が竪穴《たてあな》式石室から次第に横穴《よこあな》式石室に変っている。学者はこれらの形状によって、前期・中期・後期に区分して、それぞれの特徴を研究している。

古墳文化だけは、日本の領域に限られて存在したと言いきっているが、それも最初のころの話でそう何時までも近隣諸国と無関係に存続することは、他の分野と同様に不可能であった。やがて朝鮮や中国との通交が始まり、彼地の文物が入ってくるようになると、墓制の影響も急速にしかも顕著に現われはじめた。一般に前方後円墳の構造はその根源が中国であったため大陸の影響をより多く受けており、積石塚は朝鮮独特のものであり、埋葬品の種類と形状あるいは壁画などの内部装飾は主として半島の影響をより多く受けているとされている。

文化史上異彩を放った古墳時代も、六〜七世紀を頂点として八世紀ごろになると、殆んど影をひそめてしまった。その理由は、朝廷の方で古墳の造営を制限ないし禁止したので、極く限られた人びと以外には造れなくなったためと、隆盛を極めた仏教思想による火葬が流行して、勢力表示の方式が古墳から寺院に移ったためなどが挙げられている。しかし何といっても決定的な理由は、文字の伝来であったと言われる。文明社会にあっては、文字ほど万能な威力を発揮するものが他にない。これまで時間と労力をかけて巨大な古墳を死者に与えることが、最大の功徳であるという考え方も、文字で書かれた経典を読み上げることこそ霊魂を慰める最高の方法であるというふうに変ってきた。こうして発展と普及の途上にあった古墳の新造は、時代の歴史と共に消えてしまったのである。

坂上田村麻呂墓

京都市東山区（旧宇治郡山科村）勧修寺東栗栖町

標　柱

坂上田村麻呂墓

将軍の墓は荒れている――

京都市内から山科を西廻りで醍醐に向うバスに乗って山科へ出ると、道路も舗装のないデコボコ道に変って、淋しい田園風景そのものである。地図の上では市内に編入されて東山区になっているけれども、これでは大都会の郊外というよりは寧ろ殺風景な田舎町といった感じである。

勧修校前という停留所で降りて、左に折れる路地を暫らく入って行くと、形ばかりの森に囲まれたかなり広い長方形の場所に、日本式とも大陸式ともつかぬ田村麻呂の墓がある。墓地一帯は荒れ放題に荒れていて、墓の前の広場は草野球のグラウンドに早変りして、附近の子供たちの遊び場になっている。これが後期帰化人の最高の功績と最高の栄誉を残した人の奥津城《おくつき》（墓のこと）であるかと思えば、心は急に暗くなる。

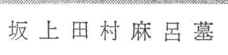

「田村麻呂は、嵯峨天皇弘仁二年〔八一一〕五月二三日、粟田別業に薨じた。年五四、従二位を贈り、山城国宇治郡栗栖村に水陸田山林三町を賜わって墓地とし、その屍を坑中に立てしめ平安京に向ってこれを葬り、甲冑・剣・矛・弓箭糒塩を併せて之を埋め、官使その事を監護し、これを《将軍塚》と称した。以後国家の大事あるごとに、その塚が鳴動したといい、また将軍出征には必らず詣でて戦勝を祈った」

と伝に残っているが、後世甚だ荒頽していた。慶応年間、奥州「一ノ関」城主で田村麻呂の後裔と伝える田村侯が石棚を修補し、明治二八年〔一八九五〕平安遷都千百年祭に、記念事業として大いに修理したのであったが、いままた荒れている。墓前には、右記念祭のときの京都府知事渡辺千秋撰の墓碑に、

贈従二位坂上将軍之墓

と記している。

墓地のある地点は、ちょうど東山三十六峰の裏側にある山科盆地の一角で、豊穣な水田が続いている平穏静寂の地である。昔から、西国から東国への通路に当る交通の要路でもある。

なお田村麻呂の本願によって創立された京都の名刹、音羽山清水寺〔東山区清水一丁目所在〕の境内には、《田村堂》という一字が建置されて、彼の文官像の木像を祀っている。

清水寺田村堂

坂上氏の出自――

延暦四年〔七八五〕六月に、坂上大忌寸《オオイミキ》苅田麻呂らが朝廷に奉った上表文によると、彼ら一族は「後漢の霊帝の子孫」になっており、続群書類従に収めている「坂上系図」によると応神天皇のとき（五世紀始め）来朝した阿知使主《アチのオミ》とその子都加使主《ツカのオミ》（これは漢の高祖の後裔とされている）の子孫で、そこから分れた枝氏《えだうじ》になっている。

「姓氏録」でも右京諸蕃上　漢の部で

坂上大宿禰。出自後漢霊帝男延王也

としている。これらは何れも、坂上氏一族が漢人系であると称される根拠であるが、しかし実際問題として正確なところは分らない。古事記にしても日本書紀にしても、阿知使主あるいは都加使主がどこの国の人で、どこから渡って来たかは何も明記していないし、しかも「己が党類十七県の人民を率いて来帰した」（日本書紀巻一〇）というのであるから、当時これら多数の人間を連れて来られる距離という点も考えられるので、疑わしくなるのである。

彼らが、漢室の後裔だと称し、それも高祖だとか霊帝だとかいっているのは、要するに賜姓または改姓のため大分後になって作りあげた話に過ぎないのである。

田村麻呂の業績――

とにかく右のような由来で、漢氏《アヤ》の中の一族であった坂上氏は、奈良朝後半に入って漸やく勢力を伸ばしはじめ、次第に東漢氏《ヤマトのアヤ》の宗家のような地位にはで伸し上ってきた。

坂上氏は代々武芸をもって名をあげ、坂上氏を名乗ってから三代目の犬養《イヌカヒ》は、聖武天皇に武芸を愛され、今まで他の同族がとても達し得なかった従四位下に昇進し、播磨守・大和守を歴任して遂に正四位上にまで累進してからは、その活躍が政界にも及ぶようになった。

その子、苅田麻呂《カリタマロ》も武事に長けていて、天平宝字八年〔七六四〕に僧道鏡《ドウキョウ》を除こうとして兵を起したいわゆる恵美押勝《エミのオシカツ》の乱のときには、仲麻呂《ナカマロ》（押勝のこと）と戦って大いに功を立て、大忌寸《オオイミキ》という特別な姓《カバネ》を賜わり、功田《くでん》二十町を賜わった。称徳天皇（女帝）病死の後、白壁王《シラカベ》（のちの光仁天皇、桓武天皇の父君）が皇位を継承するとなると、今度は道鏡が奸策を弄していると密告して、道鏡追放のきっかけを作った。延暦四年〔七八五〕従三位に昇り、さきに述べた上表文によって忌寸から宿禰に改姓することに成功し、日本在来の有力な氏とも肩を並べるような貴族としての地位を確立した。

苅田麻呂の子が有名な田村麻呂《タムラマロ》である。彼は若いころから武勇にすぐれ、延暦一三年〔七九四〕桓武天皇の東北鎮定のため第二回征討軍派兵のときには、大使大伴弟麻呂《オオトモオトマロ》の下で、筆頭副使兼鎮守将軍である百済王俊哲《クダラノコニキシシュンテツ》らと共に、自らも副使として蝦夷《えぞ》を討ち、次の第三回のときには征夷大将軍に任命された。延暦二〇年〔八〇一〕に四万の大軍を率いて陸奥に向い、胆沢《イサワ》の地を平定して翌年《胆沢城》を築いて鎮守府を置いた。彼はその功によって、従三位を授けられ、のちに大納言を兼ねて右近衛大将に任ぜられ、弘仁二年〔八一一〕五月、五四歳で薨じ従二位を追贈された。

彼のこのような栄進は、姉妹の坂上又子と娘の春子が共に桓武天皇の椒房（正室でない夫人のこと）に入って親王、内親王を生み奉った関係もあったであろうが、彼自身の将軍としての徳望と武芸・経路が大いに役立ったことは言うまでもない。彼の活躍は、恐らく帰化人歴史の末期における最高のものと言うことができよう。

俊哲と田村麻呂——

さきに述べた通り、桓武天皇第二回の東北征討軍出兵に際して、百済王俊哲は四人のうちの首席副使であり坂上田村麻呂は次席副使であった。そして第三回目のときには、俊哲に代って田村麻呂がその後任に任命されていた。しかも片や百済直系王族であり、片や漢帝の後裔という。共に帰化族として、東北地方の蝦夷《エゾ》経略に首脳として参劃するわけであるが、これについては武官としての悲痛な美談が、一場の景を添えている。

田村麻呂は前述のように、蝦夷平定に偉大な勲功を立てているが、彼は先任者である俊哲に対して常に敬意を表していた。その現われとして河内国植山《ウエヤマ》の地で、蝦夷の二酋を斬って、俊哲の遺霊に報いていることがそれである。即ち胆沢城に鎮守府を置いた翌延暦二一年〔八〇二〕、田村麻呂は帰順した蝦酋大墓公阿弖《オオハカのキミアテ》利為《リイ》・盤具公《イワグのキミ》母礼《モレ》の二人を従えて上洛し、蝦夷酋長の降伏を奏上した。このとき文武百官は天皇に表を上げて、将軍の凱旋を大いに祝賀したとある。しかし出先当局における実状に疎い中央諸官は将軍の胸中に、一旦は中央に引致した二酋を後日現地に放還することによって、蝦夷一類の悦服（喜んで心から悦う）を促すという深慮があることも理解せず、前記二酋の斬殺を決定してしまった。田村麻呂は已むなく、せめて斬首の場所を「河内植山」に選んで、中央の決定を実行に移した。

この植山（今は大阪府枚方市に編入、旧牧野村大字宇山）というところは、先任者である俊哲の縁故地で、百済王氏繁衍の本拠地であり百済王氏の祖廟（枚方市中宮、百済野の地に百済王神社・百済寺址が今も残っている）の所在地である。田村麻呂が特にこの地を選んで、投降した蝦夷酋長を斬ったことは、蝦夷の鎮撫と経略に力を尽した先任者の遺霊に結末を報告し、併せて百済王一族に敬意を捧げる心算であったと思われる。このように氏族の出自を超越して、先任者をはじめその一族にまで、儀礼をもって遇した武人の礼節と秩序は帰化族としての面目躍如たるものがあり、永く後世の亀鑑とすべきであろう。

長岡京址

京都府乙訓郡向日町大字鶏冠井

長岡京址を歩く——

新京阪線の「西向日町《ニシムコウ》」駅で降りて、北の方約一キロの小字ダイゴクデンというところに、

　長岡宮城大極殿遺址

と刻まれた高さ五メートルもあろう白川石の立派な碑が、いまはこせこせした人家の間に挟まって建っている。

　地名を「鶏冠井《カイデ》」といっているこの辺一帯が、今から一、二〇〇年ばかり前、日本の国都であった長岡《ナガオカ》京址と伝えられ、土地の小字の名称にも、大極殿・祓所、正面・御垣本・宮前・島ノ院・鞠場・射場垣内など残っており、また時々それらしい遺物が土中から発掘さ

長岡京　大極殿址

れている。明治二八年〔一八九五〕京都市民が「平安奠都千百年記念祭」を行った時、この地に碑を建てて顕彰したのが即ちこの石碑で、題字は山階宮晃親王の筆になっている。日本の中興英主とまで言われている、第五〇代桓武《カンム》天皇が僅か一〇年間ではあったが、大和《ヤマト》の旧勢力から断然離脱して、新都を奠めようとした長岡京の址を物語るものである。

≪大極殿《だいごくでん》≫というのは、中国の宮殿制に倣って応天門・会昌門と並んだ朝堂院の最も北にあった、大内裏《だいだいり》中の最も重要な正殿のことである。桓武紀延暦四年〔七八五〕正月の条に、

天皇御二大極殿一受レ朝、其儀如レ常……

是日宴二五位已上於内裏一、賜レ禄有レ差。

と見えるから、大極殿を含む朝堂院と内裏は長岡宮の重要な部分であったであろう。

長岡村といわれてきたこの地方は、今は京都市右京区に入る樫原《カタギハラ》附近から南東へ四キロほども長々と続く、いわゆる長岡丘陵の終る尖端部で、数年来長岡京遺跡・遺物の発掘調査が行われ、小安殿・大極殿・朝堂院址などはほぼ判明しているが、長岡京の限界についてはなお明らかではない。

長岡京の背後にあたる西の方は、いわゆる丹波山地で、東の方は桂川と宇治川が南流して合して淀川となっている。いわば西高東低の地勢であって、北高南低の通常型にはとても及ばない。背後の丘陵地帯には、今でも数多くの古墳が散見される由、式内社の向《ムコウ》神社も立派な前方後円墳の上に建っている。

面積の点でも狭い上に、到るところ高低があって、どう考えても王都の地としては不向きのように見受けられ

る。強いて長点を採りあげるとすれば、この地が交通の面で「水陸の便」がよいことと軍事的に「要害の地」であることのみであろう。

長岡京遷都の理由――

何故に桓武天皇は、これまで七代七十余年に亘って栄華を極めた平城京（奈良）よりも、遙かに条件の劣るこの地を選んで、遷都を断行したのであろうか。そこにはそれ相応の深い事情が潜んでいたに違いない。もともと平城京は、天武皇胤たちが全盛を呼んだいわゆる「天武系」の本拠地である。これに対し天智皇胤である桓武天皇は、何とかして奈良の都に蟠る旧勢力から脱却して、一刻も早く別な新天地で「天智系」の活路を開きたい意欲に燃えていたであろう。

そのころ山背《ヤマシロ》の国では、天智系皇親の館や、これに気脈の通ずる一部藤原氏たちの邸があり、長い間ヒヤメシ組にされていたこれらの人びとは、いきおい山背派のグループとなって、彼らの尊崇の的である天智天皇の偉業を敬慕し、その理想再現を意図していたことは、当然の結着である。こういう政治目的を充足させるためには、長岡の地は地縁的にも血縁的にも、正に好都合の位置にあった。

長岡遷都を建議した主謀者であった中納言藤原種継《タネツグ》は、藤原四家（藤原氏は中臣鎌足のとき創氏されるが、その後南家・北家・式家・京家の四家に分れた）のうち式家に属するが、この式家一族は桓武天皇の先代光仁天皇（白壁王）のときから密接な関係を保ち、当の山部王立太子（のちの桓武天皇）のときにも与って力があった。種継の生母は山背の葛野《カドノ》に定着していた帰化人豪族の秦朝元の娘であり、母の出自が賤しいというので、彼らの貴族社会では一人前に扱って貰えなかった。この点、ご生母を同じく帰化人系（和新笠姫《ヤマトニイガサヒメ》）にもち、その実家が山背の乙訓《オトクニ》にあるなど、桓武天皇とは似通った境遇であった。

山背には、造都事業に必要な巨額の資財と莫大な労働力を提供してくれる、これら帰化族と多くの同郷人たちが待ち受けていたわけである。こうして天皇と種継は、いち早く遷都の決意を固くし、その地をひそかに山背の乙訓郡長岡村と予定していたのである。

長岡京造営と帰化族の貢献――

前に述べた通り、長岡遷都のことは、藤原式家宇合《ウゴウ》の孫であり帰化豪族の秦氏の外孫である種継を中心人物として、その裏面には常に帰化族たちとの連繋によって進められ、いよいよ造営に当っても、これら帰化族の経済力と労働力の提供によって、あれだけの大事業がしかも電撃的に遂行し得たのである。

種継は延暦三年〔七八四〕五月、突如として中納言三位に叙せられ、勅命によって当時何人も予想しなかった山背国乙訓郡長岡村の地を検分せしめられ、ここに長岡遷都の作業が始まるのである。翌六月には長岡造宮使に任命され、この地に急ぎ都城を経始し宮殿を営作して、一一月には早くも天皇移幸され、引続き御生母中宮（高野贈皇太后）・皇后（藤原乙牟漏《オトムロ》）を平城宮から迎えられている。検地から遷都まで僅かに半歳の電撃振りである。

一二月には造宮関係者に恩賞が行われ、その筆頭に種継は正三位を授けられた。翌年の正月には、天皇大極殿に出御されて朝礼を受けられ、平常通りの政務を行われていることから、造営工程が如何に急激であったかが察せられる。

造宮工作を実際に担当していた、功労ある帰化族を挙げてみよう。その第一は、種継の外祖父に当る秦忌寸朝《アサ》元《モト》で、彼は聖武天皇が有名な奈良の大仏を造立された時の主計頭《かずへのかみ》（令制によれば「調および雑物を計え納れ、国用を支度し、用度を勘勾するを掌る」とあるから今日の大蔵省主計局長あたりか）であった人で、国家財政の難局時に財務担当の経験者であり、山城の豪富秦《ハタ》氏の族人として、いまは宮中随一の権臣である藤原式家の御曹子であり、且つ自家の外孫である種継が造宮使であるから、秦氏一門の経済力を総動員して援助したであろうことは容易に想像される。

次に山背国葛野郡人で外八位下秦忌寸足長《アシナガ》という人は、長岡の宮城を築いて一躍従五位を授けられ（続紀　延暦四年正月の条）、次いで主計頭に任ぜられ（同　十月条）、遷都早々財務当局者に任じている。従七位上大秦公忌寸宅守《ヤカモリ》は、太政官院の垣を築いた功によって、従五位下を授けられ（同　四年八月の条）、次いで主計助に任ぜられている。（同　七年七月の条）

この外に、近江国人従七位下の勝首益麻呂《マサのオビトマスマロ》なる者も、延暦四年二月から十月までの間に役夫総数三万六千余人を供出し、私粮をもって造営に給したので、その労を賞して外従五位を授けられたが、その父真公《マキミ》に譲ったので勅許された（同　四年一二月条）と見えている。勝氏は姓氏録の右京諸蕃下に上勝、山城諸蕃にも勝と載っていて、何れの場合も「百済国人多利須須《タリスス》の後なり」としている。勝氏は秦氏とは特別な緊密関係にあるので、近江の国から馳せ参じて、偉大な貢献をしている。

ところがここに不幸な一大事件が突発した。即ち延暦四年（遷都の翌年）九月、造宮使種継は天皇が平城行幸された留守中に、昼夜兼行の工事を炬を照らして催検しているとき、何者かに傷付けられて翌日そのまま死亡してしまった。この一件は、種継の群臣たちの意表を行く遷都事業の遂行と、これに伴う将来の栄達に予め猜疑の念を起した大伴・佐伯らの旧臣たちの凶計によって、皇弟早良《サワラ》太子をも連坐させた暴挙である。天皇は種継の変死を深く哀悼され、詔して正一位右大臣を贈られた。

種継の横死事件は、彼の背景をなしていた秦氏一族の経済的援助の杜絶を来し、その結果造宮事業の頓挫を招いたため、その後の工事は遅々として捗らない状況にあった。なお不幸な事態が続いた。延暦七年〔七八八〕五月には夫人の藤原旅子（贈皇太后、百川の女で淳和天皇のご生母）が年三〇で薨去されたので「宇波多《ウハダ》陵」に葬られ翌八年〔七八九〕一二月には御生母の高野新笠姫（贈皇太后、和史乙継の女）が崩御されたので「大枝《オオエ》山陵」に葬られ、その翌九年〔七九〇〕潤三月にまた皇后藤原乙牟漏（良継の女、平城・嵯峨天皇のご生母）が三一歳で崩ぜられたので「長岡山陵」に葬られた。桓武天皇はこのように三后妃の陵墓を何れも、造営続行中の長岡京近辺に営まれ、一時は長岡奠都の堅い決意を示されたのであるが、時運の致すところ新しい決意をもって、長岡京未完成のまま延暦一三年〔七九四〕一〇月、遂に長岡の北方約八キロの新都平安京（京都）に遷都することになるのである。

桓武天皇椒房における百済系女性――

乳母の名に因んで山部《ヤマベ》王と名付けられた桓武天皇は、少年時代をご生母新笠姫《ニイガサヒメ》（百済系の女性）の膝下で健康な偉丈夫として育ち、成人されるころには文武の道に欠けるところのない立派な貴公子であった。

王の武道は主として「鷹狩」に習得されたと考えられる。鷹狩の法は百済から伝えられたもので、犬を走らせて鳥獣を追い、鷹を放して獲物を捕える壮快な野遊びである。鷹狩のことは、鷹甘部《タカカイベ》の伝承として仁徳紀に面白く伝わっている。この鷹狩によって鍛えられた桓武天皇の強固な精力は、二〇年間の皇位生活で偉大な統治力を発揮され、前後五〇年間の家庭生活でこれまた偉大な統御力を発揮されている。天皇が還暦を迎えられた時には、二六人の女性から一六人の皇子と一九人の皇女という子宝に恵まれていた。

前記二六人の女性の中には、百済系の帰化人である百済王氏《クダラのコニキシ》家門の女性が、椒房《しゆくぼう》（天皇の後宮）として数人いたことは注意すべきであろう。百済の女人たちが打ち揃って宮中に入り、天子の寵愛を受けながら、多くの親王・内親王を生み奉るということは、何といっても奇抜であるからである。これらの女性は、顕臣百済王敬福《キヨウフク》の長男である理伯の娘、明信が天皇の柱石の臣である右大臣従一位藤原継縄《ツグタダ》の室となって乙叡を生み、のち宮中に入って尚侍となったのを手始めに、理伯の次女恵信、三女明本を宮人となっており、敬福の次男である武鏡の娘教仁は早くから後宮となって大田親王を生み、また敬福の孫である俊哲の娘教法は初めての女御《にようご》（皇后に次ぐもの）となり、同じく敬福の曽孫である聡哲の娘真善と教徳の娘、貞香や真徳も後宮に入り、うち貞香は駿河内親王を生んでいる。

以上を系図化すると次の通りである。

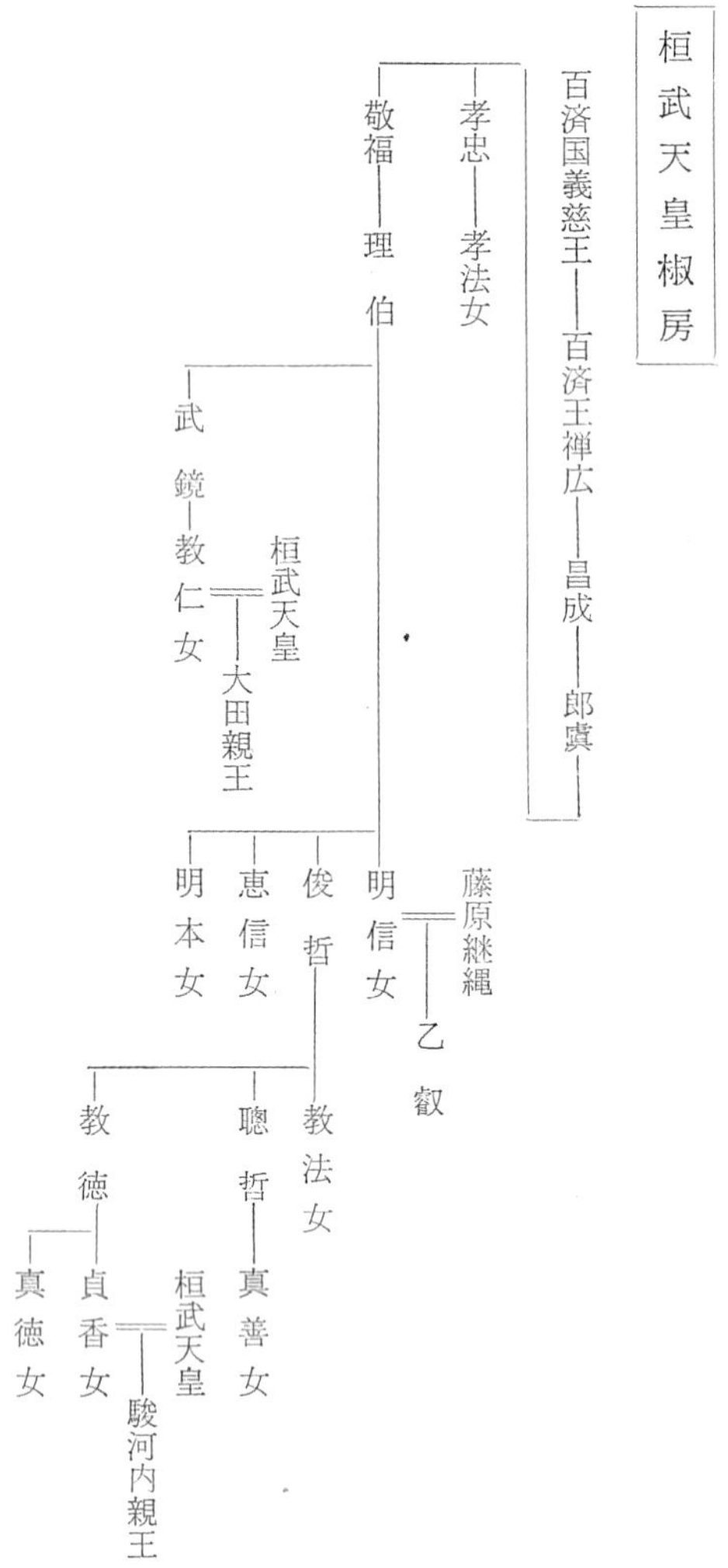

嵯峨・仁明天皇と百済系女性——

桓武天皇の皇子である嵯峨天皇の淑房には、百済王俊哲の娘貴命が女御となって忠良親王・基良親王・基子内親王を生み、教俊の娘慶命も女御となって源《ミナモト》朝臣定・同鎮・同善姫・若姫を生んでいる。

次に嵯峨天皇の皇子である仁明天皇には、右の恵信と慶命とが引続き尚侍として奉侍したほか、教俊の娘で慶命の妹に当る永慶が宮人となり高子内親王を生み、豊俊の娘（名不明）が源多・同光を生んでいる。この関係は次図のようになる。

嵯峨・仁明天皇椒房

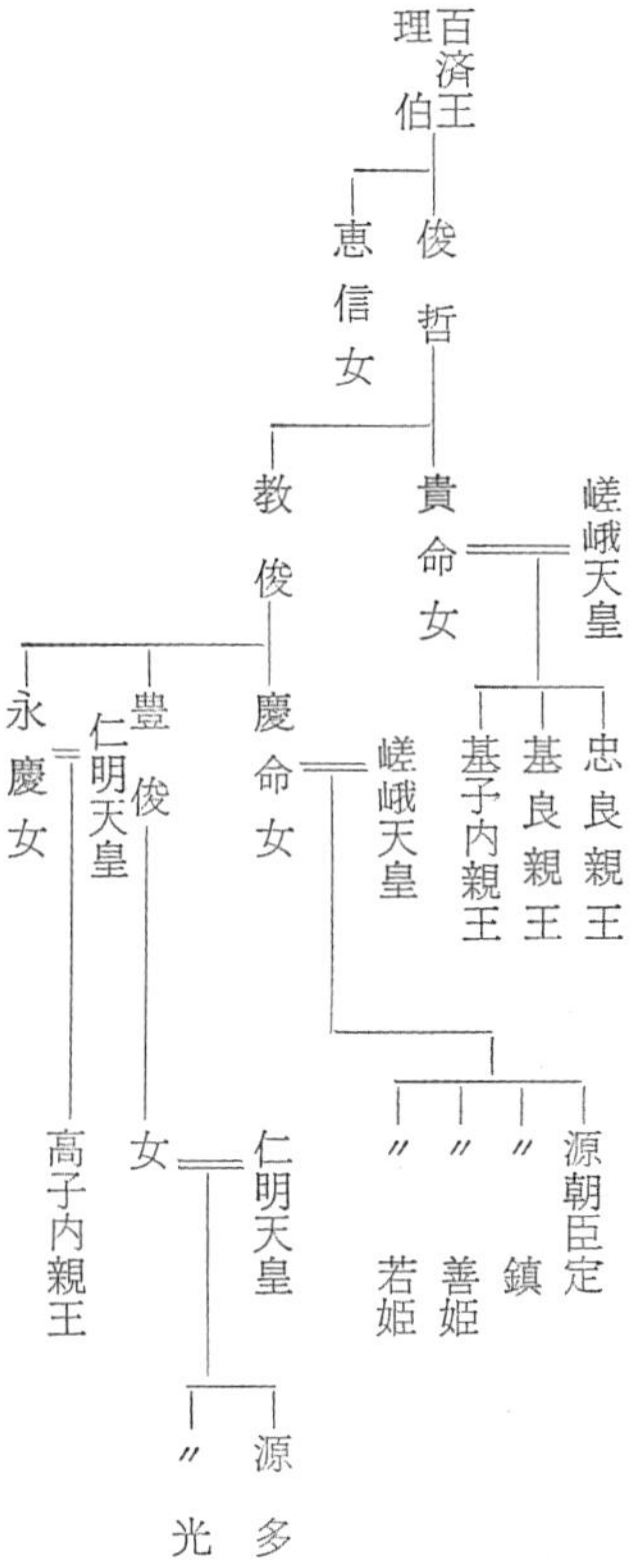

以上で分るように、百済王敬福一門の娘子群は、殆んど洩れなく桓武・嵯峨・仁明三代の宮廷に動員されている。まこと百花絢爛にして艶を競うが如くである。日本の皇室に百済人の血液が少くも何パーセントは混っていることが、これで明らかである。百済王氏のみならず、当時同じ帰化人系である坂上大宿禰、葛井・山田・広井・内蔵・惟良・山口・百済の各宿禰、当宗忌寸らの女性が、後宮あるいは貴族の内庭に迎えられて寵を受けていた。体軀・容貌から教養・作法に至るまで、一種の異彩を放っていたであろう帰化人の娘さんたちによって、正に外人妻ブームの時代を現出していたわけである。

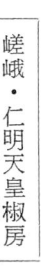

高麗寺心礎石（相楽郡上狛）

ちよつと見たところ何でもない石ころのようであるが実際はなかなか面白い心礎石である。

南山城上狛の地に残つている高麗寺趾の塔心礎は表面に円柱孔をもち右側に横口の舎利孔をもつ日本全国で唯一の形式である。

〔本文　269 ページ〕

南山城地方

〔概　説〕

山の背後の地▶山背の国――

京都府南部の相楽郡を主として綴喜郡・久世郡の一部に亘るこの地方は、殆んどが余り高くもない丘陵地帯で、その山間を緩やかに流れている木津《キツ》川の沿岸に、僅かに平地を開いているという特殊な地勢である。

延暦一三年〔七九四〕平安奠都がなされるまでは、政治・経済の中心地であった南の大和《ヤマト》の国からすれば、都の北辺の山々を趣えたこの一帯は、確かに山の背後の地にあたるので、「山背《ヤマシロ》の国」といわれていた。それも奠都の年三月丁丑の詔に、「山背国を山城国と改む」とあって、以後は「山城の国」になった。

高句麗族の開拓――

南山城地方に居住していた人々の先祖は、出土品その他の考証によって古い石器時代に遡るといわれているが、その後の歴史時代では高句麗から渡来した狛《コマ》氏族が木津川沿岸に定着して、いろいろの開拓を行っている功績を忘れることができない。

欽明天皇二六年〔五六五〕五月に、

「高麗人、頭霧唎耶陛《ツムリヤヘ》等、筑紫に投化せしかば、山背の国に置かしむ。今の畝原《ウネハラ》（京都府綴喜郡）・奈羅・山村（京都府相楽郡）の高麗人の先祖なり」（日本書紀）

という古い記事があり、今でもこの地方には、高麗《コマ》・上狛《カミコマ》・下狛《シモコマ》・狛田《コマダ》などという地名が残っているのはこの流れであろう。

殊に、上狛の地にはこの帰化族、狛氏によって建てられた《高麗寺》の廃墟があって白鳳時代における仏教文化の片鱗を物語っている遺物を出土している。高麗《こま》帰化族はその主生業である農業開拓の外に、《高麗剣《コマけん》》や《狛錦》などの貴重な産業も、彼らの外来技術によって興しているのは注目すべきである。

日本最初外国蚕飼育旧跡

京都府綴喜郡
田辺町（旧普賢寺村）多々羅

外来養蚕の濫觴――

こんどは「古事記」にのっている蚕に関する説話を紹介してみよう。

「大后（仁徳皇后の石之日売命《イワノヒメ》）の幸行《い》でましし所以《ゆえ》は、奴理能美《ヌリノミ》（百済からの帰化人で努理使主《ヌリノオミ》のこと）が養《か》える虫、一度は匐《は》う虫になり、一度は殻《かいこ》になり、一度は飛ぶ鳥になりて、三色《みくさ》に変る奇《あや》しき虫あり、この虫を看行《みそな》わしに入りまししこそ。更に異心《ことごころ》無し。といいき。かく奏《もお》す時に、天皇詔りたまいしく、然らば吾も奇異《あや》しと思う。故、見に行かむと欲《おも》う。とのりたまいて、大宮（難波《ナニワ》の高津宮）より上り幸《い》でまして、奴理能美の家に入りまし時、その奴理能美、己が養《か》える三種《みくさ》の虫を大后に献りき。」（古事記　下巻　仁徳段）

この話の筋は次の通りである。

「仁政を施されたというので有名な、仁徳天皇が即位されて三一年目の秋、皇后が酒宴用の御綱柏《みつながしわ》（ウコギ科の常緑喬木、葉は堅く三裂する。これに酒を盛って飲む）を採るため、紀伊国《キイ》（和歌山県）に行った留守中、天皇はかねてから意中の人であった八田若郎女《ヤタノワキイラツメ》と忽ち懇意になり、宮中で昼も夜も戯れ遊ぶさまを、大后はその帰り途に伝え聞いたので、大いに恨みまた怒り、難波の宮には還らず、堀江をさかのぼって実家のある大和《ヤマト》の葛城《カツラギ》に引込んでしまった。その後、山城国《ヤマシロ》筒木《ツツキ》（いまの京都府綴喜郡）にいる韓人の奴理能美の家に、暫らく留まっていた。そのとき、幼虫から繭になりさらに蛾になる――三種類に変化する不思議な虫、つまり蚕を初めて見た。使いの者から報告を聞いた天皇も、その珍らしい虫をぜひ見たいものだと言われながら、その実は大后の後を追って、山城川に舟を浮べ難波の宮から奴理能美の家まで行幸された。」というわけである。

この奴理能美は記録にみえる南山城における最初の帰化人であり、彼が飼っていた三色に変る奇虫というのはまた、日本最初の外来蚕である。現在、田辺町（旧普賢寺村）多々羅《タタラ》部落の中央部道路脇には、写真にみるような「日本最初の外国蚕飼育旧跡」なる標石が立っている。当時この附近で、百済人たちが養蚕をしていたことを伝えるのであろう。しかし今は、部落近辺に桑田もなく、したがって養蚕などは全然やっていない。

外国蚕飼育旧跡

なお姓氏録によると、調造《ミツキのムラジ》という姓氏を挙げ、「百済国努理使主《ヌリのオミ》の後なり」とし、「努理使主は応神天皇の御代に来化し、その子孫たちは顕宗天皇の時代に、蚕織して絁絹の様《ためし》を献じたので、調首《ミツキのオビト》の姓を賜わった」とも注文している。（姓氏録　左京諸蕃下、百済の部）この努理使主は、古事記に出てくる奴理能美のことで、彼が養蚕の開拓者であることが明白になっている。なお右京・山城の諸蕃「民首《タミのオビト》」および河内の「水海連《アマのムラジ》」もまた努理使主の後としている。

日本の養蚕起原――

それでは百済から蚕が入ってくる以前には、日本に蚕が全くいなかったであろうか。史籍によれば、必らずしもそうではないらしい。有文時代書かれた比較的信頼度の高い中国の「三国志」をみると、その「魏志東夷伝」倭人の項で倭人の風俗を描写している箇所に、

「其の風俗淫ならず。男子は皆露紒し、木緜を以って頭に招《かか》げ、其の衣は横幅、但々結束して相連ね、略々縫うこと無し。婦人は被髪屈紒し、衣を作ること単被の如く、其の中央を穿ち、頭を貫いて之を衣る。禾稲・紵麻を種え、蚕桑して緝績し、細紵・縑緜を出だす、云々」

と書いているのをみると、当時のいわゆる倭人たちの風俗の一端が窺われるが、右の中で「蚕桑緝績」とか「細紵縑緜」とか、明記していることは、当時日本では、野生の桑を飼料としてあまり改良もされなかったであろう蚕をもって、原始的な養蚕紡織が行われていたことを裏書している。

（註）細紵…紵はいちびのこと、麻糸で細く織った麻布
縑……かとりぎぬのこと、蚕糸で堅く織った絹布
緜……まわたのこと

三国志という書物は、三世紀の終りごろ、中国の晋《シン》人陳寿《チンジュ》が著わしたものであり、さきに述べた百済の奴理能美が蚕を輸入したのは、応神天皇のころとされるから、これから推すと外来の蚕が入る少くも一〇〇年はさかのぼって、すでに日本に養蚕が行われたことを認めなければならないことになる。

これを裏付けるかのように、日本の古典にも蚕に関する説話は見受けられる。尤も八世紀の初葉に入って始め

て永い間の口伝を土台にして編纂された記・紀の中で神話時代の記事は、殊更に真偽の程が疑わしいにしても、兎に角、「神の頭上から蚕と桑が生れた」とか「神の眉上に蚕が生れた」とか「天照大神が口の裏に蚕を含み、糸を抽くことを得た」とかの伝説は、要するに蚕織のことは遠い神話時代からすでに始まっていたことを物語るものであろうか。

日本史上、桑蚕を公式に奨励した最初の記事は、雄略天皇の一六年〔四七二〕である。即ち
「秋七月、詔して、桑に宜き国県に桑を殖えしめ、また秦《ハタ》の民《カキベ》を散《あか》ち遷して庸調《みつきもの》を献らしめき。冬十月、詔して、漢部《アヤベ》を聚めて、その伴造《トモノミヤツコ》者を定め、姓を賜いて直《アタイ》と曰いき。」（日本書紀　巻一四）
この年代は、前記の韓人奴理能美の事跡に比べるならば、約一〇〇年も後れるだろう。倭人伝の記事に比べると二〇〇年ほど後れている。書紀の記載通り、「宜しき国県に桑を殖えしむ」ということは、桑の栽培に適当なところだけ殖えさせたのであるから、これは移住民たちによって蚕業が開拓されたところと、大いに関連のある記事である。

さて同じ「東夷伝」の中で、半島における各国の蚕業に言及した記事を一覧すれば、北半部に所属する夫余《フヨ》・高句麗《コウクリ》・東沃沮・挹婁の諸国については、不思議に全然蚕桑のことが記されていない。その代り、東あるいは南半部の濊《ワイ》・韓（馬韓・辰韓・弁韓）の諸国には、蚕桑有りて緜布を作る旨書いており、なかんづく弁辰は、「蚕桑を暁し縑布を作る」として、養蚕業に通暁していたことを指摘している。

これら一連の事情から推察しても、韓半島の先進した養蚕技術が、日本に移植されて、現地の斯業に格段の向

新宮社

上・発展をもたらしたと言い得る。

ツツキとタタラ――

外国蚕飼育旧跡碑石の立っている附近一帯の地名を、綴喜《ツツキ》郡田辺町旧普賢寺字多々羅《タタラ》と称している。綴喜の文字は、古事記に筒木、日本書紀に筒城、万葉集には管木と書いて、和名抄には綴喜を豆々岐または豆々木と訓んでいるが、何れもツツキという言葉の語源については、何一つふれていない。

往時、日本列島内の他の地方でもそうであったように、特にこの大和・山城地方には多くの韓来移住民が、半島三国から越してくるわけであるが、彼らは故国でなしたと同じく社会的なあるいは軍事的な自己防衛の手段として、山城を築いて集団生活をしていたと思える。多くの学者が立証しているように、こうした山城は半島三国の特有なもので、日本在来の原住民には勿論なかった。古代韓語では、山をツツ、城をキといっていたので、このツツキは右のような山城を意味する言葉で帰化人たちが使用していたのが、何時しか固有化されたのではなかろうか。

つぎにタタラであるが、欽明天皇の一九年〔五五八〕、百済国余璋王の王子である琳聖太子の子、爾利久牟《ニリクム》王が日本にきて、朝廷に金《コガネ》の多々利《タタリ》、金の乎居《オケ》などの金属製品を献じたので、天皇は爾利久牟をこの地に置き、多

々羅の姓を賜わったということが記録にのっている。（姓氏録　山城諸蕃　任那多々良公の条）
この多々利というのは、蚕糸具の糸巻または繰台であり、平居とは麻笥《オケ》、つまり麻を績《ウ》み入れる道具であるといわれるが、この語源も果して古代韓語に通じているかどうかは、浅学の私には分らない。
多々羅は、多々利からの転訛であることは明白である。いまの多々羅部落は、普賢寺川を挟んで、南側のやや平坦地と北側の丘陵地に分れているが、北側の人里離れた田中山山腹に、いまは旧郷社朱智神社（字天王鎮座）の境外末社となっている《新宮社》がある。この辺は爾利久牟の住居したところといわれ、恐らく多々羅氏がその祖神を祀ったのであろう。

高麗寺跡

京都府相楽郡山城町字上狛

狛氏の故地　相楽《ソウラク》地方――

ゆるやかな木津《キツ》川の流れに沿って築かれた土手の上を、立派な新国道がどこまでも続いている。泉大橋《イズミオオハシ》のたもとあたり、堤防に立って四方を眺めると、実にのどかな広々とした田園風景が展開される。この辺一帯は、その昔狛《コマ》氏一族が居住していた故地で、今も高麗《コウライ》・狛《コマ》（旧上狛町・旧川西村下狛・狛田など）の地名がそのまま残っていて上古、高句麗民族の移住の跡が偲ばれる。
木津川の北岸、国鉄奈良線の「上狛《カミコマ》」駅東方の丘陵地に、一、三五〇年も前の高麗《コマ》寺跡が、ひとかたまりの雑

高　麗　寺　跡

木林に囲まれて、淋しく廃址を留めている。曠原の中の廃寺址は、まことに荒涼そのものである。

高麗寺形式は百済寺とは異る——

高麗寺は、飛鳥時代、仏教を崇敬した蘇我氏の庇護のもとにこの地にいた狛氏が建てた寺と思われるが、正確な創立年代は詳らかではない。林の一隅に立ててある立看板の説明文には、次のようなことが書かれている。

史跡　高麗寺跡

一、塔　跡　十二・八メートル平方の瓦積基壇を有し、中央に心礎を原位置にとどめている。心礎は表面に円柱孔を、右側に横口の舎利孔をもち全国唯一の形式をとどめている。

一、金堂跡　塔跡の西八メートルに南北十三・三メートル東西十七メートルの瓦積基壇をもった金堂跡がある。

一、講堂跡　金堂跡北側に水田をへだてて、講堂跡があり、二箇の礎石を残している。

一、出土品　飛鳥時代の鐙《アブミ》瓦、奈良・平安初期の宇《ウ》瓦、鴟尾《シビ》等多数の古瓦・破風・金具・釘・化粧石等が発見され、国立京都博物館・山城町役場に保存されている。

昭和三十八年七月

山　城　町

山城町教育委員会

説明文が示している通り、東に塔跡、西に金堂跡、その中間北側に講堂跡という形式は、法隆寺の西院における金堂と塔とが東西に並列する形式とは、全く逆な配置である。

「高麗寺跡」調査報告書にも、「塔跡には地下二尺に中心礎石があり、上面に径二尺三寸五分の柱座を彫り込み、南側外面に横穴式の舎利孔を作ったもので、近江の崇福《スウフク》寺、河内の野中《ノチュウ》寺に類似した珍しいもの」であることを指摘している。

「山州名跡志」大狛《オオコマ》郷の記事によると、「上狛《カミコマ》に高麗寺の跡あり。用明帝勅して、唐僧恵宗を以て此寺に住めしめし。……上狛の東にも狛寺の字《アザナ》あり、東西三町南北一町、礎石散在す。俗呼びて鏡石という、径三尺余のもの数個あり。」また下狛《シモコマ》郷の項では、「下狛は僧房谷村・里村等の民家に別れ、昔狛《コマ》寺ありて百済僧恵弁此に住す」としているから、往時は高麗寺が上狛と下狛に各一箇所ずつあったと思われ、廃寺になってからも礎石は数多く残っていたことを語っている。

高句麗の寺に唐と百済の客僧――

前に出てきた「名跡志」が記しているように、この高麗寺には、古くから唐僧や百済僧が住んでいたらしく、高麗《コマ》の寺院に唐や百済の僧が滞留していたことは、微笑ましい光景である。この坊さんたちは、村の人たちとも娯楽を通じて、大いに交歓をとげていたようである。

「日本霊異記」や「今昔物語」に、大要次のような挿話がのっている。

「今は昔、山城の国相楽郡に高麗寺という寺があった。その寺に栄常という坊さんが住んでいた。同じ郡内に一人の俗人が住んでいて、彼は栄常坊さんとは大層仲がよかった。俗人は毎日高麗寺にいって、栄常坊さんと碁を打つのが何よりの楽しみであった。ある日、何時ものように二人は碁を楽しんでいたら、一人の乞食坊主が現われて、法華経のひとこまを唱えながら、食べ物を乞うた。栄常はこの乞食の暗誦する経の音を聞いて可笑しくなり、大声で笑い出した。碁石が並べられるにつれて、栄常は何時しか自分の口を喎《ゆが》めて、乞食の奇声をまねするようになった。俗人はこれを聞きながら、穴恐しと連発しながら石を打った。碁は数局繰り返されたが、毎回俗人の負けに終り、坊さんの経音はますます高らかになってきた。日暮になって、対局が終るころ栄常の口はとうとう完全に喎んでしまった。」

というのである。

普門山蟹満寺

京都府相楽郡山城町大字綺田《カムバタ》

秦氏による創建——

水の流れが緩やかで綺麗なことで有名な木津《キヅ》川に天神《テンジン》川という小川が注ぐ川口のところに、京都と奈良を往復しているバスの「棚倉《タナクラ》」停留所がある。ここから河畔の堤防道を東へ約五〇〇メートルの地点に、鉄筋の天神橋が架っていて、そのすぐ南下の田園に蟹満寺がある。

　この寺は、いまも広隆寺に所蔵する「広隆寺別院末寺縁起」によれば広隆寺の末寺として、秦《ハタ》川勝の弟、阿津具長者の創建としている。また「太子伝古今目録抄」によると蝦蟆寺（この寺の別名）は秦川勝建立の堂なりとしているから秦氏による創建には間違いない。

　現在、寺の本尊として国宝の釈迦如来像を安置していることは有名である。この釈迦像は、重量七、五〇〇キロもある金銅造りの大きな≪丈六仏≫の坐像で、唐の初期様式を模倣したいわゆる≪白鳳仏≫の代表作とされているが、その造顕の由来は今なお明確になっ

蟹満寺　本堂

釈迦如来像（国宝）

ていない。しかし、この坐仏の容面が豊満温雅なこと、姿体が荘重なこと、また衣文の流暢な曲線、衣壁の簡潔な彫法など、すべてにおいて稀類の名作だと絶讃されている。

普門山蟹満寺名称の由来——

この寺が昔から世人に親しまれている一つの理由は、この特異な名称をもつに至った由来である。この由来について、「蟹満寺縁起」には、あらまし次のように説明している。

「昔この寺が建てられる前に、夫婦と一人娘を持つ三人家族の、至って善良で慈悲深い一農家があった。この一人娘は幼いときから大そう慈み深く、また信心深い娘で、いつも観音経の普門品を読誦して観世音菩薩を信仰していた。

ある日所用があって外出すると、村人たちが蟹を沢山捕ってきて、手や足をなぶっていた。娘は生物を慈むようにお願いしたが、一向に聞き入れてくれなかった。そこで村人にお金を与えて、その蟹を買って叢《くさむら》に逃がしてやった。すると蟹はいかにも嬉しそうに、何処へともなく急ぎ去る姿をみて、安心して家へ戻ってきた。

その後、娘の父が田圃へ出て仕事をしていると、蛇が走り出て蝦蟇《がま》をくわえ、悲鳴をあげている蝦蟇は今にも呑み込まれそうであった。これをみた父は何とかして蝦蟇を救ってやろうと思い、突嗟のこと蛇に向って、若しお前が蝦蟇を放ってやれば、儂《わし》の可愛い娘を嫁にやろう。と言ってしまった。すると不思議にも蛇は直ちに蝦蟇を放ったので、蝦蟇は危く一命を拾い得て逃げ去り、蛇もまた何処かへするすると姿を隠した。

さて蝦蟇の命を救い得て喜んだのも束の間で、後のことが心配になってきた父は、最早耕す気力を失い鍬をかついで帰路についた。悄然として帰ってきた父の様子をみた娘とその母は、いかがなされたかとわけを尋ねた。父は事ここに至っては仕方がないものと、田圃で生じた事件の一部始終を語り、不本意でなしたことを深く悔いた。娘はこれを聞くなり無言で直ちに自室に引籠り、観世音菩薩に救いの祈願を込めて、一心に観音経普門品を読誦し続けた。

その日の日没近く、門前に衣冠を着けた紳士が現われ、今日昼間田圃での約束の履行を迫ってきた。困り果てた父は、嫁入りの仕度を理由に日限を附して再約し、漸やく帰宅せしめてその場は逃がれることができた。しかし一度約束した言葉は取消す術もなく、いよいよ約束の日になって、再び紳士は門前に姿を現わした。絶望の窮地に追込まれた父は、俄かに雨戸を堅く閉してしまった。紳士は入室することもできず、終に怒って本性を現わして蛇に立ちかえり、何とかして娘の居間に入ろうとして家の周りをぐるぐる巻いて頭を突込もうとしたが、どこにも隙間がなくて果されず、怒りはますます募ってこんどは尻尾をもって雨戸を叩き打ちながら荒れ狂うのであった。

両親は恐怖のあまり、身を縮めて互に顔を見合せている時であった。温顔に輝やく大慈大悲の観世音大菩薩が、両親の眼前に髣髴として現われ、〝汝等よ決して恐るることなかれ、汝等は慈悲の心深く、常に善良な行為をなせり。汝等の娘はまた我を信じて疑わず、我を念ずる観音力は、能くこの危機を悉く除くべし〟と告げ終って静かに姿を消した。両親はただ茫然として、夢かとばかり自然に合掌して「南無観世音菩薩」と何度も繰返して念誦した。娘はこの事も知らずに、ひたすら観音経普門品の読誦に余念がなかった。さて如何なる事か、先刻まで荒れ狂っていた雨戸を叩く暴音は、いつしか絶えて戸外は静寂に鎮りかえっていた。夜は次第に更けて夜明けに近づいたころ、父は一寸ばかり開けて外を覗いたとき、意外な光景にびっくりした。寸々に鋏み切られた大蛇の片々と群り満ちた数万の蟹が、目に映じたのである。この格闘によって、沢山の蟹も死んでいた。父は妻と娘を呼び寄せてこの有様を親しく眺め、大慈大悲の観世音菩薩の守護を感謝し、娘の身代りとなった蟹を痛く哀れみ、合掌して「南無観世音菩薩」と幾度となく念誦した。

そこで蟹のなきがらと蛇のこまぎれを集めて叮寧に葬り、その上に御堂を建てて聖観世音菩薩を祀り、蟹と蛇の菩提を弔った。沢山の蟹が満ちてこの災難を救われた因縁で建立された寺なので「蟹満寺」と名付け、観音経の普門品を読誦していたので「普門山」と号したのである。」

以上がいわゆる「蟹満寺縁起」の物語りであるが、要するに善因を積む者には必らず善果が報いられ、悪因を積む者には必らず悪果が報われるという、善因善果・悪因悪果の因果応報を巧みに説いている。同巧の霊異談は「日本霊異記」や「元亨釈書」にも載せている。秦氏の創建と伝えられる蟹満寺が、このように人間社会の善い教誨となっていることを、特に興味深く感じるのである。

〔附録〕

新撰姓氏録　諸蕃出自表

〔解　説〕

周知のように「新撰姓氏録」は、嵯峨天皇の弘仁六年〔八一五〕七月、中央政府の発案によって編纂された、いわば官製の氏族台帳である。その成書は桓武天皇がいまの京都に国都を遷してから二一年目、平安朝初期のころである。

範囲は、平安京の左京と右京、それに山城・大和・河内・和泉・摂津の五国、つまりいまでいえば京都市・京都府の南部・奈良県全部・大阪府全部および兵庫県東の一部に当る地域であるが、この地域における主なる氏族一、一八二氏について、それぞれの本系帳（家の血筋を書いたもの）を役所に提出させて、相当厳重な考証を経、これを全三〇巻にまとめ上げている。いま通行の姓氏録はその抄本といわれ、所載の氏数は、一、一七七しかない。その脱漏は五氏ということになるが、全体の数からみれば大したことではない。

内容は、それぞれの氏を皇別・神別・諸蕃と大きく分け、それに巻末には未定雑姓として一括して加えている。皇別とは神武天皇以後の皇室から岐れてきた家、神別とは神武天皇以前の神様から岐れてきた家、これをさらに天神《アマツカミ》と天孫《アマツカミのミスエ》とそれに地祇《クニツカミ》の三つに分けている。諸蕃というのがいわゆる帰化人であって、これを漢・百済・高麗（高句麗のこと）・新羅・任那の五つに分け、巻末には祖系のはっきりしない氏を未定雑姓として一括している。

その数字は次の通りである。

皇別氏族	三三三氏
神別〃	四〇二氏
諸蕃〃	三二五氏
未定雑姓	一一七氏
計	一、一七七氏

この未定雑姓のなかにも、諸蕃と思われるものが約五〇氏ほど混っているから、結局諸蕃は三八〇氏近くなる。全体に対して帰化人の比率は、約三分の一にあたる。従って少くともこの地域ではざっと三分の一が、半島や大陸から移住してきた住民であるといえる。

ここに読者の便に供するため、姓氏録にみえる諸蕃の姓氏をその出自を添えて示そう。

なお「姓《かばね》」とは家の出自によって付けられた称号で、後世の爵位に近い。大化の新政〔六四六〕のころから、漸次制度化の方向へ進むのであるが、それまでは大体次のような種類があった。

臣《オミ》……皇別、つまり皇室から岐れた家

連《ムラジ》……神別、つまり神武以前の神様から岐れた家

臣・連の両姓は、上流の氏族で一定の職務を世襲する

公《キミ》(君)…皇別もあれば地方の豪族もある。のちには帰化人もこの姓をもらっている。

直《アタイ》……国造《クニのミヤツコ》になっている地方の大豪族に多いが、中央豪族の仲間入りをした帰化人の漢氏も入っている。

造《ミヤツコ》
首《オビト》 }……中流以下の氏で、伴造《トものミヤツコ》（品部《シナベ》の管掌者）クラスに当る。皇別も神別も帰化人も含まれている。

史《フヒト》
村主《スグリ》 }……殆んど全部が帰化人である。

天武天皇の一三年〔六八五〕一〇月になると、≪八色《やくさ》の姓《かばね》≫という新しい制度が定められ、中央に居住する諸氏の政治的資格を評価しなおして、律令政府としての官人任用の基礎とした。これには

真人《マヒト》……六世紀以後の新しい皇別
朝臣《アソミ》……主に古い皇別の有力なもの
宿禰《スクネ》……主に神別の有力なもの
忌寸《イミキ》……第四級の氏族。
　帰化系の氏の中で、東漢・西漢・秦・西文の四氏だけはこの「カバネ」をもらっている。

などがある。

ここに掲げる表では、姓氏にいちいち読み仮名をつけ、できれば読み方を統一しようと試みた。また同一姓氏のところには数字をつけて、全数の中の幾つ目であるということを明示した。

左京諸蕃　上　三五氏

漢《モロコシ》

太秦公宿禰《ウツマサのキミのスクネ》　秦始皇帝十三世孫孝武王之後也

秦長蔵連《ハタのナガクラのムラジ》　太秦公同祖。融通王之後也

秦忌寸《ハタのイミキ》　(十二)の一　同王五世孫丹照之後也

秦忌寸《ハタのイミキ》　(十二)の二　同王四世孫大蔵秦公志勝之後也

秦　造《ハタのミヤツコ》　始皇帝十五世孫融通之後也

文禰禰《フミのスクネ》　出漢高皇帝之後鸞王也

文忌寸《フミのイミキ》　㈢の一　文宿禰同祖宇爾古《ウニコ》首之後也

武生宿禰《タケフのスクネ》　同祖王仁孫河浪古《カラコ》首之後也

桜　野　首《サクラヌのオビト》　同上

伊《イ》吉連《キのムラジ》　㈢の一　出自長安人劉楊雍也

常世連《トコヨのムラジ》　㈢の一　燕国王公孫淵之後也

山代忌寸《ヤマシロのイミキ》　出自魯国白竜王也

大崗忌寸《オオオカのイミキ》　出自魏文帝之後安貴公也

幡　文　造《ハタのアヤのミヤツコ》　同上

楊《ヤ》侯忌寸《コのイミキ》　出自隋煬帝之後達率楊侯阿了王也

楊胡史《ヤコのフビト》　同上

木津忌寸《コヅのイミキ》　後漢霊帝三世孫阿智使王之後也

浄村宿禰《キヨムラのスクネ》　陳袁濤塗之後也

清宗宿禰《キヨムラのスクネ》　唐人正五位下李元環之後也

清海宿禰《キヨウミのスクネ》　唐人従五位下沈惟岳之後也

嵩《ス》山忌寸《セのイミキ》　㈢の一　唐人外従五位下船典賜祿張道光入朝焉沈惟岳同時也

栄山忌寸《サカヤマのイミキ》　㈢の一　唐人正六位上本国岳賜祿晏子欽入朝焉沈惟岳同時也

長国忌寸《ナガクニのイミキ》　唐人正六位上大押官賜祿正税児入朝焉沈惟岳同時也

栄山忌寸《サカヤマのイミキ》　㈢の二　唐人正六位上本判官賜祿徐公卿入朝焉沈惟岳同時也

嵩《ス》山忌寸《セのイミキ》　㈢の二　唐人正六位上本丑食賜祿孟恵芝入朝焉沈惟岳同時也

清川忌寸《キヨカワのイミキ》　唐人正六位上本賜祿盧如津入朝焉沈惟岳同時也

清海《キヨミ》忌寸《のイミキ》　唐人正六位本賜祿沈庭勗入朝焉沈惟岳同時也

新長忌寸《ニイオサのイミキ》　唐人正六位上馬清朝之後也
当宗忌寸《マサムネのイミキ》　後漢孝献帝四世孫山陽公之後也
丹波史《タニハのフビト》　後漢霊帝八世孫孝日王之後也
大原史《オオハラのフビト》　漢人西姓令貴之後也

左京諸蕃下　三七氏

漢《モロコシ》
吉水連《ヨシミズのムラジ》　前漢魏郡人盖寛饒之後也
牢佐村主《ムサのスグリ》　呉孫権男高之後也
和薬使主《ヤマトクスシのオミ》　出自呉国主《クレノクニノコニキシ》照淵孫智聡也
大石《オオイシ》　高丘宿禰同祖広陵高穆之後也

百済《クダラ》
和朝臣《ヤマトのアソミ》　百済国都慕《トボ》王十八世孫武寧王之後也
百済朝臣《クダラのアソミ》　百済国都慕王三十世孫恵王之後也
百済公《クダラのキミ》　㈢の一　百済国都慕王二十世孫汶淵王之後也
調連《ツギのムラジ》　水海《アマ》連同祖百済国努理使主《ヌリのオミ》之後也
林連《ハヤシのムラジ》　百済国人木貴公《セクキコウ》之後
香山連《カグヤマのムラジ》　百済国人達率《タチソチ》荆員常之後也
高槻連《タカツキのムラジ》　百済国人達率名進之後也

桑原村主《クワハラのスグリ》　漢高祖七世孫万徳使主《マトコのオミ》之後也
下村主《シモのスグリ》　㈡の一　後漢光武帝七世孫慎近王之後也
上村主《カミのスグリ》　㈢の一　広階《ヒロハシ》連同祖陳思王植之後也
筑紫史《ツクシのフビト》　㈡の一　陳思王植一名号東阿王之後也
広田連《ヒロタのムラジ》　㈢の一　百済国人辛《カラ》（一作争）臣君《オミ》之後也
石野連《イシヌのムラジ》　百済国人近速固王孫憶頼福留《オラフル》之後也
神前連《カムサキのムラジ》　百済国人正六位上賈受《カツ》君之後也
沙田連《マスタのムラジ》（一本史）百済国人意保尼《オホニ》王之後也
大丘造《オオオカのムラジ》　百済国速古王十二世孫恩率《オムソチ》高難延子之後也
小高使主《コタカのオミ》　百済国人毛甲姓加須流気《カスルケ》之後也
飛鳥部《アスカベ》　百済国人木吉志《モクキシ》後也

高麗《コマ》
高麗朝臣《コマのアソミ》　高勾麗《コクリ》王好台七世孫延興王之後也
豊原連《トヨハラのムラジ》　高麗国人上部王虫麻呂之後也
福当連《フクギのムラジ》　高麗国人前部能韋《ノイ》之後也
御笠連《ミカサのムラジ》　高麗国人従五位下高庄子之後也
出水連《イヅミのムラジ》　高麗国人後部能致元之後也

新城連《ニイキのムラジ》　高麗国人高福裕之後也
男牀連《オユカのムラジ》　高麗国人高道士之後也
福当造《フタキのミヤツコ》　高麗国人前部志発《シホチ》之後也
高史《タカのフビト》　高麗国人元羅郡杵王九世孫延拏王之後也
日置造《ヘキのミヤツコ》　㈣の一　高麗国人伊利須意弥《イリスオミ》之後也
河内民首《カワチミタミのオビト》　高麗国人安劉王之後也
後部薬使主《シトリベノクスシのオミ》　高麗国人大兄憶徳之後也
王《コニキシ》　高麗国人従五位下仲文文法名東楼之後也

右京諸蕃上　三九氏

漢

坂上大宿弥《サカのウエオオスクネ》　後漢霊帝男延王之後也
桧原宿禰《ヒハラのスクネ》　坂上大宿禰同祖
内蔵宿禰《ウチクラのスクネ》　坂上大宿禰同祖
山口宿禰《ヤマグチのスクネ》　同四世孫都黄直之後也
平田宿禰《ヒラタのスクネ》　坂上大宿禰同祖
佐太宿禰《サダのスクネ》　坂上大宿禰同祖
谷宿禰《タニのスクネ》　坂上大宿禰同祖
畝火宿禰《ウネビのスクネ》　坂上大宿禰同祖

高《コウ》　㈢の一　高麗国人高助斤之後也
高《コウ》　㈢の二　高麗国人従五位下金蔵法名信成之後也

新羅

橘守《タチバナモリ》　三宅連同祖天日杵命之後也

任那

道田連《ミチタのムラジ》　任那国賀室王之後也
大市首《オオイチのオビト》　任那国人都怒賀阿羅斯止《ツヌガアラシト》之後也
清水首《シミズのオビト》　同上

桜井宿禰《サクライのスクネ》　坂上大宿禰同祖
路宿禰《ミチのスクネ》　坂上大宿禰同祖
文忌寸《フミのイミキ》　㈢の二　坂上大宿禰同祖都賀直之後也
山田宿禰《ヤマダのスクネ》　周霊王太子晋之後也
志我閉連《シガへのムラジ》　山田宿禰同祖王安高之後也
長野連《ナガヌのムラジ》　山田宿禰同祖忠意之後也
山田造《ヤマダのミヤツコ》　山田宿禰同祖忠意之後也
高村宿禰《タカムラのスクネ》　魯恭王之後青州刺史劉琮王之後也
伊吉連《イキのムラジ》　㈢の二　長安人劉家楊雍之後也

常世連《トコヨのムラジ》 ㈡の二 燕国王公孫淵之後也
壹忌寸《ウテナのイミキ》 河内忌寸同祖
錦織村主《ニシゴリのスグリ》 韓国人波努志《ハヌシ》之後也
桧前村主《ヒノクマのスグリ》 漢高祖男斎王肥之後也
広階連《ヒロハシのムラジ》 魏武皇帝子陳思王植之後也
平松連《ヒラマツのムラジ》 広階連同祖陳思王之後也
上村主《カミのスガリ》 ㈢の二 広階連同祖通剛王之後也
椋人《クラヒト》 阿祖使主男武勢之後也
松野連《マツヌのムラジ》 呉王夫差之後也
八清水連《ヤシミツのムラジ》 唐左衛郎将王文度之後也
楊津連《ヤナギツのムラジ》 八清水連同祖王文度之後也

右京諸蕃　下　六三氏

漢

大山忌寸《オオヤマのイミキ》 高岳宿祢同祖広陵高穆之後也
高向村主《タカムコのスグリ》 魏武帝太子文帝之後也
雲梯連《ウナテのムラジ》 高向村主同祖宝徳公之後也
郡首《コオリのオビト》 高向村主同祖政姓夫公 一名富等 之後也
祝部《ハフリベ》 工造同祖呉国人田利須須《タリスス》之後也
若江造《ワカエのミヤツコ》 後漢霊帝苗裔奈率《ナソチ》張安力之後也
下村主《シモのスグリ》 ㈡の二 後漢光武帝七世孫慎近王之後也
秦忌寸《ハタのイミキ》 (十二)の三 太秦公宿祢同祖功満王三世孫秦公酒之後也
秦忌寸《ハタのイミキ》 (十二)の四 太秦公宿祢同祖功満王之後也
秦忌寸《ハタのイミキ》 (十二)の五 太秦公宿祢同祖
秦忌寸《ハタのイミキ》 (十二)の六 始皇帝四世孫功満王之後也
秦人《ハタヒト》 ㈢の一 太秦公宿祢同祖秦公酒之後也
浄山忌寸《キヨヤマのイミキ》 唐人賜録沈清庭之後也
栗栖首《クルスのオビト》 文宿祢同祖王仁之後也
工造《キヌヌヒのミヤツコ》 ㈡の一 呉国人太利須須《タリスス》之後也
田辺史《クナベのフヒト》 漢王之後知捻之後也

百済《クダラ》

百済王《クダラのコニキシ》 ㈡の一 出自百済国義慈王之後也
菅野朝臣《スガヌのアソミ》 百済国都慕《トボ》王十世孫貴首王之後也
葛井宿祢《フヂイのスクネ》 菅野朝臣同祖塩君男味散《ミサ》君之後也
宮原宿祢《ミヤハラのスクネ》 菅野朝臣同祖塩君男知仁《チニ》君之後也
津宿祢《ツのスクネ》 菅野朝臣同祖塩君男麻侶《マロ》君之後也

中科宿祢《ナカシナのスクネ》 菅野朝臣同祖塩君孫宇志《ウシ》之後也
船 連《フネのムラジ》 ㈢の一 菅野朝臣同祖大阿郎王三世孫智仁《チニ》君之也
三善宿禰《ミヨシのスクネ》 百済国速古大王之後也
雁高宿禰《カリタカのスクネ》 百済国貴首率之後也
安勅連《アチキのムラジ》 百済国魯王之後也
城篠連《キシヌのムラジ》 百済国人達率支母末恵《キモマエ》遠之後也
市往公《イチキのキミ》 百済国明王之後也
岡 連《オカのムラジ》 市往公同祖日図王男安貴之後也
百済公《クダラのキミ》 ㈢の二
百済伎《クダラのテヒト》 百済国都慕王孫徳佐王也
広津連《ヒロツのムラジ》 百済国近貴首王之後也
清 道 連《キヨミチのムラヂ》 百済国人思率納比且止《ナフヒタムシ》之後也
広 海 連《ヒロウミのムラヂ》 韓王信之後王須敬之後也
不破連《フワのムラジ》 百済国都慕王之後昆有《ビウ》王也
麻田連《アサタのムラジ》 百済国朝鮮王淮之後也
広田連《ヒロタのムラジ》 ㈢の二 百済国人辛臣君之後也
春野連《ハルノのムラジ》 百浜速古王孫比流《ヒル》王之後也
面氏《メム》 春野連同祖比流王之後也
巴汶氏《ハモム》 春野連同祖速古王孫汶休奚之後也

汶斯氏《モムシ》 春野連同祖速古孫比流王之後也
大 県 史《オオアガタのフビト》 百済国人和徳之後也
道祖史《フナドのフビト》 百済国王孫許里《コリ》公之後也
大 原 史《オオハラのフビト》 漢人木姓阿留素《アルソ》西姓令貴《レイキ》之後也
苑部首《ソノベのオビト》 百済国人知豆神《チヅカミ》之後也
民 首《ミタミのオビト》 水海連《アマノムラジ》同祖百済国人努利使主《ヌリノオミ》之也
高 野 造《タカヌのミヤツコ》 百済国人佐平余自信之後也
飛鳥戸造《アスカベのミヤツコ》 百済国比有王之後也
御池造《ミチのミヤツコ》 百済国扶余地卓斤国主施比《セヒ》王之後也
中 野 造《ナカヌのミヤツコ》 百済国人杵率答他斯智《タフタシチ》之後也
真 野 造《マヌのミヤツコ》 百済国人速比王之也
杉 谷 造《スギタニのミヤツコ》 百済国人堅祖州耳《ケムソフジ》之後也
坂田村主《サカタのスグリ》 百済国人頭貴村主之後也
上 勝《カミのスグリ》 百済国人多利須須之後也
不破勝《フワのスグリ》 百済国人淳武止等《ヌムトト》之後也
刑部《オサカベ》 百済国酒王之後也
漢人《アヤヒト》 百済国人多夜加《タヤカ》之後也
賈氏《カウジ》 百済国人賈義持之後也
半毘氏《ハムビ》 百済国沙半《サハム》王之後也

大石椅立《オオシのハシタテ》　百済国人庭姓蚊尓《モムニ》之後也

林《ハヤシ》　林連同祖百済国人木貴《モクキ》之後也

大石林《オオシのハヤシ》　林連同祖百済国人木貴之後也

高麗

長背連《ナガセのムラジ》　高麗国主鄒牟《スム》一名朱智之後也

難波連《ナニワのムラジ》　高麗国好太王之後也

島岐史《シマキのフビト》　高麗国人能祁《ノケ》王之後也

島史《シマのフビト》　高麗国人和興之後也

狛首《コマのオビト》　高麗国人安岳上王之後也

山城国諸藩　二二氏

漢

秦忌寸《ハタのイミキ》　(十三)の七　太秦公宿禰同祖秦始皇帝之後也

秦忌寸　(十三)の八　始皇帝十五世孫川秦公之後也

秦忌寸　(十三)の九　秦始皇帝五世孫弓月王之後也

秦冠《ハタのカムリ》　秦始皇帝四世孫法成王之後也

民使首《ミタミツカイのオビト》　高向村主同祖宝徳公之後也

錦部村主《ニシキベのスグリ》　錦織村主同祖波能志之後也

工造《キヌヌイのミヤツコ》　(二)の二　呉国人田利須須之後也

高田首《タカダのオビト》　高麗国人多高子使主《タコシのオミ》之後也

日置造《ヘキのミヤツコ》　(四)の二　高麗国人伊利須使主《イリスのオミ》之後也

高安下村主《タカヤスのシモツスグリ》　高麗国人大鈴之後也

後部王《シトリベ》　高麗国長王周之後也

新羅

三宅連《ミヤケのムラジ》　(二)の一　新羅国王子天日槍命之後也

豊原連《トヨハラのムラジ》　新羅国人壱呂比麻呂《イチロヒマロ》之後也

海原造《ウナハラのミヤツコ》　新羅国人進広肆金加志毛礼《カシモレ》之後也

祝部《ハフリベ》　工部同祖呉国人田利須須之後也

谷直《タニのアタイ》　漢師建王之後也

百済

民首《タミのオビト》　水海連同祖百済国人努理使主之後也

伊部造《イベのミヤツコ》　百済国人乃里使主之後也

末使主《スエのオミ》　百済国人津留牙使主《ツルガのオミ》之後也

木日佐《キのヲサ》　末使主同祖津留牙使主之後也

勝《カチ》　(二)の一　上勝同祖百済国人多利須須之後也

岡屋公《オカヤのキミ》　百済国比流王之後也

高麗

黄文連《キフミのムラジ》　高麗国人久斯那王之後也

桑原史《クワハラのフビト》　狛国人漢胄之後也

高井造《タカイのミヤツコ》　高麗国主鄒牟二十世孫汝安祁王之後也

狛造《コマのミヤツコ》　高麗国主夫連王之後也

大和国諸蕃　二六氏

漢

真神宿禰《マカミのスクネ》　漢福徳王之後也

豊岡連《トヨオカのムラジ》　高祖苗裔伊須久牟治使主之後也

秦忌寸《ハタのイミキ》　(十三)の一〇　太秦公宿禰同祖

桑原直《クワハラのアタイ》　桑原村主同祖漢皇帝十世孫万得使主後也

己智《コチ》　秦太子胡苑之後也

三林公《ミハヤシ》　己智同祖諸歯王之後也

長岡忌寸《ナガオカのイミキ》　己智同祖諸歯王之後也

山村忌寸《ヤマムラのイミキ》　己智同祖古礼公之後也

桜田連《サクラダのムラジ》　己智同祖諸歯王之後也

朝妻連《アサツマのムラジ》　韓国人都図夫主之後也

八坂造《ヤサカのミヤツコ》　狛国人之留川麻乃意利佐《ルツマノオリサ》之後也

新羅

真城史《マキのフビト》　新羅国人金氏尊之後也

任那

多多良公《タタラのキミ》　御間名国主爾利久牟王之後也

額田村主《ヌカタのスグリ》　呉国人天国古之後也

百済

縵連《カツラのムラジ》　百済人狛之後也

和連《ヤマトのムラジ》　百済国主雄蘇利紀王之也

宇奴首《ウノのオビト》　百済国男彌奈曽富意弥之後也

波多連《ハタのムラジ》　百済国佐市利智使主之後也

薦口連《コモクのムラジ》　百済国人抜田白城君之後也

園人首《ソノヒトのオビト》　国久知豆神之後也

高麗

日置造《ヒオキのムラジ》　(四)の三　高麗国人伊利須使主之後也

鳥井宿禰《トリイのスクネ》　日置造同祖伊利須使主之後也

栄井宿禰《サカイのスクネ》　日置造同祖伊利須使主男麻弓臣之後也
吉井宿禰《ヨシイのスクネ》　日置造同祖伊利須使主之後也
和　造《ヤマトのミヤツコ》　日置造同祖伊利須使主之後也
日置倉人《ヒオキのクラヒト》　日置造同祖

摂津国諸蕃　二九氏

漢

石占忌寸《イソラのイミキ》　坂上大宿禰同祖阿智王之後也
桧前忌寸《ヒノクマのイミキ》　石占忌寸同祖阿智王之後也
蔵人《クラヒト》　石占忌寸同祖阿智王之後也
葦屋漢人《アシヤのアヤヒト》　石占忌寸同祖阿智王之後也
秦忌寸《ハタのイミキ》　(十四)の一　太秦公宿称同祖功満王之後也
秦人《ハタヒト》　㈢の二　秦忌寸同祖弓月王之後也
志賀忌寸《シガのイミキ》　後漢都献帝之後也
大原　史《オオハラのフヒト》　漢人西姓令貴之後也
上村主《カミのスグリ》　㈢の三　広階連同祖陳思王植之後也
笠志史《ツクシのフヒト》　㈠の二　上村同祖陳思王植之後也
壹　直《ウテナのアタイ》　壹忌寸同祖釈吉王之後也

新羅

絲井　造《イトイのミヤツコ》　伊蘇志臣同祖新羅天日槍命之後也

任那

辟田　首《ヒラタのオビト》　任那国主都奴加阿羅志等之後也
大伴　造《オオトモのミヤツコ》　任那国主竜王孫佐利主王之後也
史戸《フヒトベ》　漢城人韓氏劉徳之後也
温義《フムギ》　北斉国温公高緯之後也

百済

船　連《フネのムラジ》　㈠の二　菅野朝臣同祖大阿良王之後也
広井連《ヒロイのムラジ》　百済国避流王之後也
林　史《ハヤシのフビト》　林連百済国人木貴之後也
為奈部首《イナベのオビト》　百済国人中津波手之後也
牟古首《ムコのオビト》　百済国人片礼吉志之後也
原　首《ハラのオビト》　真神宿禰同祖福王之後也
三野　造《ミノのミヤツコ》　百済国人布須麻乃古意弥之後也
村主《スグリ》　葦屋村主同祖意宝荷羅支王之後也
勝《カチ》　㈠の二　上勝同祖多利須須之後也

高麗

桑原史《クワハラのフヒト》　桑原村主祖万徳使主之後也

日置造《ヒオキのミヤツコ》　㈣の四　鳥井宿禰同祖伊利須王之後也

新羅

高安漢人《タカヤスのアヤヒト》　狛国人小須須之後也

河内国諸蕃　五六氏

漢

高丘宿禰《タカオカのスクネ》　出自百済国公族大玄高之後陸高穆也

山田宿禰《ヤマダのスクネ》　魏司空昶之後也

山田連《ヤマダのムラジ》　山田宿禰同祖忠意之後也

長野連《ナガノのムナジ》　山用宿禰同祖忠意之後也

志我閉連《シガベのムラジ》　山田宿禰同祖安高男賀佐之後也

三宅史《ミヤケのフビト》　山田宿禰同祖忠意之後也

大里史《オオサトのフビト》　太秦公宿禰同祖秦始皇五世孫融通王之後也

秦宿禰《ハタのスクネ》　同祖

秦忌寸《ハタのイミキ》　(十三)の二　秦宿禰同祖融通王之後也

高尾忌寸《タカオのイミキ》　秦宿禰同祖融通王之後也

秦人　㈢の三　秦忌寸同祖弓月王之後也

三宅連《ミヤケのムラジ》　㈢の二　滋野宿禰同祖田遅麻守之後也

任那

豊津造《トヨツのミヤツコ》　任那国人左李金之後亦名佐利己牟

韓人　豊津同祖左李金亦名佐利己牟

荒荒公《アララのキミ》　任那国豊貴王之後也

秦公《ハタのキミ》　秦始皇帝孫孝徳王之後也

秦姓《ハタのウジ》　秦始皇帝十三世孫然能解公之後也

古志連《コシのムラジ》　㈡の一　文宿禰同祖王仁之後也

河原連《カワハラのムラジ》　広階同祖陳思王植之後也

野上連《ノガミのムラジ》　河原連同祖陳思王植之後也

河原蔵人《カワハラのクラヒト》　上村主同祖陳思王植之後也

河内画師《カワチのエシ》　上村主同祖陳思王植之後也

八戸史《ヤベのフビト》　出自後漢光武孫章帝之後也

高安造《タカヤスのムラジ》　八戸同祖尽達王之後也

坂茂連《イタモチのムラジ》　伊吉連同祖楊雍之後也

河内忌寸《カワチのイミキ》　山代忌寸同祖魯国白竜王之後也

火撫直《ヒナデのアライ》　後漢霊帝四世孫阿知使主之後也

下日佐《シモのオサ》　出自漢高祖男斉掉恵王肥之後也
高道連《タカミチのムラジ》　同上
常世連《トコヨのムラジ》　出自燕国王公孫淵也
春井連《ハルイのムラジ》　下村主同祖後漢光武帝七世孫慎近王之後也
河内造《カワチのミヤツコ》　春井連同祖慎近王之後也
武丘史《タケオカのフビト》　春井連同祖慎近王之後也
当宗忌寸《マサムネのイミキ》　後漢献帝四世孫山陽公之後也
交野忌寸《カタノのイミキ》　漢人庄員之後也
広原忌寸《ヒロハラのイミキ》　後漢孝献帝男都徳王之後也
刑部造《オシカベのミヤツコ》　呉国人李牢意禰之後也
茨田勝《マムタのカチ》　呉国王孫皓之後意富加牟招君之後也
伯禰《ハクネ》　西漢人伯尼姓光金之後也

百済

水海連《アマのムラジ》　百済国人努理使主之後也
調日佐《ミツキのオサ》　水海連同祖
河内連《カワチのムラジ》　百済国都慕王男陰太貴首王之後也
佐良良連《サララのムラジ》　百済国人久未都彦之後也
錦部連《ニシキベのムラジ》㈢の一　三善宿禰同祖百済国連古大王之後也
依羅連《ヨサミのムラジ》　百済国人素禰志夜麻美乃君之後也
山河連《ヤマカワのムラジ》　依羅連同祖素禰志夜麻乃後也
岡原連《オカハラのムラジ》　百済国辰斯王子知宗之後也
林連《ハヤシのムラジ》　百済国直支王之後也又云周王
呉服造《クレハトリのミヤツコ》　百済国人阿漏史之後也
宇努造《ウノのミヤツコ》　宇努首同祖百済人弥那子富意徐之後也
飛鳥戸造《アスカベのミヤツコ》　百済国主比有王男琨伎王之後也
飛鳥戸造　百済国未多王之後也
古市村主《フルイチのスグリ》　百済庸王之後也
上日佐《カミのオサ》　百済国人久余能古使主之後也

高麗

大狛連《オオコマのムラジ》　高麗国人伊利斯沙礼斯之後也
大狛連　高麗溢士福貴王之後也
島木《シマキ》　高麗国伊理和須使主之後也

新羅

伏丸《フカワ》《フセのオホシ》　新羅国人無怒利尺子之後也

和泉国諸蕃　二〇氏

漢

秦忌寸《ハタのイミキ》 ㈢の三 太秦公宿禰同祖融通王之後也
秦勝《ハタのカチ》 同祖
古志連《コシのムラジ》 ㈡の二 文宿禰同祖王仁之後也
池辺直《イケベのアタイ》 坂上宿禰同祖阿智王之後也
火撫直《ヒナデのアタイ》 後漢霊帝四世孫阿智王之後也
栗栖直《クルスのアタイ》 火撫直同祖阿智王之後也
湯候直《ヤコのアタイ》 湯隻忌寸同祖達率楊公阿了王之後也
上村主《カミのスグリ》 広阿連同祖阿王之後也
蜂田薬師《ハチダのクスシ》 呉主孫擁王之後也
蜂田薬師 呉国人都久爾理久爾之後也古記云怒久利
凡人中家《オフシヒトのナカツヤ》 山代忌寸同祖百竜王之後也

未定雑姓

左京　五氏

物集連《モツメのムラジ》 始皇帝九世孫竺達王之後也
百済氏《クダラウジ》 百済国牟利加佐王之後也

百済

百済公《クダラのキミ》 ㈡の二 百済国酒王之後也
六人部連《ムトベのムラジ》 百済公同祖酒王之後也
錦部連《ニシコリのムラジ》 ㈡の二 三善宿禰同祖
信太首《シダのオビト》 百済国人百午之後也
取石造《トリシのミヤツコ》 百済国人麻意弥之後也
葦屋村主《アシヤのスグリ》 百済意宝荷羅支王之後也
村主《スグリ》 葦屋村主同祖太根使主之後也
衣縫《キヌヌイ》 百済国神露命之後也

新羅

日根造《ヒネのミヤツコ》 新羅人億斯富使主之後也
朝戸《アサベ》 百済国人胥広使主朝臣之後也
足奈《スクナ》 百済国人従七位下足奈真己之後也
後部高《シトリベのタカ》 高麗国人正六位後部高千金之後也

右京　一一氏

高向村主《タカムコのスグリ》　呉国人小君王之後也
志賀穴太村主《シガのアナホのスグリ》　後漢孝献帝男波夜王之後也
筆氏《フデウジ》　燕相国衛満公之後也
弖良公《テラのウミ》　百済国主意里都解四世孫秦羅君之後也
堅祖氏《ケムソ》　百済国人堅祖為智之後也
古氏《コシ》　百済国人杵率玖君之後也
加羅氏《カラウジ》　百済国人都玖君之後也
呉氏《クレウジ》　百済国人徳率呉伎側之後也
朝明史《アサアキのフビト》　高麗帯方国主氏韓法史之後也
後部高《シトリベのコウ》　高麗国人後部乙牟之後也
三間名公《ミマナのキミ》　弥麻奈国牟留知王之後也

山城国　六氏

穴太村主《アナホのスグリ》　曹氏宝徳公之後也
村主《スグリ》　漢師建王之後也
国背宍人《クニセのシシヒト》　秦始皇帝之後也
物集《モツメ》　始皇帝九世孫竹支王之後也
木勝《キのマサ》　津留木之後也

広幡公《ヒロハタのキミ》　百済国津王之後也

大和国　五氏

尾津直《オツのアタイ》　漢高祖五世孫大水命之後也
村主《スグリ》　漢高祖受主之後也
長倉造《ナガクラのミヤツコ》　韓国天師命之後也
漢人《アヤヒト》　漢人黒之後也
鋺師公《マリシのキミ》　高麗国宝輪王之後也

摂津国　一氏

牟佐呉公《ムサのクレのキミ》　呉国王子青清王之後也

河内国　一六氏

高安忌寸《タカヤスのイミキ》　阿智王之後也
大友史《オオトモのフビト》　百済国人白猪奈世之後也
船子首《フナコのオビト》　百済国人久爾君之後也
新木首《ニキのオビト》　百済国人伊居留君之後也
豊村造《トヨムラのミヤツコ》　百済国人徳率古魯及佐之後也
八俣部《ヤマタベ》　百済国人多地多祁郷之後也

長田使主《ナガタのオミ》　百済国為居王之後也
舎人《トネ》　百済国人利加志貴王之後也
狛染部《コマのソメベ》　高麗国須牟祁王之後也
狛人《コマヒト》　高麗国須牟祁王之後也
宇努連《ウヌのムラジ》　新羅皇子金庭興之後也
竹原連《タケハラのムラジ》　新羅国阿羅羅国主第伊賀都君之後也
小橋造《オバシのミヤツコ》　新羅国人多弖使主之後也
坏作造《ツキツクリのミヤツコ》　新羅国人曽生支富主人後者不見
大賀良《オオカラ》　新羅国郎子王之後也

和泉国　四氏

小豆首《ヲヅのオビト》　呉国人現養臣之後也
神人《ミワヒト》　高麗国人許利都之後也
近義首《コムギのオビト》　新羅国主角折王之後也

※　註文中のゴジツク活字は、原本に脱字せるものなり。

山田造《ヤマダのミヤツコ》　新羅国天佐疑利命之後也

不載姓氏録姓

大蔵《オオクラ》
惟宗《コレムネ》
令宗《ヨシムネ》
美麻那《ミマナ》
宇禰備《ウネビ》
常澄《ツネズミ》
国覓《クニイ》
各務《カガミ》
夏身《ナツミ》
赤染《アカソメ》

〔主要参考文献〕

古事記　倉野憲司校注版（岩波書店）

日本書紀　武田祐吉校註版（朝日新聞社）

本朝六国史　東京郁文舎

新撰姓氏録　文化九年　松根堂版

新撰姓氏録の研究　佐伯有清著

日韓関係　末松保和著

日韓古史断　吉田東伍著

日韓正宗溯源　浜名祖光著

日韓古史彰考　朝鮮学会

古代日韓交渉史断片考　中田薫著

日本歴史　読売新聞社版

日本史概論　宝月圭吾・児玉幸多編

世界歴史大年表　鈴木・井上・宮城　共著

日本史の展開と外来文化　蔵並省自・妹尾啓司　共著

帰化人の安置　丸山二郎著
朝鮮古代文化　藤田良策著
朝鮮古代の文化　梅原末治著
朝鮮文化史研究　稲葉君山著
朝鮮美術史　関野貞著
朝鮮上代建築の研究　米田美代治著
日本文化史概論　西村真次著
日本古代文化史　和辻哲郎著
日本文化史 上古—奈良時代　辻善之助著
日本古代文化の史的研究　大高常彦著
日本文化史の焦点　芳賀登 黒羽清隆編
日本文化史 —美術と歴史—　武藤誠著
朝鮮の国名に因める名詞考　今村鞆著
日韓古代史資料　太田亮編
朝鮮史 第一編第一巻 朝鮮史料　朝鮮総督府
〃 第一編第二巻 日本史料　〃

大阪府全志（全五巻）　井上正雄著

韓来文化と日本文化　金正柱稿　漢陽　一―六

日本文化を胎生した古代韓人たち　金正柱稿　思想界　一二九

天日槍とその族　今井啓一稿　芸林　一二―三

百済王敬福とその周辺　今井啓一稿

百済王氏と蝦夷経営　今井啓一稿　続日本紀研究　五―一

行基　井上薫著

聖徳太子　田中重久著

桓武天皇　村尾次郎著

桓武天皇御宇という時代　今井啓一稿　史迹と美術　二五八

誉田宗廟縁起　誉田八幡宮発行

椒房と帰化人　今井啓一稿　樟陰文学　七

王仁後裔氏族とその仏教　井上光貞稿　史学雑誌　五四―九

史跡と古美術　大和巡礼　小島貞三著

東大寺大仏造立と帰化人　今井啓一稿　南都仏教　一三

東大寺の歴史　平岡定海著

奈良時代文化雑攷　石田茂作著

大和古寺上代史攷　長尾正憲著

大和楢池廃寺の遺跡と遺物　近江昌司稿　大和文化研究　七―八

役小角・良弁僧正と笠の荒神　筒井英俊稿　大和文化研究（六―七 八―一）

平城宮内裏遺跡の発掘　鈴木嘉七稿　大和文化研究　六―九

奈良仏教の特異性　橋本凝胤稿　大和文化研究　七―五

大和志料（上・下）　奈良県教育会

聖地大和の探究　奈良県師範学校編

壬申の乱　亀田隆之著

飛鳥古京　大井重二郎著

藤原京　喜田貞吉著

飛鳥への憧憬　山本雨宝著

飛鳥寺　坪井清足著

畝傍・飛鳥　近畿文化会編

田辺町郷土史　古代篇　田辺郷土史会編

郷土田辺の歴史と伝統　村田太平著

南山城　出雲路敬和著
南山城　近畿文化会編
帰化人と蚕桑機織　今井啓一稿　樟陰家政学　昭三
秦氏の研究　平野邦雄稿　史学雑誌　七〇―三
秦氏の私考　田中勝蔵稿　古代文化　九―六
秦氏の秦之亡人説について　井上秀雄稿　古代文化　九―五
秦河勝とその先・後　今井啓一稿　神道史研究　七―三
秦氏とその遺蹟・伝承　今井啓一稿　芸林　九―六
法観創立の研究　田中重久稿　考古学　九―二
坂上田村麻呂について　日本上代史研究
坂上田村麻呂　高橋崇著
坂上田村麻呂のお話　橋本賢康著
京都古寺巡礼　川勝政太郎著
京の仏たち　中村直勝著
風姿花伝（世阿弥作）　野上豊一郎　西尾実　校訂
百済観音　浜田青陵著

畿内歸化人緣故遺蹟要圖

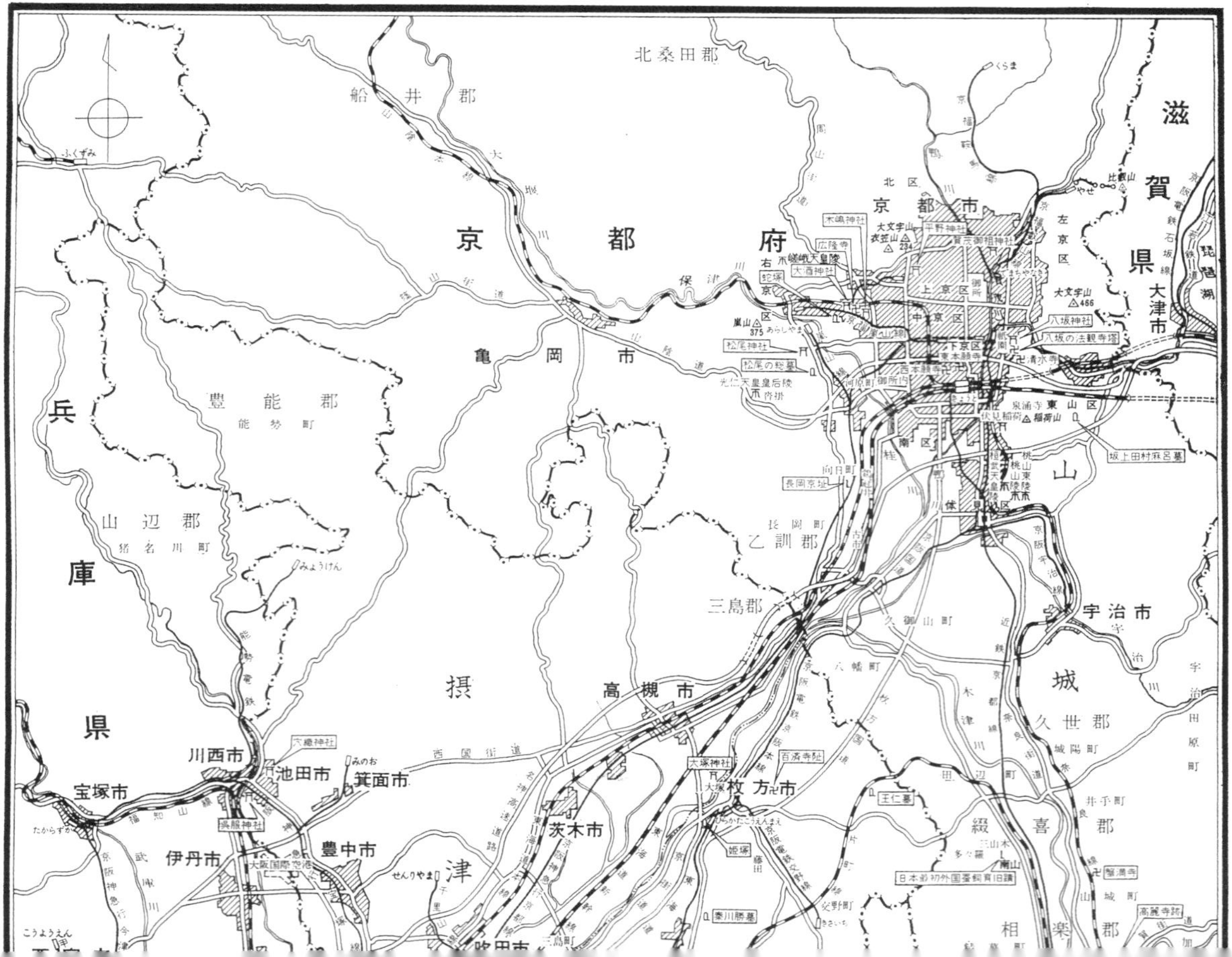

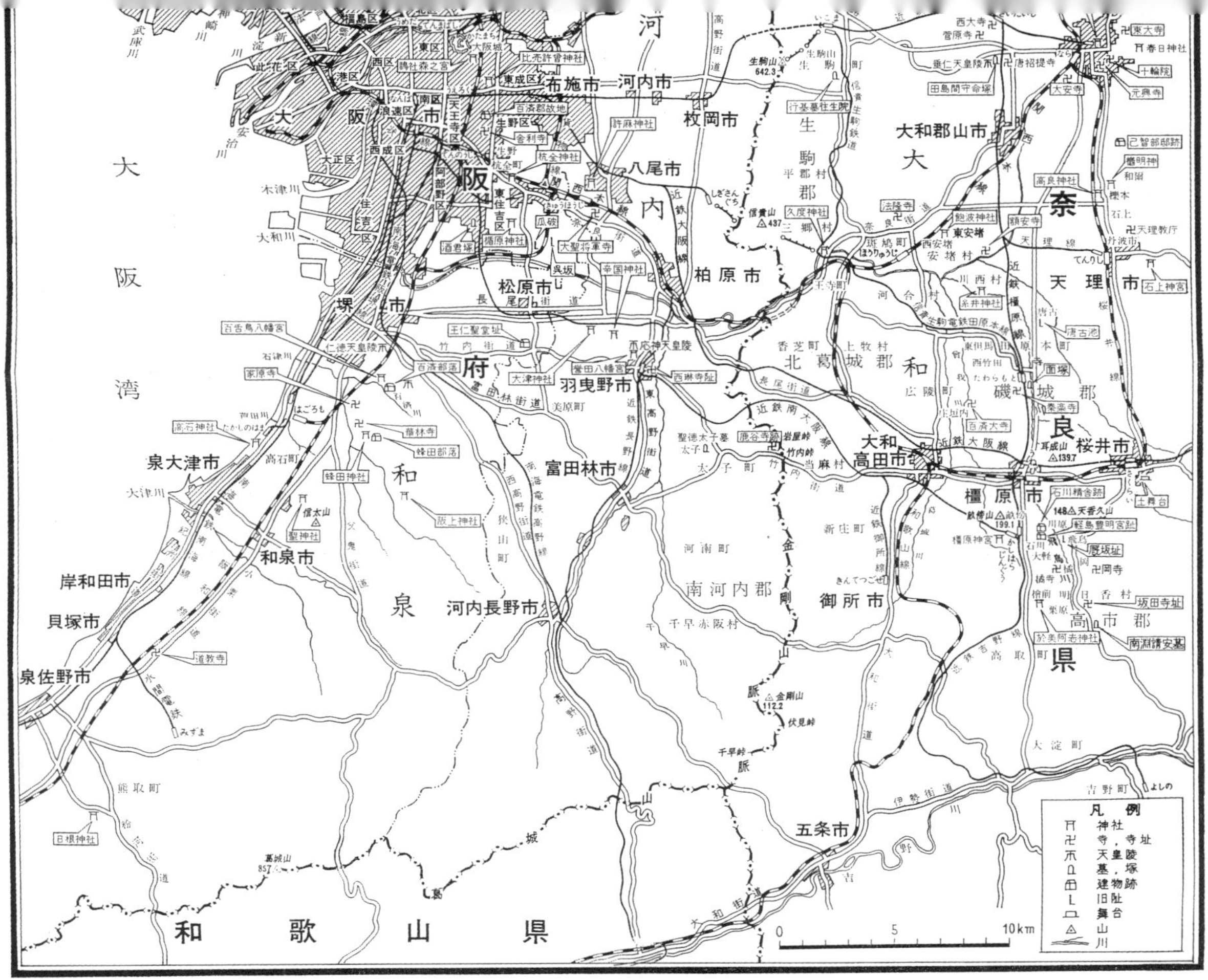
大阪湾
大阪市
堺市
府
松原市
布施市
河内市
枚岡市
八尾市
柏原市
羽曳野市
富田林市
河内長野市
泉大津市
和泉市
岸和田市
貝塚市
泉佐野市
和泉
河内
生駒郡
大和郡山市
大和高田市
御所市
橿原市
桜井市
天理市
北葛城郡
磯城郡
高市郡
南河内郡
五条市
奈良県
和歌山県
葛城山
金剛山
信貴山
生駒山
耳成山
天香久山
畝傍山
東大寺
春日神社
十輪院
元興寺
唐招提寺
垂仁天皇陵
大安寺
法隆寺
久度神社
行基墓往生院
百舌鳥八幡宮
仁徳天皇陵
百済郡落
家原寺
高石神社
華林寺
蜂田部落
蜂田神社
聖神社
阪上神社
道教寺
日根神社
応神天皇陵
誉田八幡宮
西琳寺趾
大津神社
王仁聖堂址
辛国神社
大聖将軍寺
楯原神社
酒君塚
杭全神社
金剛寺
百済郡故地
鵲社森之宮
比売許曽神社
許麻神社
鹿谷寺跡
石上神宮
唐古池
面塚
秦楽寺
百済大寺
糸井神社
石川精舎跡
軽島豊明宮趾
厩坂址
坂田寺址
南淵請安墓
於美阿志神社
岡寺
己智部邸跡
土舞台
凡例
神社
寺，寺址
天皇陵
墓，塚
建物跡
旧址
舞台
山
川
0
5
10km

著 者 略 歴

明治大学で経済学，東京大学で国際法・外交史を専攻
戦後　在日韓国民団事務総長，東京韓国学園々長を歴任
現在　韓国資料研究所々長，新韓学術研究会理事
〔著書〕 日本の韓国侵略史，故郷の思い出，
韓来文化の後栄（上・中・下）編

畿内の縁故遺蹟

定価金 一〇〇〇円
送料 九〇円

著者 金 正 柱
東京都杉並区西田町一ノ六八三

印刷所 株式会社 白 泉 社
東京都港区麻布霞町七

発行所 韓国資料研究所
東京都千代田区神田猿楽町二ノ四

一九六四年十一月十日 印刷
一九六四年十一月十五日 発行

本書の復刊を祝う

金（三井）慶昭

タイトルの『畿内の縁故遺蹟』を紐解くと、畿内とは「はしがき」で著者の金正柱先生（1915～82）が言っているように「摂津・河内・和泉・大和・山城」の五か国を言い、平たくいうと大阪・奈良・京都のことである。畿とは近畿のことであり、もともと都から五十里以内の天子（天皇、［王］）の直轄地のことを意味するという。韓国でも同じような意味で京畿道として使われている。さらに、「縁故遺蹟」の前に「韓国・朝鮮」をつけ加えると、意味がより明確になるだろう。すなわち「韓国・朝鮮に縁故のある遺蹟」とすればわかりやすい。なお、蹟は跡と同義である。

本書が出版されたのは1964年のことで、今からちょうど60年前である。韓国と日本の国交が回復された1965年の1年前のことである。当時、日本では韓国のイメージはよくなく、いわゆる「韓国・朝鮮モノ」を出してくれるような出版社は少なかった。金正柱先生は自ら主宰している「韓国資料研究所」から、自腹を切って出版したのである。学者の身で出費は大変だったと思う。

先生は、学者としての研究と民族運動、そして新韓学術会で若い学徒や韓国からの留学生を育てるという二足、三足のわらじを履きながら、本書を執筆したのである。誠に神業という他ない。この偉業は、愛国心と日韓友好の一助でもなればと思っての英断であったように思う。金正柱先生、このようなご著書を残してくれて、ほんとうにありがとうございます。コマプスムニダ。

後進の在日韓国人としてありがたいことの一語に尽きます。

末尾になりましたが、再び日の目をみるようになったのは、展望社の唐澤明義社長のご尽力によってであります。感謝に堪えません。

この本とのえにし

高　香苗・美香

亡父・高憲は、金正桂先生には足を向けて寝れないと、常々申しておりました。それはそのはず、私たちの父と母との縁結びをしてくれた方であるばかりか、奥様（趙重玉先生）と共に、仲人も務めてくれたからです。

さらに、本書のことを生前ことさらに褒めちぎっていました。この本は、日本の古代において、朝鮮半島からの渡来人の活動および彼らが畿内で根拠とした寺刹がどのようなであったかを本格的にかつ丹念に調べ上げたものだと申しておりました。父自身この本によって日本の古代史に興味を持ったようです。朝鮮半島が日本の古代史に与えた影響について、父は日本で生まれた私たち姉妹によく話してくれました。歴史を知ることにより、それぞれの文化を尊重し共通の人間性や尊厳を大切にする志を受け継ぐことができたことに深く感謝しています。

この度、復刊されたことに泉下の父はきっと大喜びしているに違いありません。

写真手前右より、趙重玉先生、母・郭玉蘭（高 綾子）、父・高熙星（高 憲）、金正柱先生

亡父の背中を思い出す

金　建興

私があえて贅言を費やすこともないのですが本書の「はしがき」から亡父の文章を引くと次のようなことが書かれています。

「帰化人」という用語の適否を考えてみた。帰化とは、中国流に考えると「教化に帰服する」「王化に帰付する」ことを意味し、日本史では「マイクー化来・投化」「マイオモムクー来帰・来化」などの文字を用いている。要するに他国の国風を欣慕し王(皇)化に帰服することを意味している。

韓土から流入して日本に定着するようになった彼らは、いわば移住民的性格のものであり、文化面からすれば移植者の役割を、また産業面からすれば開拓者の任務をはたしている。彼らの渡来原因が、たとえ亡命であろうと招聘であろうと、あるいは派遣・貢献・捕虜・漂着であろうと、要するに当時の世情が然らしめた民族移動という一種の歴史現象であったことは間違いない。日本史の側からすれば寧ろ「来帰人」であり、韓地を基準にしていえば「往化人」といった方が実際的かもしれない。

本文では従来通り「帰化人」という用語を使っていますが、読者に忖度して右の引用文は今思うと大変重要な指摘であると思います。

あらためて、父がやり遂げた地道な作業の確かさを今更ながらしみじみと思い、亡父が時間に追われるようにして研究していた姿が同時に脳裏に去来します。

２０２４年の年の瀬のさなかに、父の本を復刊するために力尽くしてくださった展望社の唐澤社長、上越の三井慶昭兄、ほんとうにありがとうございました。

著者略歴

金正柱
1915年生まれ、1982年没。民団33代団長（1972～1974）などを歴任。

畿内の縁故遺蹟

二〇二四年一二月二五日　第一版第一刷

発行人　唐澤明義

発行所　株式会社　展望社
郵便番号　一一二―〇〇〇二
東京都文京区小石川三―一―七　エコービル二〇二
電　話　〇三―三八一四―一九九七
ＦＡＸ　〇三―三八一四―三〇六三
振　替　〇〇一八〇―三―三九六二四八
展望社ホームページ https://tembo-books.jp/
印刷・製本―株式会社ディグ
定価はカバーに表示してあります。
落丁本・乱丁はお取り替えいたします。

ISBN978-4-88546-455-3 C0039
2024 Printed in Japan